U0856667

羅常培文集

The Collected Linguistic Works of Luo Changpei

山东教育出版社
Shandong Education Press

《罗常培文集》编辑委员会

顾　问　吕叔湘　吴宗济　马学良　邢公畹
张清常　高华年　任继愈

主　编　王　均

副主编　周定一　高更生　孙宏开　尉迟治平

编　委（按汉语拼音字母顺序排列）

蔡美彪　高更生　李钊祥　罗慎仪
罗圣仪　邵荣芬　孙宏开　王　均
杨耐思　尉迟治平　周定一

1930年在广州中山大学。

1930年在中央研究院历史语言研究所办公室。

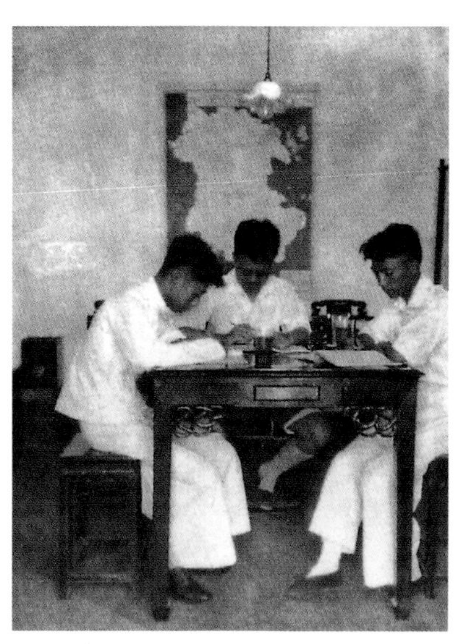

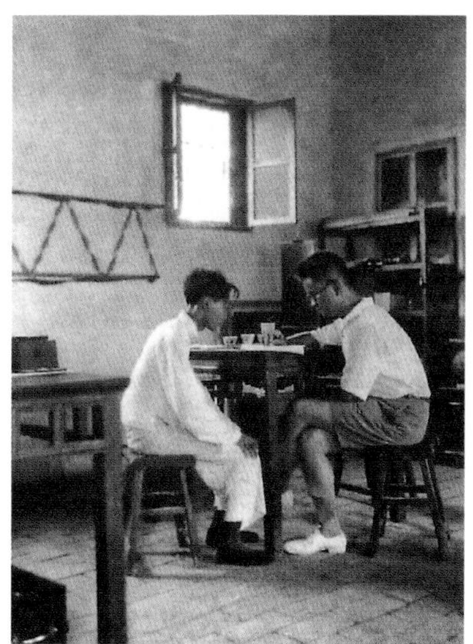
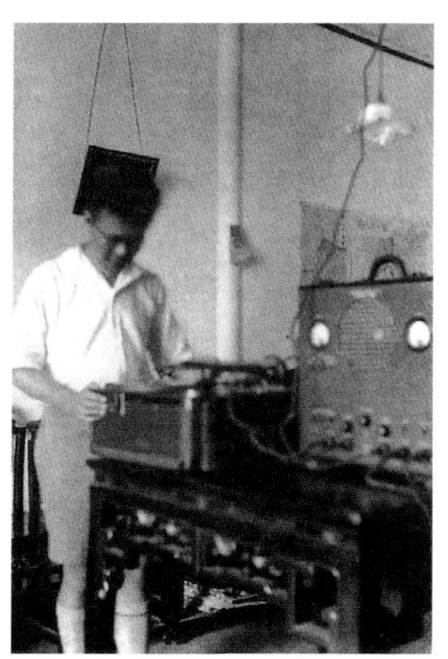

1932 年调查徽州方言时在实验室中工作的罗常培。

1934年罗常培（左）与老舍在北京前圆恩寺31号寓所后院书房前合影。

目　　录

汉语拼音字母演进史

编印说明

本书原名《国音字母演进史》,是作者1930年在清华大学任教时主讲《中国音韵沿革》讲义的一部分,1934年由上海商务印书馆出版。后来作者又加以修订,1959年由文字改革出版社重印再版,改题《汉语拼音字母演进史》。本书据1959年修订本进行整理,并据1934年本增加《自序》。附录《〈汉语拼音方案〉的历史渊源》是1959年修订本增加的,原载《人民日报》1957年12月18日第7版,本书据《人民日报》所刊原文进行了校订。本书由尉迟治平负责编校。

重印弁言

这本小册子原名《国音字母演进史》，是 1934 年写成的，所收材料的范围和有些意见只能代表当时的观点，刊行后曾经印过五版。近来因为研究汉字改革方案的需要，有些同志还希望把它重印一下，作为研究汉字改革历史的参考文献。我自己因为有别的工作占着手，同时身体又不大好，事实上不可能补充材料，改正观点，把它从头到尾地重新写定，为答复同志们的要求，只好照着初稿的原样儿改正一些错字就付印了。1934 年以后的材料，除一篇附录外，概未收入，这一点还望读者们特别鉴谅！

罗常培

1957 年 8 月 9 日

自序

这本小册子的初稿是1928年1月3日在广州写成的。1930年我在清华大学教书的时候，曾经把它加以订补，当做《中国音韵沿革》讲义的一部分，后来嫌它有点儿"附庸蔚为大国"的神气，所以决定把它单行。因为这个问题在《中国音韵沿革》里虽然无须说得十二分详细，可是在国语演进的文献上它本身却有存在的价值。

汉字的体系本来属于衍形而不属于衍声，所以宜于"目治"而不宜于"耳治"。拿它来做标音的工具，无论如何总会感觉困难的。从标音方法的演进上看，"以事为名，取譬相成"的"谐声"以及"本无(或有)其字，依声托事"的"假借"，已然是表音的成分多，表意的成分少，然而离音标文字毕竟尚去一间，于是在识字上往往发现类推的错误，在读古书时也不免有"以文害辞"的毛病。至于汉儒的"读若"、"读如"以及"急气"、"缓气"、"长言"、"短言"、"笼口"、"闭口"、"横口"、"踧口"之类，越发使人模糊，摸不着头绪！拿甲字注乙字的"直音"，固然比较切实一点儿，然而"或无同音之字则其法穷，虽有同音之字而隐僻难识，则其法又穷"。到了汉末经师创造出用两字拼合一音的"反切"，汉字的标音方法才有了一大进步。不过，反切上字是代表声的，反切下字是代表韵的，汉字既然绝少单纯的声素或韵素，所以上字后半往往赘附着韵，下字的前半往往多余了声，除非心知其意的人，终觉得扞格难谐。于是从明朝以来很有好些人见到这点毛病，想设法改良它，就中如吕坤的《交泰韵》、杨选杞的《声韵同然集》、李光地的《音韵阐微》跟刘熙载的《四音定切》等，都是煞费苦心的，结果因为"汉文之有音无字者多，欲得正音必婉转以求其相近"，总不免存其仿佛，不惬于心。到了这步田地，音标必须代替反切而兴，的确有实逼处此的趋势。

国音字母就是应着这种趋势而产生的。虽然它的第一式才有15年的寿命，第二式才有5年的寿命，可是从300年前就播下了种子，从近50年来已经在那儿欣欣向荣地发育滋长，其间不知经过多少次挫折，耗费了多少人的心血。我们如果承认国音字母对于文化推进跟教育普及上有相当的贡献，我们就不能漠视这一段史实，不能埋没这些前驱者的功绩！我所以要整理这一批材料，就是为这个缘故。

谈到汉字改革的问题，我到现在还主张用注音符号辅助汉字的读音，用国语罗马字创造未来的新文字。近来有些人在那儿提倡减少汉字笔画，创制一种以形为主的简字，这不免近乎"童牛角马，不今不古"的办法。有人说，汉字之有今日，本来经过甲骨、金文、籀、篆、隶、楷、草的演变，那么，既然可以变之于先，为什么不可以变之于后？要解答这个问题，我们先得知道汉字的应否改革根本是体系的问题。假如这种体系应该改革，那么要想不做一个"骸骨迷恋者"，最好就做得彻底一点儿，既然不迷恋骸骨，何必再去迷恋骸骨的灰烬？假如这种体系不必改革，那么汉字所以还有存在的理由，正因为它还有那么一大些读物，倘若不能"悉诣守尉杂烧之"，又一时不能全用"简字"体重刊，那么要使认得简字的人读古书（或非古书），岂非得费两道手？岂非增加了汉字的纠纷？况且就已发表的简字方案看起来，它的易识、易写的程度究竟有多少，是不难计算出来的。所以，据我的浅见，以为与其捣这么一回麻烦，还不如根本把汉字当希腊文、拉丁文看待，在中学以下专读拼音文字的新读物，从中学起再添教汉文，以供“骸骨迷恋者”的学习。这种办法同钢和泰（Baron A. von Staël-Holstein）教授梵文，先教人熟读他用罗马字编的44页讲义，然后才开始教人认识繁难的天城体梵字（Devanāgari）恰好相似。关于这个问题，自然另外还得从长讨论，在这儿不过因为叙述国音字母的演进，略微说一说我一时的感想罢了。

这本书的印行，我得谢谢国语统一筹备委员会及吾友马翰屏先生允许我利用他们所藏的一批材料。全书写完后，承赵元任先生从头到尾替我看了一遍并且提示了好些意见，尤其使我感谢！

1934年2月15日罗常培序于上海小万柳堂。

引　言

汉语拼音字母产生，汉字之标音方法遂自“反切”一变而为“拼音”：此诚汉语音韵学史上一大革新也。然文化之演进，多由渐变而非顿变，《汉语拼音方案》虽公布于今日，若溯其渊源，则固胚胎于三百年前，而孕育经数十年之久矣。试胪陈事实，以竟吾说。

汉语拼音字母之发端

考罗马字母拼切汉字音,自明末已见其端:万历间,耶稣会士传教西来,利玛窦(Matteo Ricci)、郭居静(Lazane Cattaneo)、庞迪我(Diegeo de Pantoja)等,相继有《泰西字母》及《西字奇迹》等书之作,而以金尼阁(Nicolas Trigault)之《西儒耳目资》(1626)系统尤为完整。其所定字母凡自鸣者5、同鸣者20,"第举二十五字,才一因重摩荡,而中国文字之源毕尽于此"。方诸反切旧法,其繁简难易,实不可以道里计。当时我国学者,方以智、杨选杞、刘献廷等皆蒙其影响。三家所著之书虽犹未能径用罗马字母拼音,而于声韵之理,颇多新悟。故方以智曰:

> 字之纷也,即缘通与借耳。若事属一字,字各一义,如远西因事乃合音,因音而成字,不重不共,不尤愈乎?(《通雅》卷一,页十八)

杨选杞曰:

> 辛卯(1651)糊口旧金吾吴期翁家。其犹子芸章,一日出《西儒耳目资》以示予,予阅未终卷,顿悟切字有一定之理,因可为一定之法。(《声韵同然集纪事》)

刘献廷与《西儒耳目资》之渊源,虽无明文可考,然其所为《新韵谱》既尝参证"泰西腊顶语",且于琉球"红夷"等国文字亦思"悬金而求,募贼以窃",则于当时流行之金尼阁书,必不至未尝寓目,是其论音卓见，亦或有所依据也。然则《西儒耳目资》在音韵学史上之地位，其可与梵文化之守温字母先后媲美欤？[①] 惟自清雍正元年(1723)因耶稣会士党允礽，乃徇闽浙总督满宝请：除在钦天监供职之西洋人外，其余皆驱往澳门看管，不许阑入内地。此后二百年间，闭关为治，汉语译音之需要，反不逮曩时。而音韵学革新之曙光，亦遂因之中黯。洎鸦片战后(1842)，海禁大开，通商传教，交涉日密。举凡税关、邮局、公牍、报章所用之人名地名，必经西译。而来华教士为学习汉语，传播"福音"，亦竞研求拼切法式。举其著者，则有：

T. P. Crawford: *A System of Phonetic Symbols for Writing the Dialects of China*—*China Review* XIX pp. 101～110, 1888.

Harlan P. Beach: *Another Chinese Phonotype*—*China Review* XIX pp. 293～298, 1888.

Duncan Kay: *Dr. Crawford's Phonetic Symbols* —*China Review* XIX pp. 208～300, 1888.

Another Phonography —*China Review* XX pp. 171～172, 1889.

J. A. Silsby: *Phonetic Representation of Chinese Sounds*—*Chinese Recorder* XXIV pp. 472～479, 1892.

W. A. P. Martin: *A Plea for the Romanizing of Local Dialects* —*China Review* XXXIII pp. 18～19, 1902.

A Uniform System of Romanization for Mandarin —*China Review* XXXIII pp. 138～139, 1902.

John Darroch: *Phonetic Representation of Mandarin* —*Chinese Recorder* XXXIII pp. 521～523, 1902.

---

① 参阅罗常培《耶稣会士在音韵学上的贡献》，历史语言研究所《集刊》第一本第三分；又收入《罗常培文集》第八卷。

Geo. M. Hubbard: *Some Thought about Romanized Chinese —China Review* XXXIV pp. 244 ~ 246, 1903.

Mandarin Romanization—China Review XXXIV pp. 347 ~ 349, 1903.

P. Kranz: *The "Chinese Alphabet"*, 1903.

A. R. Kepler: *The Practicability and Utility of Romanization —China Review* XXXV pp. 410 ~ 412, 1904.

R. Grant Brown: *The Use of the Roman Character for Oriental Language — J. R. A. S.* pp. 647 ~ 663, July, 1912.

Shanghai Romanization —China Review XXXIV pp. 401 ~ 404, 1903.

Ningpo Romanization —China Review XXXIV pp. 457 ~ 460, 1903.

W. D. Rudland: *T' ai-chow Romanization —Chinese Recorder* XXXV pp. 89 ~ 91, 1904.

Wm. Bridie: *Cantonese Romanization —China Review* XXXV pp. 309 ~ 311, 1904.

Hugh Stowell Phillips: *The Kien-Ning Romanized Dialects —China Review* XXXV pp. 517 ~ 519, 1904.

P. W. Pitcher: *Amoy Romanization, Its History, Purpose and Results — China Review* XXXV pp. 567 ~ 573, 1904.

J. C. V. Levasseur et H. Kurz: *Tableau des Élemens Vocaux de l' Écriture Chinoise*, 1829.

W. Wassilieff: *Les Phonétiques chinoises Disposées D' après le Système graphique*, 1857.

Maurice Courant: *A Propos du "Système Unique de Transcription en Lettres latines des Caractères du Dictionaire de K' ang-hi"—T'oung Pao* X pp. 53 ~ 69, 1899.

Ministère des Affaires Étrangères Tableau de Transcription française des Sons

Chinois, 1901.

Méthode de Transcription Française des Sons Chinois Adoptés par le Ministère des Affaires Étrangeres—Bulletin Com. Asie Franc pp. 112 ~ 117, Mars 1902.

René Martin-Fortris: *Tableau des Sons mandarins des Caractères Chinois — Verhandl* XIII pp. 174 ~ 176, 1902.

Translitération du Chinois — Note de M. Martin-Fortris—T' oung Pao Series II vol. IV p. 384, 1903.

René Martin-Fortris: *Manuel international de Transcription des Sons de la langue mandarine*, 1911.

L. Kuentz: *Le Nouvel Alphabet Chinois—A Travers le monde* XIX p. 69, 1913.

Jos. Mullie: *La Romanisation du Chinois*.

J. G. H. Kinberg Jubilee: *Novao Literae Asiae Orientalis*—A new alphabet for China and Japan.

J. M. Callery: *Systema Phonetcum Scripturae Sinicae*.

F. Kuhnert: *Das Wesen der Chinesischen Sprache-Oest*. Monats f. d. Orient. pp. 121 ~ 126, Wien 1897.

于是汉音字典、土白圣经,波属云委,盛极一时。绎其细目,不下数百余种,而拼法互异,览者目炫。高本汉所著《官话注音读本》(*A Mandarin Phonetic Reader in the Pekinese Dialect*, 1917)列举:

(1) Sir Thomas Wade:《语言自迩集》*Yüyen tzu êrh chi*, London, 1867.

(2) C. W. Mateer:《官话类编》*A Course of Mandarin Lessons Based on Idiom*, 1892.

(3) *The Modern System Employed by the Bulletin de l' Ecole Française d' Extreme Orient* (B. E. F. E. O.).

(4) F. Lessing and W. Othmer: *Lehrgang der Nordchine sischen Umgangssprache*, Tsingtau, 1912.

(5) Лещу-Ровъ: *Китайско-Русский Словарь*, 1887.

五种,代表英、法、德、俄诸式,以与其所用之龙德尔字母(Lundell's Alphabets)对照,纂要钩玄,颇足参据。然我国所习用者,惟威妥玛式(T.F. Wade's System)及邮政式(Postal System)流行较广。汇编词书,各成巨制,而学校、教会、铁路、报章仍不免自成风气。盖以本国方音,随地而异,故香港译成 Hongkong,周姓歧作 Chow、Tseu;或因国语未通,或因习惯已久。且四声界限不明,则山西与陕西莫辨;平声阴阳相混,则唐山与汤山无殊;以 L 拼 i,黎李可成同姓;将 ang 缀 ch,昌章竟是一名。威妥玛诸人,亦感及此,故或加符号以辨发音,或用数码以表声调,然书写既苦繁芜,印刷尤多障碍[①],势不得不别谋改善之方,以资救济。此并汉语拼音字母运动之潜根期也。

① 参阅 1926 年 11 月 5 日国语统一筹备会公布国语罗马字布告。

国语罗马字之演进

清光绪中叶以后，忧时之士感于国势积弱，由于教育不普及；教育不普及，由于汉字繁难：于是群倡汉字改革之说。综其主张，约别三派：其一，主张废弃汉语汉字径以万国新语（Esperanto）代之，其议论多载于1908年至1910年间巴黎留法学生主办之《新世纪》周刊中：此急进派也。其二，主张仿照西洋教士所创罗马拼音字，制造字母以代替汉文，或辅助汉文：此折衷派也。其三，主张仿照日本假名制制造拼音简字，以改良反切，辅助读音：此稳健派也。急进主张轶乎本篇范围，此不具论。兹先述罗马拼音运动，次及简字运动。

西洋教士所创之罗马拼音风行而后，我国人士据其体制以自造切音新字者实繁有徒，溯其演进之迹，约可分为三期：

壹　萌芽期——1892年至1918年

此期所作均属草创，然筚路蓝缕之功，殊不可没，举其著者，可得七家：

（一）卢戆章《中国第一快切音新字》清光绪十八年壬辰(1892)

戆章字雪樵，福建同安人，生于1854年，卒于1928年，居厦门。九岁启蒙，十八应试不售，逾三年遂赴新加坡半工半读，专习英文，二十五返厦门,应英教士马约翰聘,助译华英字典。其时闽南教士已利用罗马字母,参酌漳泉通俗韵书《十五音》,创制"话音字"一种,以拼切土腔。卢氏嫌其以数母拼切一字,长短参差,颇占篇幅,思欲另创"字母"(即韵母)"韵脚"(即声母)二合成音之法,于是摒绝外务,苦心研究,历十余年,选定符号55,制成罗马式字母一种,定名为《中国第一快切音新字》。字母体势自谓由 LCƆ 三画推衍而成,盖欲贯彻二合成音之法,避免结合韵母,故惟迁就罗马字母,略加增改,以赅括汉音所有声韵,而其字形遂不免有不中不西、怪僻难识之弊。其总字母55中,厦腔只用36字,漳加2字,泉加7字,共45字;其余10字则属各处之总腔。然是年所刊行者,只中国切音新字厦腔《一目了然初阶》一种(厦门五崎顶倍文斋刻本)。其标调方法:上平无号,上声加ˊ,上去加ˋ,上入加·,下平加∧,下去加—,下入加丨,亦与教士所创之厦腔新字相同;惟于鼻韵各调另造 ┗) ' ·· ⌣ ~ ┐ 七号而已。此书刊行后,卢氏亦自感不便,遂废弃之,而于光绪二十二年(1896)改制假名式之简字,别于次章述之。

(二)朱文熊《江苏新字母》清光绪三十二年(1906)五月日本东京浅草区新猿屋町二番地同文印刷局排印本

原书自序云:"余读上海沈君(学)之切音新字,直隶王君(照)之官话字母,未尝不叹美而称羡之也。顾切音新字形式离奇,难于识别;官话字母取法假名,符号实多。余以为与其造世界未有之新字,不如采用世界所通行之字母。用是采取欧文,或仍其旧音,或变其读法,又添造六字以补其不足。凡字母三十二字,变音二字,双声十一字,熟音九字。变音以点为符,双声合两元音而成一音,熟音合两仆音而成一音。上考等韵,下据反切,旁用罗马及英文拼法,以成一种新文字,将以供我国通俗文字之用,而先试之于江苏,命曰《江苏新字母》,而所注国字暂以苏音为准。曰《江苏新字母》者,乃就其一端言之,其实各省音及北京音均能拼切,但略加其音调高低缓急之号而已。”今案朱氏添造之六字,为倒 e、倒 r、倒 t、倒 f、倒 l、横 c,不过利用原有之罗马字母或倒书之,或横书之。其所谓“双声”则指复韵(diphthong),所谓“熟音”则指用双辅音所标之各声。至于标调方法,朱氏已知利用字母而避免附加符号。故原书《凡例》六云:“苏音四声有别,拼音时,平入两声其元音不同,而加 s 于平声字之后为上声,加 h 于平声字之后为去声:s、h 两字均不读音。”盖已为国语罗马字之先声矣。其后朱氏于 1916 年复致王璞书论江苏新字母与注音字母之异同,谓官话所有,苏音所无者,只ㄓ、ㄔ、ㄕ、ㄖ四音,ㄩ、ㄣ、ㄡ、ㄞ四韵,因援“双声”“熟音”之例,以 tz、hz、sz、gz 表ㄓ、ㄔ、ㄕ、ㄖ,以 iɿ、ən、uw、aɿ 表ㄩ、ㄣ、ㄡ、ㄞ,欲以代替注音字母,或作注音字母之草体,而依西法横书之,然亦未得若何结果也。

(三)刘孟扬《中国音标字书》清光绪三十四年(1908)排印本

孟扬字伯年,河北天津人。原书《凡例》二云:“此音标字母二十六,从中化生主音十,仆音二十一,复主音七,副仆音二十九,半主半仆音五,无论汉语洋语,汉字音洋字音,如法求之,皆不出乎其中。”又《凡例》八云:“字母中之主音皆读作阴平声,凡阴平声之字毋庸加韵符,其阳平声及上、去、入声各字,则各加韵符于字尾主音之上。”其所谓韵符,则阳平ˊ、上声ˇ、去声ˋ、入声ˆ是也。

(四)黄虚白《拉丁文臆解》清宣统元年(1909)稿本

虚白字止祥,河南祥符人。所著有《汉文音和简易识字法》别详次章。此书即附录于《简易识字法》之末。所定字母(即声母)凡二十二,但与 i、u、iu 三介音拼合共得有声之前音五十八。所定音韵(即韵母)凡十有六,盖就《五方元音》之十二韵而分“虎”部为 u、iu 两韵,分“地”部为 i、e 而另加 ei、er 两韵。惟加用一 q 于字前,又特别分出 wei 韵为 ei 韵之合口,皆未免自乱其例耳! 至于标调之法则谓:“取用音韵与字母以记四声者皆作无声字用:音韵加于字前,字母加于字后,以代点记。”其所定“上平、下平、清上、次上、清去、次去、上入、下入”八声之符号,加于字前者为 o、oi、a、ay、u、uy、e、ei,加于字后者为 c、k、r、l、h、v、d、t,较朱文熊但加 s、h 于上去二声之后者,已趋繁复矣。

(五)邢岛式拼音字母 1913 年读音统一会油印本

岛字瘦山,江苏人,1913 年任读音统一会会员。其所定字母大体依据罗马字母而有所增益。其提案说明书云:“采用罗马字母者,辄拘其字数,一若二十六字母乃一成不变之物,不可增删移易者。不知字母之数,亦随国音而定,本无定律。如英德二十六,法二十五,爱斯语二十八,在彼西国尚有变通,不足则加,有余则减,断无截足就履之理。且音韵我国最备,苟欲袭用其字母之成数,而不随国音规定,势必多立种种拼音缀韵之法,以济其穷,亦徒耗青年之脑力耳。故鄙人于择用希腊拉丁字母外,复增十数字母。至所以采用西字之故,一则求其大同,一则求其简便适用。”其增益旨趣,略具于此。又邢氏别有《改革文字意见书》载《东方杂志》9 卷 7 号。

(六)刘继善《新华字》1914 年 8 月排印本

继善山东人,1913 年任前教育部读音统一会会员。案《新华字》1912 年正月十五日《自序》云:“鄙人于音义文字一道,颇费精研。由辛丑迄今,十数寒暑,搜罗各国字母书法以及近今诸大家著述,取其精妙者,卒成一篇。以二十六字母按天然音义配置而成文,名曰音义文字。”是其采用罗马字母由来已久。及其参加读音统一会,复拟有假名式之音义简字(见《新华字》附录各家字母表)。卒以罗马字母有“笔画单简”、“易于连合”及“万国文界公用为利器”之三种利益(见1914年《自序》),遂更刊行此书。嗣于1916年又印行《刘氏罗马字》单张,音素内容多有变动。其标调之法,刘氏初于《新华字》中以为:“素日注音之罗马字均以数目字标明四声,今因每字各具当然之意义,故四声自在其中,勿庸复赘矣。然于只用音字时,则以标四声为宜,而于字典中仍将四声注明,以便检用。”惟其注法若何,迄无明文。其后于《刘氏罗马字》声韵表附注中始定条例云:“上平声其音平直,故以‘平’字之首母 p 志之;下平声其音浮上,故以‘浮’字之首母 f 志之;上声其音曲弯,故以‘曲’字之首母 q 志之;去声其音落下,故以‘落’字之首母 l 志之;入声其音短促,故以‘短’字之首母 d 志之。”至于“义字之构造,系取其字义之首字母加于音字之尾而成”(《新华字·凡例》六)。“每一双音或多音只指一意义一事物者,即连书其音,不加义母。如有音同义异者,亦如独音字之作法”(《凡例》九)。“凡常用之字,以少加义母为妙,所为单简也”(《凡例》十三)。“凡 a、e、o、y 四母于作义母时,须以 v 母代之;凡 u 母于作义母时,须以 w 代之;以免其发音”(《附录》四)。头绪纷繁,不便实用。其后,刘氏复于1917年2月22日致王璞书云:“前之样本中之字义,因漫无限制,必须逐字习学,是以人多难之。今将字典中所有各种字义全数检查,各以二三字母标明之。此步工夫若告成,则可省去检查字典之事。此种字义之数目,当在一千之内。凡同意之字,俱以一定之字母标明之。比方 b 为‘不’,凡不意之字,俱加 b 母于音字之后,如弗 fub、勿 wub 等是也。又如 fw 为‘房屋’,凡房屋之字俱加 fw 于音字之后,如室 shifw、宫 kungfw、宸 ch‘enfw等是也。又‘粮房’为 lf,则仓 ts‘anglf、廒 aolf、廪 linlf 等是也。余如喜、忧、快、慢、大、小、男、女等,均如此为之。字义至多以三母为限,音字亦以三母为限,每字音义俱全共不过六母。其中一字母之字义二十个(因 a、e、i、o、u、y 六母不能作字义也),二母之字义共四百个,三母之字义可得八千:共计八千四百二十个。若能拼为一千字义,已属详细矣。”是刘氏对于旧法,已自知改良。惟如上所云:每字音义俱全,共为六母,若更加标调之字母,则一字即可多至七文,以视汉字尤为繁复难识,宜其不能通行矣!此后王景春、陈彝煜等皆倡为音义罗马字制,亦并未能见诸实用也。

(七)钟雄《新字母发明书》1918 年广东刻本

雄广东宝安人。是书以粤音为主,其字母组织,凡“哑音字母(即声母)二十八个,响音字母(即韵母)四十二个,共成七十个。并用平上去入出声附之。则无论各处方言,全球人类之声音,无不可顺口串出,顺手写出。每字母之旁,另有两数目字代之。所以单用数目字以代字,亦可以手谈、眼谈、打电、打灯及吹号等用,诚非常之利便。此种新法,完全出于天籁,无半点难处。倘能识粤音者,经予所设各教授处之教员,教授数句钟之久,学者无不明其理,而豁然贯通焉”。其所谓“哑音”则用罗马字母而稍加增减,所谓“响音”则用弧矢等线构成:盖为罗马式与速记式之混合体,又羼杂数码传声法者也。其标调之法,则上四声“响音”俱写细画,下四声“响音”俱写粗画,平声不加点,上声点于右下,去声点于右中,入声点于右上,出声(即中入)点于左上。如其字横写,则由左而点;凡两笔而成之字,点向下笔。综其体制,颇为糅杂,故拼成之字极不调和,较之卢戆章之《一目了然初阶》殆犹远逊也。

上述七家而外,当 1913 年前教育部召集读音统一会时,会员杨曾诰主张纯用罗马字母,吴敬恒及留意学生会提案主张兼采罗马字母而稍加变通;兹以书缺有间,不复详陈。然就此七家而论,其共同之缺点,则在只知以罗马字母拼切单音汉字,尚未能运用“词类连书”

方法以减少同音异义之困难。刘氏音义字虽欲别图救济，而以立法不善，反有欲简弥繁之弊。至于标调方法，则除朱氏《江苏新字母》、黄氏《拉丁文臆解》、刘氏《新华字》外，仍不能避免附加符号之累赘也。

贰　发育期——1918年至1925年

当1918年注音字母公布前后，急进之汉字改革论者，复持以Esperanto代用汉语之说。于是废弃汉字改用罗马拼音之主张，亦复乘时再起。其议论多载于《新青年》、《新潮》、《时事新报》、《学灯》及《国语月刊》等刊物中。

当时有人已知用罗马字拼切汉语应以词为单位，不以字为单位，且对于罗马字之观念，已自辅助汉字之"拼音"，进为代替汉字之"拼音文字"，惟于标调方法尚未能尽臻妥善耳。其后黎锦熙作《高元国音学序》及《汉字革命军前进的一条大路》两文，于"语词复音化"及"词类连书"两义尤有精辟之发挥。① 此外1919年4、5两月《时事新报》《学灯》中，尚载有恽秋星、王崇植等互相辩驳之文章，而俄国盲诗人爱罗先珂等亦均注意中国文字之改良问题。② 至于日本诸桥辙次之《支那的国语国字问题》(日本《国语教育杂志》5卷11号)及鸟谷阳太郎之《支那新音标文字》(日本《罗马字杂志》)等篇，尤同情于汉语采用罗马字拼音运动。③ 故关于此问题之讨论，可谓盛极一时。而实际创制罗马字拼音制度者，惟1922年8月《国语月刊》汉字改革

① 见《教育杂志》14卷3号及《国语月刊》汉字改革号。

② 参阅黎锦熙《旁观者清》，《国语月刊》第1卷第4期。

③ 参阅杨遇夫《日本人和汉字改革》，《国语月刊》汉字改革号，第137～140页。

号中载有钱玄同式两种、赵元任式一种，1923 年周辨明有《中华国语音声字制》一种，1924 年林玉堂（即林语堂）有改良赵式国语罗马字草稿一种：虽取母对音标调诸法各有不同，而拼字时，必用“词类连书”则已趋于一致。兹分述各式之要点于下：

（一）钱玄同式 钱氏以为注音字母虽为已改革之汉字，虽为拼音之字母，然与世界通行之“罗马字母式的字母”尚去一间，故谓汉字改用注音字母为“汉字之根本改革”，必采用“罗马字母式的字母”乃为“汉字之根本改革的根本改革”。其所以不主张直接采用罗马二十六字母者，以罗马字母虽有“易写”“美观”两优点，而同时亦有“音太缺乏”“音有重复”“音无定读”三劣点，不如采用罗马字母式之国际音标可以有利无弊。① 故其所拟之国语字母二种，甲式即以国际音标为准，中有 ɡ、ʤ、ʧ、ʃ、ʒ、ɥ、ɑ、ŋ 八母为罗马字母所无。若遇印刷或打字发生困难时，则可以乙式之 g、gh、ch、sh、jh、vh、a、ng 代之。② 是当时钱氏虽主张采用国际音标而于罗马字母亦并存不废。其后卢自然作《汉字改革的我见》附和钱氏采用国际音标之说。③ 而钱氏复以国际音标复杂细密宜于严式之审音，不宜于宽式之实用，遂自废弃其主张而赞成纯用罗马字母。其思想变迁之经过，于《跋嵩山论罗马字母拼音书》中自述甚详，可参阅之。④

（二）赵元任式 赵氏关于汉字改用罗马字母拼音之意见，当 1916 年 6 月在《留美学生月报》中已有详细之讨论。⑤ 嗣于 1921 年在

① 参阅钱玄同《汉字革命》第(4)(5)两段，《国语月刊》汉字改革号，第 19～24 页。

② 参阅《国语月刊》汉字改革号，第 119～120 页。

③ 见《国语月刊》第 1 卷第 12 期。

④ 见《语丝》第 59 期。

⑤ Y. R. Chao *The Problem of the Chinese Language*, *The Chinese Student's Monthly*, vol. XI, No. 8, June, 1916, pp. 572～593.

美国哈佛大学教授华语,复将其所拟之拼音字母加以实验,至 1922 年作《国语罗马字的研究》始将草稿发表,以征求建设的批评。其字母制度系根据 25 项原则拟定:

(1)为永久实用计;

(2)准统计定利弊的轻重;

(3)顺天演趋势;

(4)牺牲理论上的规则;

(5)学习的时间不妨长些;

(6)不做精确研究的器具;

(7)一国文字不是专为音韵家字典家的方便而设的;

(8)无用处不细分辨;

(9)文字须要容易学写,容易印刷;

(10)限于 26 个老字母,不造新字形;

(11)不加符号;

(12)一个字可以有两种或几种读法;

(13)单字母可以代表复合声音;

(14)最常用的声音、符号须要简易;

(15)从世界习惯;

(16)于分辨上无妨碍处,字形要求短;

(17)单音不用拼字;

(18)文字要容易辨认;

(19)有用处尽细分;

(20)尚形;

(21)尽字母全用;

(22)用浊音字母当清音不送气的音;

(23)字形要醒目不易混淆;

(24)词类连写;

(25)加声调算字形的一部分。[①]

其中尤以(11)(12)(22)(24)(25)五项最关重要。此文发表后,周辨明等相继有讨论。赵氏复于1923年9月1日重加厘订。[②] 计此两次草稿之歧异者:声母则初删万,继增v;厂、彳、尸、卩初作x、tc、c、z,继改h、ch、sh、tz。韵母则凵、凵せ、凵ㄢ、凵ㄣ,初作v、ve、van、vn,继改ü、üe、üan、ün;ㄨㄟ、ㄨㄣ初分为uei、ui、uen、un四韵,继并为uei、uen两韵。声调则阴平、入声初加h,继改无号。阳平初拟开口呼双写声母,有i、u、v者改作y、w、yv;继复重订细目四则:"(1)i、u、ü当全韵的改作yi、wu、yü,当韵母第一音的改作y、w、yü;(2)m、v、n、l、q、r在ai、ei、ao、ou、an、en、aq、eq前无号;(3)er作err;(4)其余的声母或声母第一字双写。"赏声双写主要元音,前后相同。去声初拟不用符号,继订"i、u、ü、ai、ei、ao、ou、iai、iao、iu、uai、uei、-n、-q改作iy、uw、üy、ay、ey、aw、ow、iay、iaw、iw、uay、uey、-nn、-qq;其余后加h"。永久轻读声调前后均不加符号;惟以拼法论,初似去声,继如阴平而已。

(三)周辨明式 周氏初于1922年作《中华国语音母和注声的刍议》对于"音母"主张采用国际音标;对于"注声"主张"用中国的号码丨〢〣ㄨ来注平上去入各声"。[③] 及赵元任发表其第一次国语罗马字草稿后,周氏复于1923年发表《中华国语音声字制》,对于赵氏"字要有声,以字母注"之主张,完全承认,而于其所定之制度略有修订。周氏自定例言11条:

(1)根据国音字典拼音注声;

---

① 参阅《国语月刊》汉字改革号,第87~117页。

② 参阅《国语月刊》第2卷第1期《新文字运动的讨论》。

③ 见《国语月刊》第1卷第10期。

(2)字母采用力求合于发音学的理论；

(3)字体取其便用——便于看、写、打字、排印；

(4)拼音字力求接近现在已有的罗马拼音字式；

(5)简短——字越短越好；

(6)雅观——与今代西洋文字相仿佛；但意、德、英、法诸文字体有优先采仿之权利；

(7)注音——注音不用符号；

(8)可做后来学发音、方言、外国语的预备；

(9)承认 b、p、d、t、g、k 等字母根本清浊之分有保存之必要；

(10)使中国语言送气和不送气音的特色，得以显出；

(11)承认 j 和 i、w 和 u 是各成一系的相对音。[①]

周氏自谓，此修订的赵制，仍系音声合璧，字字有体。其中最要之改变即阳声字不用双母。若细较其异同，声母则以 p、t、k 表ㄅ、ㄉ、ㄍ；以 ph、th、kh 表ㄆ、ㄊ、ㄎ；以 zh、ch、sh 表ㄓ、ㄔ、ㄕ；以 z、c、s 表ㄗ、ㄘ、ㄙ；遇阳平时 h 母一律变为 x；p、t、k、f 四母得改为 b、d、g、v；其重写辅音者只余 s 一母。韵母则以 y 表ㄩ；增 ie，删 un；易 oq、ioq 为 uq、yuq，i、u、y 为 j、w、jy；除阴平外有拼字及独用之异。此均与赵制第一次草稿不同。至于声调鉴别，所差尤巨。其条例云：

(1)阴声照音写，不另加记号。

(2)阳声以音组的起首字母别之，其韵与阴声同。阳声音组的首字母是：j、w、m、n、q、l、r、v、ss、x、px、tx、kx、cx、sx、zx。

(3)赏声以韵内元音之最重音者双叠别之。

(4)去声以韵的尾末字母别之。末字除 n 和 q 重叠为 nn 和 qq 外，都加 h 为记号。

---

① 见《国语月刊》第 1 卷第 12 期。

(5)入声音组与阴声同,后加(,)为记号。此记号在复音词中有时简直可省起来。

(6)赏去入声诸音组的字首辅音与阴声同。

(7)轻声字写如阴声,有时尽可从略,只留其最响亮的辅音。[①]较诸赵制已稍改良,故赵氏第二次草稿中颇采纳其意见。然周氏于1930年在德国汉堡(Hamburg)大学语音实验室收摄国语留声机片时,复将此制大加变更。综其要点,声母除将j、ch、sh分化为gc、kc、hc及cz、ch、sh两组;韵母除将iu(ㄩ)、y(ㄙ、ㄖ)、el(ㄦ)改为y(ㄩ)、ï(ㄖ)、z(ㄙ)、erl(ㄦ)以外,其余均与国语罗马字同。惟标调之法,阴平除l外均不变;阳平以加r于元音后为主:遇i、u韵尾变e、v,n尾加d,ng尾变nq,uei母改ue;赏声以重写元音为主:遇i、u、y韵头变ji、wu、yu,遇i、u韵尾变j、w,erl母改ell,ong母改oung,un母改wen,ï作ïj,z作ze;去声以加h于元音后为主:遇i、u韵尾变y、o,n尾加t,ng尾变nk,erl母改el。[②]复杂凌乱,殊不如国语罗马字之简易!是周氏对于自创之"中华国语音声字制"虽已不复坚持,而于前大学院公布之国语罗马字犹未肯甘心遵用也。

自此各式发表后,国语罗马字之雏形已略完具。其后卢自然作《对于改用国语罗马字的讨论》一文,于钱、赵、周三式稍有修订[③];许锡五作《新文字制表》[④],张学载作《国音及罗马字发音对照表之研究》[⑤],亦各另创新制。然所改良者均不甚多。盖自黎锦晖在国语统一筹备会提出"废除汉字采用新拼音文字案"(1922)及"请教育部令

---

① 见《国语月刊》第1卷第12期。

② Chiu Bien-Ming's *A Phonogram in Chinese with a Guoyu Romanization System*, 1930.

③ 见《国语月刊》第2卷第1期字母讨论号上。

④ 1925年许氏印有单行本。

⑤ 见《学艺杂志》7卷9号至8卷3号。

全国学校使用新文字案”(1924),叶谷虚在“中华教育改进社”第二次年会提出“请审定一种罗马字拼音制度案”(1923)以后,国语罗马字已由发育期进为成熟期矣。

叁　成熟期——1925 年至 1928 年

自黎锦晖、叶谷虚所提两案相继通过后,前教育部国语统一筹备会第五次大会复根据钱玄同所提“请组织国语罗马字委员会案”,议决组织国语罗马字拼音研究委员会,以钱玄同、赵元任、黎锦熙、刘复、汪怡、周辨明等人为委员。时以政治影响,统一会不能积极进行。于是刘复约集委员之在北京者,组织“数人会”,由专家私自会商,从事于国语罗马字之议定。计自 1925 年 9 月 26 日迄 1926 年 9 月 6 日,历时一年,开会 22 次,始拟定国语罗马字拼音法式一种。由“数人会”提出于统一会。统一会乃根据第五次大会之议决于 9 月 11 日召集国语罗马字拼音研究委员会议决通过,于 20 日即函请前教育部公布。10 月间,专门司已将指令稿拟就而教育当局坚决不肯画行,延至 11 月 9 日统一会乃自行公布。两年以后复由前大学院于 1928 年 9 月 26 日正式公布,认为此种法式“足以唤起研究全国语音学者之注意,并发表意见,互相参证;且可作为国音字母第二式,以便一切注音之用”。至 1932 年 5 月 7 日,前教育部公布之《国音常用字汇》始以国语罗马字与注音字母对照记音。于是三十年来,诸家之所辛勤研究热诚提倡者,至此乃得一结晶,而避免附加符号及“字各有调,以字母注”两点,实为国语罗马字之特色也。

以上各式而外,瞿秋白同志在苏联时也曾积极地为创立汉语拉丁化新文字而工作。瞿氏所造之方案当时在莫斯科与列宁格勒之中国革命同志及苏联汉学家中讨论过不止一次。帮助此方案最后定型者有吴玉章、萧三等同志及龙果夫、郭路特等苏联科学家。此一拉丁化新文字方案的字母表只有28个符号，且未采用专用标记声调之符号，1931年在伯力召开之“中国新文字第一次代表大会”上进行讨论，以后在旅苏之华侨学校中及出版物上也曾使用若干年，在国内也受到许多进步知识分子（包括鲁迅、陶行知、张一麐、许地山等）热烈欢迎，并经许多语文工作者孜孜不倦热心推行，在群众中立下初步基础。

兹综合利玛窦以后中西各式代表，比较如以下各附表，以究其演进之迹：

附表一 中西各式罗马字声母比较表

M. Ricci	N. Trigault	J. Edkins	T. F. Wade	C. W. Mateer
p	p	p	p	p
p‘	‘p	p’	p‘	p’
m	m	m	m	m
f	f	f	f	f
v	v	–	–	–
t	t	t	t	t
t‘	‘t	t’	t‘	t’
n	n	n	n	n
l	l	l	l	l
c、q	k	k	k	k
c‘、q‘	‘k	k’	k‘	k’
o、ng、g	g	ug	o、ng	o、ng
h	h	h	h	h
–	–	–	ch(i)	ch(i) –
–	–	–	ch‘(i)	ch’(i)
nh	–	–	–	–
–	–	–	hs	hs
* ch	ch	ch	ch	ch
c‘h	‘ch	c’h	ch‘	ch’
x	x	sh	sh	sh
jcg	j	j	j	j
c、ç	ç	ts	ts(tzŭ)*	ts*
c‘、ç‘	‘ç	t’s	ts‘(tz‘ŭ)	ts’
s	s	s	s(ssŭ)	s
		y	y	y
		w	w	w
		yu	yü	yü
		r		

* 国语罗马字、Wade、Mateer、Lessing、刘孟扬等皆不分尖团。

（续表）

F. S. Couvreur	四川传教士	A. Vissière or B. E. F. E. O.	Gabelantz	C. Arendt
p	p	p	p	p
p'	p'	p'	p'	p'
m	m	m	m	m
f	f	f	f	f
–	–	–	–	–
t	t	t	t	t
t'	t'	t'	t'	t'
n	n	n	n	n
l	l	l	l	l
k	k	k	k	k
k'	k'	k'	k'	k'
o、ng	g	o、ng	'、ng	ng
h	h	h	h	h'
–	–	–	c(i)	ć、ć̣'*
–	–	–	c'(i)	ć̣、ć̣'
gn	gn	–	–	–
–	–	–	hs	hs、hṣ
tch	tch	tch	c	ć
tch'	tch'	tch'	c'	ć'
ch	ch	ch	s	š
j	j	j	z	ž
ts	ts	ts	ts	ts
ts'	ts'	ts'	ts'	ts'
s	s	s(sseu)	s	s(sẓě)
		y	y	y
		w	w	w
		yu	yü	yü
			r	

* Arendt 以ć、ć'、hs 代表尖字，以ć̣、ć̣'、hṣ 代表团字。

（续表）

F. Lessing	朱文熊式	刘孟扬式	黄虚白式	刘继善式
b	pp	b	b	b
p	p	p	p	p
m	m	m	m	m
f	f	f	f	f
–	v	–	v	v
d	tt	d	d	d
t	t	t	t	t
n	n	n	n	n
l	l	l	l	l
g	k	g	g	g
k	c	k	k	k
o	ng	–	–	x
h	h	h	h	h
dj	g	g̈(i)	cj	j(i)
tj	ch	x(i)	ch	q(i)
–	rh	–	–	–
hs	sh	g̈(i)	hs	w(i)
dsch	tz	g̈	cz	j
tsch	chz	x	cx	q
sch	sz	s̈	cs	w
j	gz	z	r	r
ds*	ts	ẗ*	dz	z
ts	th	c	tx	c
s	s	s	s	s
y		i	(y)	
w		u	(w)	
yü		ü	(yu)	

（续表）

钱玄同式	赵元任式	周辨明式	国语罗马字	拉丁化新文字式
b	b	p	b	b
p	p	ph(px)	p	p
m	m	m	m	m
f	f	f	f	f
v	v	v	v	–
d	d	t	d	d
t	t	th(tx)	t	t
n	n	n	n	n
l	l	l	l	l
g	g	k	g	g
k	k	kh(kx)	k	k
–	q	q	ng	ng
x、h	h	h(x)	h	x
gh(i)	j(i)	c(i)	J(i)	–
ch(i)	ch(i)	ch(i)	ch(i)	–
–	–	–	gn	–
sh(i)	sh(i)	sh(i)	sh(i)	–
gh	j	c	j	zh
ch	ch	ch	ch	ch
sh	sh	sh	sh	sh
jh	r	r	r	rh
dz	tz	z	tz	z
ts	ts	zh	ts	c
s	s	s	s	s
j				j(ji)
w				w(wu)
vh				j(jy)
r				r

附表二　中西各式罗马字韵母比较表

M. Ricci	N. Trigault	J. Edkins	T. F. Wade	C. W. Mateer
a	a	a	a	a
o	o	o	o	oă
e	e	e、è	ê	ê
ai(ay)	ai	ai	ai	ai
–	–	ei	ei	ei
ao	ao	au	ao	ao
eu	eu	eu	ou	ou
an	an	an	an	an
en	en	en	en	ên
am	am	ang	ang	ang
em	em	eng	eng	êng
lh	ul	ri	êrh	êr
ě、ú、ụ	ě、ú、ụ	ï	ih、ŭ	i
i(y)	i	i	i	i
ia(ya)	ia	ia	ia	ia
io(yo)	io	iob	io	ioă
ie(ye)	ie	ieh	ieh	ie
iai	iai	iai	–	–
ieo、eao	iao、eao	iau	iao	iao
ieu	ieu	ieu	iu	iu
ien	ien	ien	ien	ien
in(yn)	in	in	in	in
iam、eam	iam、eam	iang	iang	iang
im(ym)	im	ing	ing	ing
u	u	u	u	u
oa	ua、oa	wa	ua	wa
uo、oo	uo	wo	uo	woă
oe	ue、oe	–	–	–
nai	uai、oai	wai	nai	wai
uei、oei、ui	uei、oei、ui	wei、ui	uei、ui	wei
uan、uon	uan、oan、uon	wan	uan	wan
uen、uam	uen、oen、un	wen、un	un	un
oam、oem	uam、oam	wang	uang	wang
um(om)	uem、um	weng、ung	ung	ung
iu(yu)	iu	ü、iuh	ü	ü
iue(yue)	iue	iüeh	üeh、üo	üe、uoă
iuen(yuen)	iuen	iüen	üan	üen
iun	iun	iün	ün	ün
yum	ium	iung	iung	iung

（续表）

F. S. Couvreur	四川传教士	A. Vissière or B. E. F. E. O.	Gabelantz	C. Arendt
a	a	a	a	a
o	o	o	o	o
é	e	ö、o	e	ê
ai	ai	ai	ai	ai
ei	ei	ei	ei、iei	ei
ao	ao	ao	ao	ao
eou	eou	eou	eu	ou
an	an	an	an	an
en	en	en	en	en
ang	ang	ang	ang	ang
eng	–	eng	eng	eng
eul	–	eul	–	örh
e、eu	ĕ	e、eu	–	ĭ、ĕ
i	i	i	i	i
ia	ia	ia、ea	ia	ia
io	io	io	ioh	io
ie	ie	ie	ieh	ie
iai	iai	–	iai	iai
iao	iao	iao、eao	iao	iao
iou	ieou	ieou	ieu	iu
ien	ien	ien	ien	ien
in	in	in	in	in
iang	iang	iang、eang	iang	iang
ing	–	ing	ing	ing
ou	ou	ou	u	u
oua	oua	oua	ua、oa	ua
ouo	ouo	ouo	uo	uo
–	–	–	–	–
ouai	ouai	ouai	uai、oai	uai
ouei	ouei、oui	ouei	uei、oei、ui	uei、ui
ouan	ouan	ouan	uan	uan
ouen	ouen	ouen	uen	uen、un
ouang	ouang	ouang	uang、oang	uang
oung	ong	ong	ung	ung
iu	u、iu	iu	iü	ü
iue	iue、ue	iue	iüeh	üe
iuen	iuen、uen	iuan	iüen	üan
iun	iun	iun	iün	ün
ioung	iong	iong	iung	iung

（续表）

F. Lessing	朱文熊式	刘孟扬式	黄虚白式	刘继善式
a	r、a	a	a	a
o	u	–	o	–
ö、o	oo、e	e、y	e	e、i
ai	aɿ	ai	ai	ay
e		ei	ei	ey
au	x	ao	au	ao
ou	uw	o	ou	eu
an	an	an	an	av
ën	un	n	en	en
ang	on	en	ag	ax
ëng	ən	on	eg	em
örl	l、u	r	er	er
i	ú	z、oi		
i	i、ɿ	i*	i*	y
iä	ir			ya
–	io			–
ia	ie			ye
–	–			yy
iau	ix			yo
iu	iw			yu
ian	ian			yv
in	iun			yn
iang	ien			yx
ing	ion			ym
u	w	u	u	o
ua	wr			oa
uo	wo			oe
–	–			–
uai	waɿ		wei	oy
ui	we			–
uan	wan			ov
un	wun			on
uang	won			ox
ung	wun			om
ü	iɿ	ü	iu	u
üa	iɿe			ue
üan	iɿan			uv
ün	iɿun			un
iung	iɿen		q	um

*刘孟扬、黄虚白两式拼 i、u、ü 三介音于声母，故无结合韵母。

（续表）

钱玄同式	赵元任式	周辨明式	国语罗马字	拉丁化新文字式
a	a	a	a	a
o	o	o	o	o
e	e	e	e	e
aj	ai	ai	ai	ai
ej	ei	ei	ei	ei
aw	ao	ao	au	ao
ew	ou	ou	ou	ou
an	an	an	an	an
en	en	en	en	en
ang	aq	aq	ang	ang
eng	eq	eq	eng	eng
er	er	er	ei	–
jh、z	r、z	ï	y	–
i	i	i	i	i
ja	ia	ia	ia	ia
jo	io	io	io	io
je	ie	ie	ie	ie
–	iai	iai	iai	–
jaw	iao	iao	iau	iao
ju	iu	iu	iou	iu
jen	ien	ien	ian	ian
in	in	in	in	in
jang	iaq	iaq	iang	iang
ing	iq	iq	ing	ing
u	u	u	u	u
wa	ua	ua	ua	ua
wo	uo	uo	uo	uo
–	–	–	–	–
waj	uai	uai	uai	uai
uej、-wi	uei	uei	uei	ui
wan	uan	uan	uan	uan
uen、-un	uen	uen	uen	un
wang	uaq	uaq	uang	uang
ong	oq	uq	ueng、ong	ung
y	ü	y	iu	y
vhe	üe	ye	iue	ye、yo
vhen	üen	yen	iuan	yan
yn	ün	yu	iun	yn
jong	ioq	yuq	iong	yng

附表三 中西各式罗马字标调方法比较表

调类 \ 条例或符号 \ 派别	M. Ricci N. Trigault F. S. Couvreur 四川传教士 Gabelantz	J. Edkins	T. F. Wade C. W. Mateer C. Arendt 江亢虎式	朱文熊式
阴平	¯ 例如:“衣”ī	,□ 例如: “衣”,yi	1 例如:“衣”i^1	基本形式
阳平	^ 例如:“移”î	.□ 例如: “移”.yi	2 例如:“移”i^2	(?)
上声	ˋ 例如:“倚”ì	’□ 例如: “倚”’yi	3 例如:“倚”i^3	加 s 于平声字之后为上声
去声	ˊ 例如:“易”í	□(例如: “易”yi(	4 例如:“易”i^4	加 h 于平声字之后为去声
入声	例如:“一”ĭe	韵尾后加 h 例如: “一”yih	入声混入平上去三声,但江亢虎作 5 例如:“一” i^1(Wade) i^5(江亢虎)	基本形式

（续表）

派别 条例或符号 调类	刘孟扬式	黄虚白式	刘继善式	赵元任式	周辨明式
阴平	不加韵符	字前加 o，或字后加 c	其音平直，故以“平”字之首母 p 志之	无号	照音写不另加记号
阳平	ˊ 例如：“慈”Coí	字前加 y，或字后加 k	其音浮上，故以“浮”字之首母 f 志之	(1) i、u、ü 当全韵母的改作 yi、wu、yü (2) m、v、n、l、q、r 在开口韵前无号 (3) er 作 err (4) 其余的声母或声母第一字双写	以音组的起首字母别之。其韵与阴声同。阳声音组的首字母是：j、w、m、n、q、l、r、v、ss、x、px、tx、kx、cx、sx、zx
上声	ˇ 例如：“此”Coǐ	字前加 a，或字后加 r	其音曲弯，故以“曲”字之首母 q 志之	把主要元音双写	以韵内元音之最重音者双叠别之
去声	ˋ 例如：“次”Coì	字前加 u，或字后加 h	其音落下，故以“落”字之首母 l 志之	i、u、ü、ai、ei、ao、ou、iai、iao、iu、uai、uei、-n、-q 改作 iy、uw、üy、ay、ey、aw、ow、iay、iaw、iw、uay、uey、-nn、-qq；其余的后加 h	以韵的尾末字母别之。末字除 n、q 重叠为 nn、qq 外，都加 h 为记号
入声	^ 例如：“测”Cê	字前加 e，或字后加 d	其音短促，故以“短”字之首母 d 志之	无号	入声音组与阴声同，后加(,)为记号。此记号在复音词中简直可省
轻声				偶尔轻读声调与赏声偶尔变调都不改拼法；永久轻读声调如阴平无号	轻声字写如阴声，有时尽可略，只留其最响亮的辅音

（续表）

调类 \ 条例或符号 \ 派别	国语罗马字	拉丁化新文字式
阴平	(1)以用基本形式为原则 (2)声母若为 m、n、l、r 则加 h	四声一律不加符号
阳平	(1)开口韵以加 r 于元音后为原则 (2)i、u 两韵前加 y、w;iu 韵改为 yu (3)声母若为 m、n、l、r 则用基本形式 (4)凡结合韵母将韵头之 i、u、iu 改为 y、w、yu,但 ong 仍于元音后加 r	
上声	(1)以双写单元音为原则 (2)iu 改 u;ai、au 改 ei、ao;但 ei、ou 仍双写韵头作 eei、oou (3)i、u、iu 独用时前加 y、w (4)结合韵母前有声母时将韵头之 i、u、yu 改为 e、o、eu,但 ie、uo 仍双写韵尾作 iee、uoo;in、ing、ong 仍双写韵头作 iin、iing、oong (5)结合韵母前无声母时则在 i、u、iu 所改之 e、o、eu 以前另加 y、w;但 iee、uoo 省作 yee、woo	
去声	(1)单韵以加 h 为原则 (2)复韵则将韵尾 i、u 改为 y、w (3)附声韵母及卷舌韵母则将韵尾之 n、ng、l 改为 nn、nq、ll (4)i、u、iu 独用时则于 ih、uh 前加 y、w;将 iuh 改为 yuh (5)结合韵母前有声母时准(1)(2)(3) (6)结合韵母前无声母时则将韵头 i、u、iu 改作 y、w、yu,但 inn、inq 作 yinn、yinq	
入声	据白涤洲《北音入声演变考》国音入声除少数转入阴平及上声者外,大致全清全浊转入阳平,次清次浊转入去声	
轻声	(1)以用基本形式为原则 (2)“子”作 tz (3)助词及象声之词同轻声例,亦用基本形式	

详审上举各式，声母韵母尚皆大同小异，不甚悬殊。惟避免附加符号改用字母标调之原则，则实中国所特创。盖自朱文熊、黄虚白、刘继善以来已渐有此意识，而尚语焉不详。及赵元任倡之，周辨明等和之，复经“数人会”反复磋商，斟酌损益，始成国语罗马字之拼法条例。拉丁化新文字与国语罗马字之主要歧异，亦即在标调与不标调而已。

注音字母之演进

注音字母公布于国语罗马字之前，而简字运动发轫于罗马拼音之后。当明清之际，方以智、刘献廷等已有提倡拼音之议，而其方法今皆不传。其后龚自珍拟搜罗中国十八省方言及满洲、高丽、蒙古、喀尔喀等语纂为《今方言》一书，尝谓："音有自南而北而东西者，有自北而南而东西者，孙曾播迁，混混以成。苟有端倪可以寻究，虽谢神瞽，不敢不聪也。旁采字母翻切之旨，欲撮举一言，可以一行省音贯十八省音；可以纳十八省音于一省也。"[①] 此书虽未能成，而其统一国语之意见，已昭然可睹。自甲午战役(1894)以后，国人受外患之激荡而欲改良汉字以促进教育者，于罗马拼音派以外，复有稳健派之简字运动。计自 1895 年以迄 1918 年倡导此种运动者前后不下四十人，其所创作约可别为七系，兹各纂述要旨，著之于篇：

壹　假名系

(一)卢戆章

《中国切音新字》清光绪三十二年(1906)稿本，前国语文献馆藏

《中国字母北京切音合订》清光绪三十二年(1906)上海点石斋石印本

---

① 《定盦文集》，《四部丛刊》本，卷下，第 6 ~ 7 页《拟上〈今方言〉表》。

《中国字母北京切音教科书》首集贰集同上

《中国新字》1915年厦门闽南书局石印本

《中华新字国语通俗教科书》1916年厦门石印本

《中华新字漳泉语通俗教科书》同上

自1892年卢氏刊行《一目了然初阶》，其切音新法颇能风行闽南。后此六年其同乡京官安溪林辂存遂以“字学繁难，请用切音以便学问”，呈请都察院代奏。奏中略谓：“创新法切音者，福建卢戆章之外，更有福建举人力捷三、江苏上海沈学、广东香港王炳耀、已故前署汉海关道蔡锡勇，各有简明字书刊行于世。……而尤以卢戆章苦心孤诣研究二十余年；且其生长外洋，壮年回籍，故其所为切音新字捷诀，深得中西音义之正。”因请“饬下各该省督抚、学政，传令卢戆章等并其所著字书，咨送来京，由管学大臣选派精于字学者数员，及编译局询问而考验之，校其短长，定为切音新字，进呈御览，察夺颁行”。奏上即于同年7月28日奉上谕：“著总理各国事务衙门调取卢戆章等所著之书，详加考验具奏。”旋以变乱频仍，事遂中寝。其时卢氏以《一目了然初阶》中所采之变相罗马字，形体怪僻，不中不西，于新字推行，诸多窒碍，遂废弃旧制，改用偏旁式之简单笔画，成《中国切音新字》一书。其书称声母为“声音”，韵母为“字母”，总计“声音”二十五，“字母”一百有二，各按京师闽粤方音之别，而有用舍多寡之分。其切音方法以“字母”为经，居中粗写；以声音为纬，各按字音之平上去入，细书于“字母”之上下左右；呼时先韵后声，与《十五音》之例同。改订既竟，卢氏乃于1905年自厦门跋涉来京，恪遵七年前“上谕”将所著切音字书向学部呈缴听候考验，并请代奏，以学部外务部互相推诿，延宕数月。次年3月卢氏不耐久候，乃呈请外务部速咨学部考验批示，复恐原呈字书，日久污损，又恭缮新书呈缴，换出旧书，以便进呈“御”览。其时学部已以原书交译学馆文典处审定。审定结果以卢氏审音定位,搜讨不为不勤,用意不为不至,然以泥今忘古,狃近昧远,遂生种种之缺点,要其疏漏约有"声母不完全"、"韵母无入声"及"写法乖谬"三端,自难用为定本通行各省。于是外务部遂于3月19日据学部复文,札交卢戆章遵照。卢氏经此打击,乃改变方向,努力向社会宣传,其年回至上海即就进呈本略加增订,印行《中国字母北京切音合订》及《中国字母北京切音教科书》等。及1913年卢氏被本省选派为教育部读音统一会会员,复以衰老之年,再度跋涉来京逐日出席,不辞辛苦,惟于会中议定之注音字母不以为然,返厦以后,复将1906年所定新字改订修正,于1915年印行《中国新字》一书。其形体始"由整个汉字拣出简单笔画以助记忆力",而"字母"(即韵母)居中大写,"字音"(即声母)各按平上去入细书于"字母"之上下左右,则仍与旧制无殊。后1916年所印之《中华新字》,亦以此式为准,无大更易:盖自1892年以来卢氏所创之新字凡经三变矣。兹以其晚年定论,隶之假名系。

(二)王照

《官话合声字母》清光绪二十六年(1900)天津原刻本,二十七年(1901)日本印本

《重刊官话合声字母序例及关系论说》清光绪二十九年(1903)北京裱褙胡同官话字母义塾重刊本,三十二年(1906)北京拼音官话书报社翻刻本

《官话字母字汇》清光绪三十二年(1906)北京长老会编印

照字小航,河北宁河人。《官话合声字母》初稿成于1900年庚子,书中隐去姓名,自署芦中穷士。其原序略云:"考得一切字音转变皆在喉中,喉音为总,不可与唇齿舌腭并列。凡反切之下一字皆宜用喉音。反切旧法,牵合支离,类例繁多,徒乱人意。《五方元音》所载天龙等韵母略得端绪,而不取喉音,不能自然吻合。若西文东文各字

母亦皆喉音未备。于是创为喉音之字十余。至反切之上一字必分为五十母,皆取‘支’‘微’‘鱼’‘虞’等部中之字,以之合喉音,而以四声转变之,则凡一切字音自然皆备,前人‘见’‘溪’等三十六字母亦不适用。凡此字母与喉音字共若干,皆假借旧字减笔为偏旁,以便拼合。”盖其“合声”之法采自《音韵阐微》,而字母体制则摹仿日本假名。所谓“字母”(即声母)共为50(初稿只49,后又增一“女”字);所谓“喉音”(即韵母)数只12(初稿有辶[迂]、户[乌]、亻[衣]三字,后删之);所谓“四声”则平分上下,入声阙如,分调悉准京音,点声略变旧例。至其所以声多韵少者,则由王氏以介音i、u、y属于声母故也。此书成后,当时名宿天津严修、桐城吴汝纶等,皆极力为之倡导,而管学大臣张百熙、北洋大臣袁世凯等,或列入学堂正课,或广设义塾传习,拼译书报,推行颇力。流风所被,遂自北京、天津、保定扩及河北全省,浸假而蔓延于东三省、山东、山西、河南等处,识此字母者达数万人。及劳乃宣增订重订两谱继出,遂更自北而南逐渐推行于长江流域矣。王氏后于1913年任读音统一会副会长,所提字母仍与旧制无异。

(三)劳乃宣

《增订合声简字谱》一卷清光绪三十一年(1905)作,江宁原刊本。即《简字全谱》中之《宁音谱》

《重订合声简字谱》一卷清光绪三十一年(1905)作,江宁丙午(1906)原刊本。即《简字全谱》中之《吴音谱》

《简字丛录》一卷清光绪三十二年(1906)辑,金陵原刊本

《简字丛录续编》一卷清宣统三年(1911)排印本

《简字全谱》一卷清光绪三十三年(1907)作,金陵原刻本

《京音简字述略》一卷清光绪三十三年(1907)作,金陵原刊本

以上合为《简字谱录》五种,有光绪三十四年(1908)缮写进呈本及上海蟫隐庐合

订本

《读音简字通谱》一卷 1917年作,北京刊本

乃宣字季瑄,号玉初,自号矩斋,晚又号韧叟,浙江桐乡人。1843年生于河北广平。1874年进士。历任临榆、南皮、完县、蠡县、吴桥、清苑等县事;光绪末总理南洋公学及浙江大学堂事。1905年请两江总督周馥奏设"简字学堂"于金陵,任程一夔为总理。1908年,召见,擢京堂。宣统时,侍讲筵,钦选资政院硕学通儒议员,简江宁提学使、京师大学堂总监督,兼署学部副大臣。民国初退居涞水、曲阜,著《共和正解》等书,主张复辟。1917年复辟变起,简法部尚书,辞;事败,避居青岛。卒于1921年,年79。子䌹章、健章。有《韧叟自订年谱》。乃宣因王氏《官话字母》专以京音为限,故虽风行于北方,犹未能推广于南省,乃于1905年以《官话字母》原谱为本,增益六母三韵及一入声符号,成《增订合声简字谱》一卷(即《宁音谱》),以赅括宁属各府州县及安徽一部分之语音;更就此谱增益七母三韵及一浊音符号,成《重订合声简字谱》一卷(即《吴音谱》),以赅括苏属及浙江一部分之语音。当时两江总督周馥所设之简字学堂即以《宁音谱》为课本,两年之间毕业数百人,其聪颖者,口操京音与北京人无异。由此展转传授,江浙各属通晓简字者,遂日渐增多。及端方继任两江总督,复令江宁40所初等学堂皆附设简字一科。于是素不识字之妇女村氓,居然一旦能看报写信,如盲瞽忽见青天,其成效之大,可以想见。劳氏《合声简字》之体制,虽只就《官话字母》增益修订,述而不作,然其推行办法则与王氏稍有异同。盖王氏主张直接以京音统一全国语言,劳氏主张"先各习本地方音以期易解,次通习京音以期统一"。当时怀疑劳氏主张者颇不乏人,而劳氏自能持之有故,曾于《致上海中外日报馆书》中略云:"贵报述简字学堂办法一则,虑随地增撰字母,愈远于同文之治,谓宜强南以就北。……反复筹维,乃以随地增撰通其

变;而仍以有增无减统其同。……夫欲文字简易,不能遽求语言之统一;欲语言之统一,则必先求文字之简易:至鲁、至道,有不能一蹴几者。……故必各处之人教以各处土音,然后易学易记。……迨土音简易之字既识之后,再进而学官音,其易有倍蓰于常者。……盖明于母韵声之条理,则易于贯通。今先以土音学简字,于拼音之法、母韵声之理,已了然于胸矣;而官话母韵声之字与土音母韵声之字无异也,所异者音耳。于本识之字、本明之法,而但变其音,有不涣然易解者哉? ……今有增无减,将北音全谱包括于中,相通而不相悖,则不必强南以就北,自能引南以归北矣。"① 本此主张,劳氏遂更于《吴音谱》之外增益20母、2韵,定为《闽广音谱》。又于1907年本等韵之理,考诸方之音,上宗《音韵阐微》《同文韵统》合声定切之法,广征古今南北声韵迁流之故,订为《简字全谱》一编,中国各处方音皆包括于内,而仍以京音为主。盖本其《等韵一得》所考之字母、韵摄、等呼、清浊及戛透、轹捺等,于《闽广音谱》之外复增益33母、20韵,欲"使中国同文之域,诸方之音,举括于内,乃足为推行全国之权舆"②。及1908年遂以《简字全谱》、《京音简字述略》、《增订合声简字谱》、《重订合声简字谱》及《简字丛录》等合缮为《简字谱录》五种进呈清廷,奉旨交学部议奏。宣统元年又奏请于筹备立宪清单中所开简易识字学塾内附设简字一科,并令能识此简字者,一体准为自治选民。摺上,仍交学部议奏。劳氏又两次上书学部催请核议复奏。其时学部中人多疑此种简字有妨碍汉文、分裂语言之弊,遂置之不议不答。于是劳氏与赵炳麟、汪荣宝等发起"简字研究会"于北京,从事于社会宣传。适其友唐景崇掌学部,劳氏复于宣统二年致函唐氏催请复奏,亦无结

① 《简字丛录》第27页。

② 《简字全谱·序》。

果。是年资政院成立，议员江谦著《小学教育改良刍议》一文，开宗明义即谓“初等小学前三年，非主用合声简字则教育断无普及之望”。后又与方还、籍忠寅等质问学部分年筹办国语教育说帖中有云：“文字之用，主音者简易，主形者繁难。形摄万有，造字数万，犹有未尽之形；音出口舌，造母数十，已尽发音之蕴。且课本既为语体，则与文殊；用音字拼合，则唇吻毕肖。若仍用形字，则各省读之仍为方音，虽有齐傅，不敌众咻！方法既乖，效力全失。不知学部编订此项课本时，是否主用合声字拼合国语，以收统一之效？或用形字而旁注合声字，以为范音之助？抑全不用音字，仍抄袭近时白话报体例，效力有无，置之不顾？”此次质问连署者达 32 人，而院外响应之者，亦有江宁程先甲、直隶韩德昭、四川刘照藜、京师韩印符、庆福诸人。于是院中推举严复为特任股员长审查此种说帖。审查结果，主张“简字正名为音标，由学部审择修订，奏请钦定颁行”。音标之用法有二：“一、拼合国语，以开中流以下三万万九千万不识字者之民智，而合蒙藏回二千万里异语民族之感情；二、以范正汉字读音，学校课本每课生字亦须旁注音标”。“请议长会同学部具奏，请旨饬下迅速筹备施行”。严氏于宣统二年十二月初十日提出审查报告于大会，经多数赞成通过，而学部仍未会奏。及 1911 年学部乃召集中央教育会于北京，交议各案中有《国语音韵释例案》。后会员王劭廉等复提议《统一国语办法案》于闰六月十六日第十六次会议可决通过。未几武昌起义，国体改变，凡百更新，此议决案亦不能继续有效。然劳氏之合声简字，虽未经公家颁布实行，而由其引起之影响，在在均足以促进注音字母之诞生，于简字运动中，殆为最有力者也。及 1913 年前教育部召集读音统一会，吴稚晖约劳氏与会，辞不赴，而陈其所见，主张“母用京音简字之十九母，而加以‘疑’‘微’为二十一母；韵用京音简字之十二喉音，而加以‘支’‘微’‘齐’‘鱼’‘虞’为十六摄；声用京音简字之四声，而加以入声为五声；符号用汉字省笔；拼法用一母一韵两拼而左右横列"，具《读音统一意见书》一通，以备采择。后读音统一会所定之谱虽符号用独体汉字之笔画本少者，拼法用一母、一介音、一韵三拼而上下直列，与劳氏意见不无小异，然母韵声之本质，则劳氏所陈，不啻全经采择。故劳氏以为"部定之谱，虽未惬心贵当，而略加参酌，即足以变通尽利"，因作《读音简字通谱》一卷以便学者。其始终不懈，舍己从人，均有足多者矣。

（四）李元勋

《代声术》清光绪三十年（1904）稿本，董彦堂藏

元勋字午樵，河南人。1913年读音统一会会员。此稿前有光绪甲辰（1904）著者在信阳州署所为自序。大意谓此术取则于数学以元代数之意，故名《元法代声》，意在改良韵学，而非改良文字。就世所传之击鼓传书法摘取其音，易为识别代声之号。"竖缀一十二，横排二十一，两号相遇，一音斯成，凑合天然，忘却人力。而且有小转以利其用，志特别以济其穷。无意不能写，无音不能绘，较向之仅以传声为戏者，其有用无用相去不可以道里计矣。"其"识别"之号凡四十六：所谓"音之总纲有四"以表四呼，"音之小转有四"以表五声，"音之特别有五"以表"尖巧低亚""半发""鼻发""联珠"等音，"音之旁通一十二"以表韵母，"音之定位二十一"以表声母。符号形体则大致均与汉字偏旁为近，故属之假名系。惟原稿无拼成之汉字例，致符号所代音素，难以确定耳。

（五）黄虚白

《汉文音和简易识字法》清宣统元年（1909）稿本，董彦堂藏

虚白别有《拉丁文臆解》已于前章论之。此书卷首略例云："本韵特据《五方元音》略加参正而成。惟《元音》主用等韵，是篇主用

音和,故所取前音字母略有更动。""前音字母本只二十二个,因元音有开口上、开口下、合口上、合口下之四等读韵法,本韵则用阿、衣、乌、宇四字以代开合四等,即以此四字为前音二十字母之后音,以之拼合,共得有声合用之前音字母五十八字。""后音韵纲本系援照元音'天、人、龙、羊、牛、敖、虎、驼、蛇、马、豺、地'十二韵。惟'虎'部、'地'部均系双后音,此外另有'厄'字从额衣切,亦系'地'部后音;'而'字系写土语之后音;共有后音韵纲十六字。至加用一'抠'字,但加于字前,只以读抠字之口法以读各字。"前后音合计共为75字,实则加用之"抠"字本以表"影"母,不得厕诸后音也。其字母体制,"前音字母则用减笔同音字,如无减笔字则用其边傍,或草体之边傍。后音字母除吾、宇、厄、而、抠之外,全用边傍。其前音'阿'字与后音'俄'字,系各占一部分,故分之为二;其吾、宇、衣三字本部仅半部分之一,或有不足(?),故虽后音仍用前字。其厄、而、抠三字或用本体,或用拼字,亦各具意义"。至于五声标识则用数码丨、〢、〣、〤、〥或1、2、3、4、5以别之。今按此书字母体制及以介音属于声母两点均与《官话字母》为近,殆受王照、劳乃宣之影响而略加改变,且间参以草书者也。

(六)蔡璋

《音标简字》1913年读音统一会油印本

璋字子英,福建龙溪人。尝承其先人蔡锡勇《传音快字》之业,著《中国速记学》一卷,自前清资政院成立以来,即历主立法机关速记事。1913年任读音统一会会员。所著《音标简字》共有22声、30韵,声母形体采用简单汉字或偏旁,韵母则略参加自造符号,拼法左右并列,除合口呼用"中藏乌字法"外,皆系二拼。标调准圈声例,加点于字之四隅,阴平则点带微剔。盖就《中国速记学》所定之音素而改易其形体者也。互见速记系。

（七）汪荣宝

汪荣宝式简字 1913年读音统一会油印本

荣宝字衮甫，江苏吴县人。于1913年任读音统一会会员时，有关于简字之提案。声母以守温三十六字母为准。韵母以“影”母开口呼一行为基本韵，以“影”母齐齿、合口、撮口三呼结合之；次以“疑”“泥”“明”三母结合之，以括ng、n、m等鼻声之字；又次以“见”“端”“帮”三母结合之，以括收声k、t、p等之入声字。汪氏精于音韵训诂之学，故所定音素颇能合于等韵旧谱，特与官音稍远耳。其简字体制亦就汉字偏旁略加损益而成。

（八）汪怡

《国语音标概说》 1913年读音统一会油印本

怡字怡安，浙江杭县人。于1913年任读音统一会会员时，曾有关于简字之提案，后于1915年订为《国语音标概说》一卷。自跋云：“以十余年来奔走各地所得之音而上考诸吾国等韵诸书，旁参以他国发音之学，折衷而定，以冀略有所征。至所定符号则酌采同音汉字，或音略相近之字之偏旁而为之，庶习之者记忆稍易，书写较便。”今案汪氏所定音标，凡有基本父音23、结合父音11、母音23。浊音则照日文例，于清音右上角加二小点为志。其拼法虽皆二合，而以齐齿介音拼于父音，以合口介音拼于母音，已属自乱其例，至撮口介音竟付阙如，揆诸音理，尤为疏漏矣！

（九）日本伊泽修二

《支那语正音发微》 日本大正四年（1915）东京秀英舍排印本

伊泽氏自序云:“曩者英人威德著《自迩集》用罗马字以识发音;我郑永宁氏则用片假名。夫罗马字片假名并非支那所行,今乃假借附会,势不免隔靴焉(?)。近时士人王照省汉字画新制文字,以此为音标,执柯伐柯,无牵合之病。然以音韵之理法推之,支吾扞格,有所不通,未可以为准也。余以明治二十七年著《日清字音鉴》多袭威、郑二子之法,既而稽诸学理,验诸实用,然后渐悟其失。尔来沉潜反复二十余年,参互众说,权量得失,原之以我所宗旨之‘视话法’,绎之以世界共通之记音法,于是支那音韵之原理一旦释然,有所发明矣。新作法式以识支那音,苟用此法式,则仅仅四百字可以表数万汉字,发音自在,左右逢源,支那语不复忧难能也。”其书凡有“母韵及韵尾”30、“子音”55,以衣、乌、迂三介音拼入子音与《官话字母》同,形体亦大致相近,惟分 hu 音为唇音“小”与喉音“户”,殆囿于日本方音而然;至以一 ╱〈 ㄒ ╲为上平、下平、上、去之号,则与王氏点声之例异矣。

贰 速记系

(一)蔡锡勇

《传音快字》清光绪三十一年(1905)湖北官书局重刊本。首有光绪二十二年(1896)自序及同年花县汤金铭跋

锡勇字毅若,福建龙溪人。幼肄业同文馆,熟谙西国语言文字。弱冠后,随陈荔秋副宪出使美、日、秘三国任参赞。归,署汉海关道,卒于 1898 年以前。当其驻华盛顿时,始知彼邦纪录议会辩论、法庭词讼,别有快字一种,行之已久。喜其简捷迅速,为用甚宏,且感于中国文字繁难,文盲充斥,因本美人凌士礼氏(Lindsley)《速记术》而参以己意,合以官音,变通增减,以适于用,纂为《传音快字》一卷。其法“以八方面弧及斜正轻重笔分为二十四声,以小弧、小画、小点分为三

十二韵，合声韵以切一音，即合两笔以成一字。变而通之，更有以一笔为一字者。以授儿辈，数日悉能通晓，即以此法传信往来，幼子八龄亦能以言自达。以此推之，欲习此者，不过旬月之功。贯通之后，以其余力暇日习诸要务。推之古人之谟训，当代之典章，异邦之制作，皆可以切音演为常语，而理可兼通。若夫触类引申，一笔连书，可代数字，则神而明之，存乎其人矣”。是蔡君作书本旨，非专为造就速记人才，实已烛见汉字改革之必要；其筚路蓝缕之功，良不可没也。《传音快字》之32韵，已将齐撮两类结合韵母包含在内，故拼法用二合。惟合口一类尚有括之未尽者，于是乃别立“中藏乌字法”14种，“置韵于声之中间，以为识别”。至其标调方法则以书写之部位而定。“写法须用直行格纸，顺格线书之。偏左而近者为平声；偏左略远者为上声；偏右而近者为去声；偏右略远者为入声。上平则声与韵连书；下平则声与韵分笔”。与古法加圈于字之四隅迥异矣。此书成后，初只为蔡氏家族通信代言之用。及清末资政院将次成立，需用速记人才。清廷初欲采用日人熊崎健一郎所著之《中国速记术》，并拟聘熊氏来华担任教授，以故未果。会蔡君之子玮以《传音快字》在译学馆中纪录讲演，为当局所知，即欲聘玮担任教授，玮以校课未毕转荐其兄璋。于是蔡璋绍述家学，删去“酿”“晓”二声，并参考日人熊崎健一郎及美人毕德曼（Pitman）等著作增加简单符号及连书法成《中国速记学》一卷。十余年来授徒二千余人，其优秀者于立法、司法、新闻各界皆有昭著之成绩。近年以来，创制新式速记者，实繁有徒，间有一二，亦能后出转精，然推论中国速记术之渊源者，必以蔡式为开山矣。

（二）力捷三

《闽腔快字》一卷清光绪二十二年（1896）武昌刊本，但卷首录光绪二十四

年(1898)林辂存呈奏及上谕,当系补人

《无师自通切音官话字书》二卷清光绪二十八年(1902)益智社刊本,任力铭及门人李梦梯、周受谦校

捷三字子薇,福建永泰人。光绪甲午(1894)举人,工隶八分。所作《闽腔快字》据福州旧传《戚林八音》之音素,采蔡锡勇《传音快字》之体制,"取八方弧矢之式,参以戚参军一十五字母为声,每声一笔,无可再简;又以绳、尺、圈、点、横、斜、曲、直分为三十三韵:一声一韵,两笔相配,切成一音"。至于"平仄八声传声字写法多同,而读法各异。古法加圈于字之四隅,以辨平上去入,然加一圈即多一笔。欲省此笔,使上下平仄不至相淆者,写法须用格眼纸分中、左、右、上、下凡六向,以十五声粗画为首笔,以三十三韵细画为从笔。认明首笔方位,如偏左而上者为上声,偏左而略下者为上平声,正中而上者为上去声,正中略下者为上入声,偏右而上者为下去声,偏右而略下者为下入声,除上声同音外,只余下平一声无位,仍照古法圈位加点辨音"。继又恐"舟车奔走,仓卒之际,格纸未便,写法将穷,不得不仍照古法圈位,上平仄四音四隅加点,下平仄四音亦加点半刁意"。虽云"异曲同工",实则犹豫不定。观其于凡例补遗中又将下平声加点改为"两笔交互而书",则知力氏于标调之法始终未能自信也。其后6年,力氏复作《无师自通切音官话字书》定23音、32韵,以合官音,其体制则就《闽腔快字》稍加修改而已。

(三)沈学

《盛世元音》原著为英文,节译成汉文,曾登光绪二十二年(1896)8月《申报》;《时务报》亦于是年12月起登其全文

《拼音新字》清光绪二十五年(1899)上海石印本

沈学字曲庄,江苏吴县人。通英文,究名理,年19而著书,5年

而书成,名曰《盛世元音》。全书共为7篇:"《体用》第一,讲音韵来源;《字谱》第二,论古今字样;《性理》第三,辨文字义理;《文学》第四,别文法运用;《反切》第五,内附字母表及反切表;《书法》第六,附哑瞽写读法等;末篇欲以文字为机心,可以格物,而稿未定。"原书为英文,名 *Universal System*,故亦译为《天下公字》,其译成汉文者尚不及原书之半,曾于1896年8月份《申报》及12月份《时务报》先后刊布之,梁启超并为之序。沈氏尝登报征求同志,谓所创新字,"八小时尽人能悟",且于每星期日在上海一林春茶楼挟技以待来者而授焉。惟译笔未尽通达,且所附图表,概从省略,未经口授者,不易尽解其术。及1898年林辂存奏请改用切音以便学问,并表彰其书,沈氏乃于1899年将全书石印,益以图表,改名《拼音新字》。其论音素云:"原音十八者,由唇、舌、腭、喉、齿、牙之浅深广狭而生。一原化六:高、低、长、短、重、轻,由声带之紧缓多少大小而生。一谱分五音:正、副、吸、偏、余是也。"所谓"原音"指基本韵母言,亦谓"正韵";"化音"高低长短轻重指平上去入言。"正音"包括62"正韵"及41"正声","副音"包括齐撮韵母及合口声母,"偏音"指附 r 音之弹舌声韵,"余音"指语调高、长、尖、粗,沈氏自谓即"泰西乐目之 alto、tenor、soprano、bass 四类"。至所谓"吸音"者,沈氏云,"吸入成音也。与寻常呼出成音者相反。斐洲人有以吸音作语言者。至其余各地虽无语言之用,其出言吐语之际,固不乏吸音耳。新字列吸音表以补各字所不及,得吸音字母十,吸音反切八十。"盖指 click 言耳。新字写法以18笔6弦兼12弓左右折半,画点圈踢变化以成字。"本音用直弦、左弓、右弓、横弦、上弓、下弓、左侧弦、左侧弓、右侧弓、右侧弦、上侧弓、下侧弓、左偏弦、左偏弓、右偏弓、右偏弦、上偏弓、下偏弓,共计十八画;化音、偏音、吸音加点于左右上下,附音、余音加半圈于上下,或左行长三分之一,右行短三分之一。"声韵所用之符号同,惟以笔画大小别之。又于《音篇》之外，别撰《意篇》，欲仿西文加字首（prefix）字尾（suffix）之例，“既以某画定某音，复以某画定某意，使天下无同音异义、同义异音之字”。其“书法较原音长大一倍。辨别文理，则活字踢左或上，虚字踢右或下，实字无踢”。虽草立纲目，未竟全功，而后此音义派之简字固当以沈氏为滥觞也。今综览两书，衡其得失，窃谓沈氏略通语音学，且富于创造之特性，惟自撰名词，标奇立异，而思想文字俱不甚清晰通达，如非亲得沈氏之传，恐非“八小时尽人能悟”者也。其所定声韵偏于吴音，不能与国音勘究，故不入之比较表中。沈氏对其所创之新字，热心提倡，企望推行，而终不得售，后竟流为丐卒！其遇亦良可悯矣！

（四）王炳耀

《拼音字谱》清光绪二十三年（1897）初刊本，光绪二十七年（1901）重刊本。广州双门底圣教书楼藏板。初刊本有光绪二十二年（1896）自序及弟炳堃序，二十三年（1897）嘉应温灏序及英文序；重刊本增八闽赖鸿逵序，删英文序

炳耀字煜初，广东东莞人，宠惠之父也。卷首有光绪二十二年（1896）初稿自序及弟炳堃序，则其成书当与《传音快字》等同时。自谓：“此拼音新字本人天然内有之声与音，切合成字，以一画开天为音母，或竖之、横之、斜之、折之，或拼合变化之，成韵母字；运一成象而为太极，或直判、横判、十字判，因体变化之，为快笔声母字。合声母韵母作体成字，且以声韵统十八省之言语，字画简，言语赅，便如何耶？粤东音韵母字五十四，他省加减之，减外而加者，北音二十字，福潮与客音各十字，十八省言语约之为九十四韵母字，三十声母字，共一百二十四字，中国土音几可尽拼矣。粤东音韵母与声母共七十六字，人虽至愚，不难学也。”所拟符号，亦以弧矢辨音，与蔡锡勇《传音快字》为近。别有楷体，略似假名，但非删减汉字笔画为之。至其标

调之法,粤音则以22声母之本音为上平、上入,起笔变形为下平、下入、中入、上上、下上、上去、下去。“每字变五形,认形而读,声随形变,共认一百一十字。北音每字变三形,更易习矣。”惟其别类分义诸式,前后主张,颇有变更,且观点糅杂,体制繁复,盖昧于拼音文字之原理,遂不免贻蛇足之讥矣！前后二本,略有异同,兹以重刊为准。

(五)刘世恩

《音韵记号》清宣统元年己酉(1909)刻本,横行,前有贺培桐序

其书凡有“父音”25、“母韵”21、“拼媒”3,除“丝”“时”“辞”“齿”外,父音母韵,记号并同。“形虽万殊,不离角圆;线虽各异,不外曲直。”惟标调之法,与各家特异。刘氏自谓:“父音在内、母韵在外构形者,为平声;父音在上、母韵在下构形者,为上声;父音在左、母韵在右构形者,为去声;其上下配合,而拼媒附于母韵者,为下平声;其左右配合,而拼媒附于母韵者,为入声。故虽父音母韵同一记号,平上去入不加点画,自能判别明晰,无混目之弊:殆皆适合吾国音韵之记号也。”其体制虽与蔡、力、沈、王诸式稍异,而所定记号不外乎圆、角、曲、直,故亦附之速记系。

(六)李良材

《简易记音法》1913年读音统一会油印本

良材字桐轩,陕西蒲城人。1913年任读音统一会会员。所拟声母符号,象口势为之,数只14,益以表“正”[○](即不送气声)、“动”[丿](即送气声)、“静”[·](即鼻声)之三种符号,乃得代表所有声母。韵母符号凡十有三,以东、西、南、北、上、下、左、右、枝、叶、根、荄、苞等名之,列为方位表以助记忆。至于辨别等呼,则以粗画韵母为合口,细画韵母为开口;标注声调,则以声附于韵之左下为平,左上为

上，右上为去，右下为入，与卢戆章法颇为相近。其提案要点，大略如此，未知李氏别有专书否也。

（七）胡雨人

胡雨人式简字 1913 年读音统一会油印本

雨人江苏无锡人。1913 年任读音统一会会员。其所拟音素，凡正母 40、副母 56、正韵 21、副韵 6。声母符号以⌒ ）两形加点画为之，韵母则由—丨/\ 诸笔错综变化而成。体制亦与速记系为近，惟囿于吴音，音系与国语较远耳。

（八）陈振先

《陈氏天然拼音新字》 1913 年初稿，1921 年石印本

振先广东新会人。1912 年任农林总长。原书说明云：“本新字用发音母、元音母、收音母三种字母联贯成字。每字皆从横线起笔，笔笔首尾衔接，一气呵成。每字下部为拼音。上部为注声，注声符号笔画写法，由左而右，各字排列次序亦然。”又云：“本新字通用字母凡三十，每字母皆一笔。其中发音母居二十有二，以粗细两种弧线为之。元音母凡八，以直画为之。收音母凡六，如发音母中⤴⤵↗↘⤻⤶六字而略小。注声母凡三，如元音母中之竖斜横三种笔画而略小。因后二种笔画已包括于前二种字母之内，故其数不逾三十。合北音特用之日字母 r，与京音兹、雌、丝、知、痴、师、日等韵所用之符号（用于弧线之内弯）及而韵所用之韵母 <，都为三十有三。”以此 33 母互相拼合，可以赅括一切京音粤音。其分音素为发音、元音、收音三类，又分析各处声调为数种单纯声级，而以最简单之符号代表之，皆能独具心裁，不落诸家恒蹊。末附京音粤音比较，及京粤对照《千字文》，亦足为研究方音者之助。惟其所用符号以笔势顺逆辨别音素，按诸

实用之经验殊感困难也。

(九)唐穗田

《识字新法》1916年广州双门底启智书局石印本

穗田广东番禺人。自谓此新字系仿泰西串字译音之法删繁就简改造而成。字母分"首音""尾音"两种,首音凡22,尾音凡36,首尾相合以成一字。音素以粤音为准,首音中喷气与不喷气之异,则以重轻笔别之;尾音中有入声18母,则用重写并变钩为圈法。声调标识,均以一点为别。"一音免点,二音点左上位,三音点右上位,四音点中位,五音点左下位,六音点右下位,上入声点上位,中入声免点,下入声点下位,均在尾音字寄点。"其符号形体则与速记系为近。

1918年以来,汪怡、何谦、刘学浚、林子峰、张才、杨炳勋、赵雅庭、张邦永等相继有速记术之创造,以其并在注音字母公布之后,故不备录。

叁 篆文系

(一)吴敬恒

《豆芽字母》清光绪二十一年(1895)初稿,1913年读音统一会油印本

敬恒字稚晖,江苏武进人,寄居无锡。1913年任读音统一会会长。其在1931年所作《三十五年来之音符运动》有云:"我于乙未年(1895)在苏州吴县教官衙门里,当西席老夫子,依了《康熙字典》的等韵,做成一副豆芽字母。我的豆芽字母做成的动机,无非与以前教会洋人把欧母借用的,如王炳耀等用简笔或偏旁造成的,与后来沈学之十八笔,及王照之官话字母等,皆注重简字。"原稿今已不传,其后吴氏在读音统一会中所拟之符号体势略与篆文为近,惟或用独体汉字

或用自创简笔,尚未能一律,未知即所谓"豆芽字母"否也。

(二)章炳麟

《驳中国改用万国新语说》中之"纽文"及"韵文"《国粹学报》第41期及第42期,又《章氏丛书·太炎别录》二

炳麟字太炎,浙江余杭人。清季留法学生主办之《新世纪》中有主张中国改用万国新语(Esperanto)者,章氏著论驳之,而主张人人兼知章草,以便速于疏写;略知小篆,以便易于察识;更改订反切之纽文韵文,以得字之正音。其所定之纽文(即声母)韵文(即韵母)虽由当时之简字潮流激荡而成,然于各家所造之简字,则并致不满。略谓:"世人不能以反语得音者,以用为反语之字非有素定;尚不能知反语之定音,何由知反语所切者之定音哉?若专用'见''溪'以下三十六字,'东''钟(锺)'以下二百六字为反语,但得二百四十二字之音,则余音自可睹矣。然此可为成人长者言之;以教儿童,犹苦繁冗。又况今音作韵,非有二百六部之多,其字自当并省。欲使儿童视而能了,非以反语注记字旁,无由明了。而'见''溪'诸文形体茂密,复不便于旁注。于是有自矜通悟者,作为一点一画,纵横回复,以标识字音;先后作者,盖四五辈矣。然皆不可施用。是何故?今人发语之音,上纽下韵,经纬相交,除去四等四声可以规圈识别,其本母必不损五六十字。而今之作者,既于韵学茫无所了,又复自守乡土,不遍方音。其所创造,少者才十余字,多乃不逾三十,以此相切,声之阙者方多,曾何足以袭用欤?又其惑者,乃谓本字可废,惟以切音成文,斯则同音异训者,又无以为别也。……余谓切音之用,只在笺识字端,令本音画然可晓,非废本字而以切音代之。纽韵既繁,徒以点画波磔粗细为分,其形将匮;况其体势折旋,略同今隶,易于羼入正文,诚亦有不适者。故尝定纽文为三十六,韵文为二十二,皆取古文篆籀径省之形,

以代旧谱,既有典则,异于向壁虚造所为,庶几足以行远。”其衡论各家,未免囿于成见,任情是非。惟纽文韵文之体制,“皆取古文篆籀径省之形”,其功用“只在笺识字端,令本音画然可晓”:皆为此后注音字母所宗,在简字运动中自当居重要地位也。

肆 草书系

美国烈弗雅(Alfred E. Street)

《海南土音字母》1919年9月在纽约印行(英文)

《平民广话字母》1921年5月稿本

《平民官话字母》1921年6月稿本

烈弗雅为旅居广东琼州之美国传教士。自1895年以迄1915年曾两次拟以速记式字母标注海南方言,结果均经失败。此后遂改从中国之习惯,音素以“声母”(initial)、“韵母”(final)为单位,字形准草书之结体,试验两年,复经在美国哥伦比亚大学留学之张某(S. Y. Chang)加以修订,乃于1919年印行《海南土音字母》一册。所用符号计“韵音”(韵母)46、“首字”(声母)15,共为六十有一,七音之辨则以数码〡、〢、〣、〤、〥、〦、〧别之。及1921年又增减斯制,成广话、官话两种字母。《广话字母》凡“韵音”51、“首字”22、音号11,《官话字母》凡“韵音”35、“首字”18、音号5:体势均与海南字母相同,在国内各家中,尚不多见也。以其经始于注音字母公布以前,且可自成一系,故特著于篇。

伍 象数系

(一)杨琼、李文治

《形声通》清光绪三十一年(1905)日本东京井木活版排印本

琼字绚楼,文治字南彬,皆云南大理人。卷首有清光绪三十年(1904)文治自序云:“余与杨君绚楼二十年前以学相切劘,慨形声之不明,即导蒙之无术,分业而治,庶得指归。杨君以山居日久,于六艺多所殚究,而许氏之书幽探冥索,直窥古人精意。余则自惭固滞,兼以四方奔走,未暇他为。然于音韵一道,笃嗜成癖。口之所调,神与之遇,心目之间,若有法象,自谓所得,殆有条理。其中甘苦,不敢告人。忽忽已三十余年矣。乙巳(1905)同游日本。暑假中,商量旧学。杨君慨然曰:吾人平日为学,至近衰之年,而无所裨益于人,与不能取证于人,自负孰甚焉。子曷出子所心得以公诸世。余曰:仆之念此久矣。虽然余之所为与当世之所希者,恒龃龉而不合,然苟以子平日六书之旨,别制形体,俾吾所得之音韵,有所依托以为识别,当此新学大兴,学界中至多高明特识之士,必有能纠正吾说而采用之者。然则欲裨益于人,与取证于人,皆子之责也。杨君亦以为然。乃共商体例,合而为之。书成,已历星期有七。”其著书缘起,具详于此。自谓:“此书以二十四字为音父,以二十字为音母,以开齐合撮为四矩,以长短舒促为四绳,以宫商角徵羽为五规,以升沉上去为四准。”至于“文之为形,不外乎阴阳:一生二,而阴阳具;二生四,而万物举。一者何?于文为丶。由丶衡引之为一,由丶从引之为丨,由丶而右戾之为丿,所谓生二也。合丶一丨丿则为四物,从衡以间之,象数以纪之,凡得阳形二十有四、阴形二十,于是阳以经之,阴以纬之,得四百八十,乘之以四物,得一千九百二十,再四乘之,共得七千六百八十而形具矣”

(节录原书卷四、卷五各章大义)。其审音制字,未尝不别具匠心。然意在通俗,而文涉玄虚,殆不免南辕而北辙欤!

(二)区学泉

《识字捷径》1913年石印本

此书凡分三卷,上卷为《注音国语分类话头杂话谈法捷径》,中卷为《识字捷径增官音问字知音字汇》,下卷为《识字捷径增藏音字问音得字分韵撮要注解》。卷首有广西黄凤宾序,略云:“区君学泉亦著作中人也。年十三,舍学经商,分亲甘苦。迨弱冠回溯诵读,虽日亲师友,亦旋得旋亡。区君有鉴于此,辄从商务余暇,殚其才力心思详加研究。于兹八载,甫辑成《识字捷径》,纯用数音之法。字增藏音,聊备前哲之不足,可谓深得要旨。”其法凡立音母(即声母)20、韵母40、声母(即声调)8,皆以数码依次标注,三合而后成字。盖学泉本为商人,习于持筹握算,故创为此法。其后虽增加所谓“藏音”之“快字”及“欧字”,然并以参照数码,非其本旨也。

(三)英国慕维廉

慕维廉式简字

慕维廉所拟音字亦以数目次序代表音素,惟原书今尚未见,仅于刘继善《新华字》附录中载有其目。

陆　音义系

以拼音改良汉字而兼存义标者,于罗马字中则有刘继善之《新华字》及留意中国学生会所拟;于简字中,则有沈学之《拼音新字》、王炳耀之《拼音字谱》及河北胡朝镐、浙江赵融兰等所拟。其与他系有关者,已分别互见,惟留意中国学生及胡朝镐、赵融兰仅见于刘继善《新华字》附录,未窥原书,无从判其是非。今所录者,惟得左赞平《言文音母》一种,述之如下:

《言文音母一览表》及《普通字汇拼音表》1917 年稿本,前国语文献馆藏

左氏对于读音统一会所拟之注音字母不表赞同,尤于三拼之法,深致不满,尝谓:“将三音与两音拼合之比较,从各方面观察而策其利害,终觉两音较胜于三音。”故其所定“转音”36,括有 i、u、y3 介音,惟 u 音特少,而“主音”13,有 ən,无 əŋ,亦不免为方音所囿耳。所定符号形体与汉字相近,而不本于汉字,于正体外,复有行草二体。其调音符号,则基音(上平)无号,承音(下平)用·,变音(上声)用··,极音(去入)用⌣,共为 4 种。至于左氏对于改革汉字之意见,以为:“(一)减少笔画,如齿作[illegible];(二)增加偏旁以免一字数音之弊;(三)字形学书籍宜以专名分类。”故其所拟名词部类,凡有天文、地理、人伦、动物、水族、植物、肢体、文事、武备、食品、服饰、疾病、时令、方位、器具、农具、乐器、车船、金石、数量、色素等 21 部。分辨字义即以此为纲领云。

柒　其他——凡不属于前六系者均述于此

(一)马体乾

《串音字标》清光绪三十四年(1908)稿本,1913 年改订稿本

《最新韵府字标》字标教育社石印本

体乾字子良,河北三河人。1913 年任读音统一会会员。其所拟字标凡有母音 12、韵音 5、副韵音 4、声符 2、复韵 22,字形介于简单之文字与图画间,黎锦熙谓形似满蒙文,实不尽然。惟余所见者只读音

统一会油印本,仅列音素,未加说明,不足以见其全豹也。

(二)郑铎灵

《简易新字》1912 年广东开敏公司排印本

铎灵广东香山人。原书《客问》云:“著者最初所著之字即本汉字笔画而成,但笔画架叠过繁,不得不舍之而就世界各国文字丛中研究一最简捷之法也。”是其于“简易新字”前尚有一种“本汉字笔画而成”之字母,后嫌其繁重,乃改此式。其字母分父音 17、变则父音 20(围唇音 17,齿缝音 3),母音 9、从母音 6,双音 11、化音 54:共 117。其声调辨别则于第一字母加小横,如ㄱㅋ干ㅏ(YO 哑亚)。黎锦熙谓其“形似乐谱音符”,颇为近似。

(三)王雀

《普通简易字母》1913 年读音统一会油印本

雀字云轩,江苏无锡人。1913 年任读音统一会会员。所定音素,韵母凡十有四,声母则就三十六字母而删并“知”“彻”“澄”“娘”“微”“匣”“日”七纽。“微”“晓”“邪”“日”并为二音,齐齿撮口混而不辨,皆不免为吴音所囿。至其符号体制,分大小两楷,大楷皆作方形,小楷近于速记,然与第一、二两系并不相类也。

(四)高鲲南

《记音简法》1913 年读音统一会油印本

鲲南江西人。1913 年任读音统一会会员。其所订音素凡有“父声二十、母韵十二、介音三。以父拼母为开口呼,以衣介之变齐齿呼,以乌介之变合口呼,以迂介之为撮吻呼。点左下角为阳平声,点左上角为上声,点右上角为去声,点右下角为入声。上去入若分阴阳皆作双点以别之,其阴平声仍照旧法不加点”。至符号形体则以横、直、撇、捺、点、挑等错综变化而成。

(五)杨曧

《注音字母集成》1913年6月刻本,读音统一会油印本

曧字洁臣,浙江诸暨人。1912年著有《新制反切字》10册(见该书附录《致蔡元培先生书》)。1913年被聘为读音统一会会员。当读音统一会开会时,杨氏反对用罗马字及北京音甚力,曾提案数次,说明其主张。所拟初稿凡分9音、17摄、12独用字,共需字母(即声母)符号44、音韵(即韵母)符号34。及闭会以后,复辑为此书。其自序云:“曧撰《反切字序》云:欲统一字音必先统一字母之音。则字母与字音事虽一贯,而先后之层级未可躐等而施。今字母未定,而遽议及读音,纷纷聚讼,莫衷一是。卒之,北方之音,虽近似如爱与爱唔,双声如爱唔、恩唔之类,亦兼收而并蓄;南方之音,虽简单如入声,响亮如浊音,亦淘汰而弃去。由其不先统一字母,遂不克完全字音。诚知其如此,则何必各省会议,在直以京音颁布之可也,直以京音名之亦无不可也。乃核其实为京音,美其名曰国音,曧甚愿以京音为国音,恐仍如从前之操官话,但为少数才俊耳?”是其反对北音之态度,并不因会事已定而少已。惟符号形体,已与初稿不同,且字母增为46而音韵仍为34,并谓:“字母音韵之音关系非轻,断不可改易,宁就音配字,勿就字读音,务须字母四十六正音四十六副音一律叶读‘药’韵而能无重复,则母音同矣;音韵三十四音一律读小喉韵,则韵音同矣。”其孜孜求是之精神,实有足多。然篇中比较古音以“日”与“晓”、“喻”为类,以“知”、“彻”与ㄗ、ㄘ同母,他如有齐无撮及以晏为ㄞ、以烟为一ㄟ之类,则非能洞彻古今南北之音变所由,而不拘牵于方言者也。

(六)郑藻裳

郑藻裳式简字 1913 年在读音统一会提案,油印本

藻裳广东人。1913 年任读音统一会会员。所拟母音分张口(开口)、弛口(齐齿撮口)、敛口(合口)三类,又于单纯韵及结合韵外别"阳助延音"(附声韵)及"阴制促音"(入声)两种。父音分喉、牙、顶舌、撩舌、牙齿、舌齿、齿唇、喉唇、唇等九类。至于符号形体,母音以十为正体,◎为副体;父音以✚为正体,以✤为副体:展转配合,以代表各音,在各系中亦能自成一格,惟音素则以粤音为主。

(七)陈遂意

陈遂意式简字 1913 年读音统一会提案,油印本

遂意字大仁,湖南平江人。1913 年任读音统一会会员。所拟音素凡 40 母、21 韵;符号形体,则以钩、矩、点、直等拼合而成。

(八)张海画

张海画式简字 1913 年读音统一会提案,油印本

海画浙江镇海人。所拟音素凡 31 母、19 韵;符号形体,由丨—/\等联缀而成。其提案由吴敬恒在读音统一会中代表宣述。

(九)李业鸿

李业鸿式简字

业鸿河北人。刘继善《新华字》附录中,载其符号举例。

此外,尚有新宁黄连照之《世界全音字母》及越南华侨黄调之《调音字》等,以其均在注音字母公布以后,故不具录。

上述七系均可综为三期:(一)因甲午战争(1894)之刺激而兴起

者,可以卢戆章、蔡锡勇为代表;(二)因庚子事变(1900)之刺激而兴起者,可以王照、劳乃宣为代表;(三)集前两期之大成以促进注音字母之产生者,可以读音统一会(1913)为代表。后此各家皆其余波也。盖自1895年递进至1913年开读音统一会,简字运动可谓盛极一时。吴稚晖云:“读音统一会开会的时节,征集及调查来的音符,有西洋字母的、偏旁的、缩写的、图画的,各种花样都有,而且都具匠心。或依据经典,依据韵学,依据万国发音学,依据科学,无非个个想做仓颉,人人自算佉卢,终着意在音字,几乎也无从轩轾,无从偏采哪一种。”[①] 故争持许久,迄不能决。终于依据马裕藻、朱希祖、周树人、许寿裳等之提议,于3月12日以45人之出席,得29人之赞成,通过制定注音字之基本原则如下:

> 母韵符号,取有声有韵有意义之偏旁(即最简单之独体汉字)。作母用取其双声,作韵用取其叠韵(用古双声叠韵假借法,不必读如本字)。

即于13日准此原则公定注音字母38字。其初稿除以ㄐ为ㄉ,以ㄧ为ㄍ,以ㄔ为ㄙ,以ㄏ为ㄟ,以ㄙ为ㄑ及未立ㄫ母外,并与公布之稿相同,实即将会中审定字音时暂用之记音字母正式通过,溯其渊源,则本章炳麟所创“纽文”“韵文”之例而变更其读法者也。故上述七系,除篆文系外,虽与注音字母无直接关系,然其推衍嬗变,实皆递为影响。兹就上述七系中,各择一二家为例,列为声母韵母两表,以资参证:

① 吴稚晖《三十五年来之音符运动》。

各式简字与注音声符比较表

系属 / 家数 / 简字 / 注音声符	假名系				速记系		
	卢戆章	王照	劳乃宣	蔡璋	蔡锡勇	王炳耀	陈振先
ㄅ	ㄹ	ㄨ	ト	ナ	╲	⌒	(
ㄆ	幺	攵	オ	ヒ	╲	⌒	(
ㄇ	十	十	オ	冖	⌒	○	⌒
ㄈ	ヒ		ヰ	氵	(	)	◡
ㄪ	(八)			彳	Y		
ㄉ	ㄴ	十 ㄹ	ナ	ㄅ	丨	⌒	)
ㄊ	く	牛 ㄷ	土	ㄴ	丨	⌒	)
ㄋ	ト	亻	又	亻	⌒	)	◡
ㄌ	丨	ㄴ ム	ヒ 口	力	∫	)	(
ㄍ	ヘ	七	了	千	—	(	↘ ↙
ㄎ	ス	刂	刂	千	—	(	↙
ㄫ	丄			冖	⌒		↘
ㄏ	一	ヰ	ㄑ	犬	(	◡	↖
ㄐ		丄		尸	(	(	
ㄑ		卄		屮		(	
ㄬ		ヒ		女	)		
ㄒ	(ㄱ)	ㄨ		夕		ρ {	
ㄓ	ノ	ㄋ	寸	之	/	ฯ	↘
ㄔ	ヽ	爪	刀	尸	/		↘
ㄕ	マ	寸	中	十	)	↘	↗
ㄖ	入	日	入	人	)	(9	ℓ
ㄗ	)	マ	二	子	(	c ∽	↙
ㄘ	(	干	厂	ン	(	∽ ∽	↙
ㄙ	フ	幺	夕	幺	)	◟	↗
	•	く		一	◡	↙	↗
			五	夕	◡	◡	⌒
			于				

（续表）

系属 简字家数 注音声符	篆文系	草书系	象数系	音义系	其他	
	章炳麟	烈苇雅	杨琼 李文治	左赞平	马体乾	高鲲南
ㄅ	八	[illegible]	[illegible]	[illegible]	[illegible]	[illegible]
ㄆ	[illegible]	[illegible]	[illegible]	[illegible]	[illegible]	[illegible]
ㄇ	[illegible]	[illegible]	[illegible]	[illegible]	[illegible]	[illegible]
ㄈ	[illegible]	[illegible]	[illegible]	[illegible]	[illegible]	[illegible]
万	[illegible]		[illegible]	[illegible]		[illegible]
ㄉ	[illegible]	[illegible]	[illegible]	[illegible]	[illegible]	[illegible]
ㄊ	土	[illegible]	[illegible]	[illegible]	[illegible]	[illegible]
ㄋ	[illegible]	[illegible]	[illegible]		[illegible]	[illegible]
ㄌ	[illegible]	[illegible]	[illegible]	[illegible]		[illegible]
ㄍ	[illegible]	[illegible]	[illegible]	[illegible]	[illegible]	[illegible]
ㄎ	[illegible]	[illegible]	[illegible]	[illegible]	[illegible]	[illegible]
兀	[illegible]	[illegible]	[illegible]			[illegible]
ㄏ	[illegible]	[illegible]	[illegible]	[illegible]	[illegible]	[illegible]
ㄐ		[illegible]	[illegible]	[illegible]	木	
ㄑ		[illegible]	[illegible]	[illegible]		
广			[illegible]	[illegible]		
ㄒ			[illegible]	[illegible]	[illegible]	
ㄓ	[illegible]		[illegible]	[illegible]	[illegible]	[illegible]
ㄔ	[illegible]		[illegible]	[illegible]	[illegible]	[illegible]
ㄕ	[illegible]	[illegible]	[illegible]	[illegible]	[illegible]	[illegible]
ㄖ	人	[illegible]	[illegible]			[illegible]
ㄗ	[illegible]	[illegible]	[illegible]	[illegible]	[illegible]	[illegible]
ㄘ	[illegible]	[illegible]	[illegible]	[illegible]	[illegible]	[illegible]
ㄙ	[illegible]	[illegible]	[illegible]	[illegible]	[illegible]	[illegible]
	一		[illegible]	[illegible]	[illegible]	
			[illegible]	[illegible]	十	
			[illegible]	[illegible]	[illegible]	

各式简字与注音韵符比较表

系属 家数 简字 注音韵符	假名系			速记系		
	卢戆章	王照 劳乃宣	蔡璋	蔡锡勇	王炳耀	陈振先
ㄧ	1		口	ᴗ	、	一
ㄨ	／		一	一	一	一
ㄩ	マ		子	／	ᴗ	↗
ㄚ	一	了	㇇	??	／	↓
ㄛ	ㄑ	㇏	八	ハ	＼	↙
ㄜ	㇄		寸	ᶜ		↑
ㄝ		㇏	匸	ᴄ	｜	↘
ㄞ	丄	一	灬	•	ㄑ	㇄
ㄟ	ㄱ	ㄱ	巳	·	ｌ	㇄
ㄠ	凵	㇇	卜	㇇	ㄑ	˩
ㄡ	匚	｜	ㄙ	^		㇀
ㄢ	㇖	ㄴ	亣	⌒	3	㇄
ㄣ	ㄱ	ㄴ	㇌	∩	㇋	㇄
ㄤ	ㄈ	乙	业	⌒	㇋	ʃ
ㄥ	了	ㄱ	彡	∩	㇋	㇁
ㄦ	ㄴ (ㄙ)	儿	二		九	ト
ㄧㄚ	尸		Y	∨	／	ㄱ
ㄧㄛ	㇉			ハ	ㄑ	
ㄧㄝ	八			ᴗ	ㄱ乙	
ㄧㄞ	𠂆			∨		㇅
ㄧㄠ	×		×了	7	ㄑ	コ
ㄧㄡ	又		又	一	㇀	㇇⊃
ㄧㄢ	人		匕	⅃	3	㇂
ㄧㄣ	ㄥ		大	ᴗ	㇋	[illegible]
ㄧㄤ	冖		日	ი	3	コ
ㄧㄥ	丨		非	ᴗ	㇋	⇁
ㄨㄚ	十				ㄱ	ㄏ
ㄨㄛ	彡				㇔	ㄏ
ㄨㄞ	ㄨ				ㄱ	ㄈ
ㄨㄟ	亻十				㇅	∴
ㄨㄢ	九			•	3	ㄈ
ㄨㄣ	乍		攵	˚	3	⊸
ㄨㄤ	丁				了	⅃
ㄨㄥ	ㄱ乍		工	•	ㄱ	⇁
ㄩㄝ	几		月	ᐟ		^
ㄩㄢ	二		元	○		㇄
ㄩㄣ	云		云	?	∽	ㄏ
ㄩㄥ	彡		午		㇋	㇇

（续表）

系属 简字家数 注音韵符	篆文系	草书系	象数系	音义系	其	他
	章炳麟	烈弗雅	杨琼 李文治	左赞平	马体乾	高鲲南
ㄧ	丌	[illegible]			[illegible]	ノ
ㄨ	[illegible]	[illegible]		凵	十	/
ㄩ	凵	[illegible]			[illegible]	㇏
ㄚ	[illegible]	[illegible]	[illegible]	丁	十	ㄴ
ㄛ	[illegible]	[illegible]	[illegible]	卜	[illegible]	コ
ㄜ			[illegible]	[illegible]	[illegible]	一
ㄝ	[illegible]	[illegible]	[illegible]		[illegible]	!
ㄞ	[illegible]	[illegible]	[illegible]	厶	[illegible]	‖
ㄟ	[illegible]	[illegible]	[illegible]	[illegible]	[illegible]	⊏
ㄠ	8	[illegible]	[illegible]	[illegible]	[illegible]	⊓
ㄡ	[illegible]	[illegible]	凵	[illegible]	[illegible]	ㄱ
ㄢ	8 [illegible] ([illegible])	[illegible]	一 (凵)	[illegible]	[illegible]	二
ㄣ		[illegible]	ㄇ	匚	[illegible]	[illegible]
ㄤ	王	[illegible]	二	ㄴ	[illegible]	凵
ㄥ	[illegible]	[illegible]	ㄴ (凵)	[illegible]	[illegible]	ㄏ
ㄦ			ㄏ	儿	[illegible]	
ㄧㄚ		[illegible]				[illegible]
ㄧㄛ		[illegible]			[illegible]	[illegible]
ㄧㄝ		[illegible]			[illegible]	[illegible]
ㄧㄞ		[illegible]				[illegible]
ㄧㄠ		[illegible]				[illegible]
ㄧㄡ					[illegible]	[illegible]
ㄧㄢ	辛	[illegible]			[illegible]	[illegible]
ㄧㄣ	[illegible] (今)	[illegible]			[illegible]	[illegible]
ㄧㄤ	肯	[illegible]			[illegible]	[illegible]
ㄧㄥ	H	[illegible]			[illegible]	[illegible]
ㄨㄚ		[illegible]			[illegible]	[illegible]
ㄨㄛ					[illegible]	[illegible]
ㄨㄞ		[illegible]			[illegible]	[illegible]
ㄨㄟ		[illegible]			[illegible]	[illegible]
ㄨㄢ		[illegible]			[illegible]	[illegible]
ㄨㄣ		[illegible]			[illegible]	[illegible]
ㄨㄤ		[illegible]			[illegible]	[illegible]
ㄨㄥ	工	[illegible]			[illegible]	[illegible]
ㄩㄝ		[illegible]			[illegible]	[illegible]
ㄩㄢ		[illegible]			[illegible]	[illegible]
ㄩㄣ	[illegible]	[illegible]			[illegible]	[illegible]
ㄩㄥ		[illegible]			[illegible]	[illegible]

总　　结

夫一切文化之演进，其机既动，常有不可遏止之势。汉字标音方法进至“反切”，已可救济“直音”“读若”之穷。及其弊也，亦或有难有拗，非尽人可解。故吕坤、杨选杞、李光地等各拟改良旧切之术，徒以“汉文之有音无字者多，欲得正音，必婉转以求其相近”①，终不免存其仿佛，不惬于心。然则反切之必进为拼音，实非势所得已。三百年来音标运动所以屡挫屡进而终底于成，即此不可遏之潜势有以推动之也。因汇辑所见，述于兹篇，聊存汉语拼音字母演进之文献，治汉语音韵沿革者其览观焉。

---

① 李光地《音韵阐微·凡例》。

附录

《汉语拼音方案》的历史渊源

各族人民期待已久的《汉语拼音方案(草案)》公布了。这个草案是经过长期的研究讨论,发挥了集体的智慧,逐渐修改而成的。关于《汉语拼音方案》在全国人士中多次讨论的详细经过,因为已经另有说明,这里不再赘述。本文只想简单说明《汉语拼音方案》演进的略史,以见《汉语拼音方案(草案)》的历史渊源。

一

从 19 世纪末叶以来,许多抱有爱国主义思想的人士认为国势孱弱,由于教育不普及,教育不普及,由于汉字繁难,于是群起提倡汉字改革。有的主张仿照西洋传教士所创的拉丁拼音字制造字母,来代替汉字,或辅助汉字读音。有的主张仿照日本假名制造拼音简字,以改良反切,辅助读音。由后一种主张演进,成功了过去四十年曾经对于辅助汉字读音起过相当作用的注音字母。由前一种主张演进,就成功了现在公布的《汉语拼音方案(草案)》。如果推溯这个拼音方案的历史渊源,我们可以肯定地说,它胚胎于 352 年以前(1605),到近六十年以来才逐渐发育滋长,其间不知经过多少次挫折,耗费了多少人的心血,一直到现在才能完成。这完全是历史推演的结果,绝不是少数人一朝一夕所能突然促成的。

用拉丁字母标注汉文,最初还是由到中国来的外国传教士为学习汉语汉文而引起的。明万历十一年(1583),利玛窦(Matteo Ricci)偕罗明坚入端州,“初时言语文字未达,苦心学习,按图画人物,倩人指点,渐晓语言,旁通文字”。他对于汉语汉文所以能学习得很快,除了看图识字以外,主要是靠拉丁字母注音来帮助。根据现存的文献,《程氏墨苑》收有明万历三十三年(1605)利玛窦用拉丁字母标注的汉文四篇:1.“信而步海疑而即沉”,2.“二徒闻实即舍空虚”,3.“淫色秽气自速天火”,4.“述文赠幼博程子”。这四篇都是徽墨的拓本,汉文和拉丁文对照,新会陈援安先生(垣)曾据通县王氏鸣晦庐藏本影印行世,题名《明季之欧化美术与罗马字注音》(现有文字改革出版社重印本,改名《明末罗马字注音文章》)。这四篇注音文件一共有387个不同音的汉字。归纳它们拼音的系统,分析出26个“字父”(即声母)、44个“字母”(即韵母)、5个声调符号。在他以后,还有清康熙十年(1671)耶稣会教士何大化(R.P.Antonius de Gouvea)用汉文和拉丁文对照在广州刊布的《昭雪汤若望文件》,拉丁原名叫做 *Innocentia Victrix*。汉字旁边都附着拉丁字对音,各文件的字体也都照原来的式样摹印。原件现藏伦敦不列颠博物馆。这份文件计有12种,共存2666字,另外还有夹在拉丁文里的26字:两项共计有2692个对音材料。若除去重复的汉字不算,还有666个对音,比起《程氏墨苑》里所收利玛窦的拉丁字对音几乎多了一倍。两种拼音系统虽然有个“大致不离”的规模,却不限制“大同小异”的出入。这也是初期拉丁字拼音应有的现象。

在利玛窦开始用拉丁字标注汉音(1605)后20年,在何大化《昭雪汤若望文件》刊布前46年,耶稣会教士金尼阁(Nicolas Trigault)又应用拉丁字标注汉音的原理作了一部为外国人学习汉语汉文的书,叫做《西儒耳目资》(1626)。这部书是经过中国学者的指示,根据中国音韵的原理,加过一番整齐划一的功夫的,自然比利玛窦和何大化顺手拼写的注音更为系统化了。《西儒耳目资》里共有5个"自鸣字母"(即元音)、20个"同鸣字父"(即辅音)、4个"不鸣"的音(即他国用中国不用的辅音)、5个声调符号——清(—)、浊(∧)、上(\)、去(/)、入(ˇ)。应用这个拼音系统的方法,就可以"不期反而反,不期切而切。第举二十五字,才一因重摩荡,而中国文字之源毕尽于此",比起中国用汉字所作的"反切"和缴绕纠缠的等韵"门法"自然进步得多了。三百年以前的外国传教士学习汉语汉文的动机固然别有用心,我们应该另作别论,但是他们应用拉丁字拼音学习汉语汉文的进度和成就是不可磨灭的显著事实。我们现在用《汉语拼音方案》帮助学习汉字,扫除文盲,推广普通话,并且便利国际友人和兄弟民族学习汉语汉文,方案的系统和教学的方法既然都比从前好多了,难道将来学习的成绩还会不比三百年前的外国传教士更好更快么?除了存心歪曲,是不可理解的。

二

清朝自雍正元年(1723)因为耶稣会教士党允礽,于是下令:除去在钦天监供职的西洋人外,其余都驱逐到澳门看管,不许阑入内地。此后百余年间,闭关自守,汉语译音的需要反不及从前。到了鸦片战争(1842)以后,海禁大开,帝国主义的先遣部队到中国来通商传教的一天比一天多,凡是税关、邮局、公文、报纸上所用的人名、地名必须经过西译。到中国来的外国人为学习汉语、传播宗教,也都研究拼音方式。于是用外国字母拼写的汉音字典、土白圣经,盛极一时,而拼法互异,系统不一,大致可以归纳成英、法、德、俄各式。19世纪以来,我国许多先进人士受了爱国主义的激发和拉丁字拼音运动的启示,也都闻风而起,有所著作。就现有资料约略分析,可以有以下各种：

1. 卢戆章《中国第一快切音新字》(1892)
2. 朱文熊《江苏新字母》(1906)
3. 刘孟扬《中国音标字书》(1908)
4. 黄虚白《拉丁文臆解》(1909)
5. 邢岛式拼音字母(1913)
6. 刘继善《新华字》(1914)
7. 钟雄《新字母发明书》(1918)

其中有纯用二十六字母的，如刘孟扬的《中国音标字书》；有把拉丁字母倒用或横用的，如朱文熊的《江苏新字母》；也有创造大批拉丁字母的变体的，如卢戆章的《切音新字》；有以拼切北京音为主的，如刘孟扬的《中国音标字书》；有以拼切方音为主的，如卢戆章的《切音新字》(拼切厦门音)、朱文熊的《江苏新字母》(拼切吴音，后来也想增加ㄓ、ㄔ、ㄕ、ㄖ四音和ㄩ、ㄣ、ㄡ、ㄞ四韵代替注音字母)、钟雄的《新字母》(拼切广东音)；有用字母标写声调的，如朱文熊的《江苏新字母》、黄虚白的《拉丁文臆解》、刘继善的《新华字》；有另加义符的，如刘继善的《新华字》。他们各人所订的字母数目和预期的功用虽然不一致，但是想用拉丁字母帮助汉字读音或作为通俗文字，则是共同的努力方向。他们的拼音方法和另加义符的幻想，虽然还有很多可以批评的地方，但是在拼音字母的启蒙运动时期，我们现在对于他们“筚路蓝缕”的功劳还是不可埋没的。

在拼音字母启蒙运动时期，已经有人提出“联字成辞”和用字母标调两种意见。到了1922年8月《国语月刊》汉字改革号出版以后，创制拉丁字拼音方案的风气更达到高潮，对于“联字成辞”和用字母标调两种意见也比以前更加明确。就文献所载，有：钱玄同式两种，赵元任式一种(1922)，周辨明《中华国语音声字制》一种(1923)。虽然对于选母、审音、标调各法，互有不同，而拼字时必用“语词联写”则已趋于一致。赵元任式经过钱玄同、刘复、黎锦熙等人组织“数人会”参加意见和本人修改，计从1925年9月26日到1926年9月6日，历时一年，开会22次，才拟定了国语罗马字拼音方案一种。这种方案的特点主要在于纯用拉丁字母、避免附加符号、语词联写和“字各有调，以字母注”各点。当时因为国民党反动派对于提高大众文化的事业不愿推行，一再迁延，直到1928年9月26日，才由当时的“大学院”公布。

另外一方面，瞿秋白同志在苏联时也曾积极热情地为创立汉语拉丁化文字方案而工作。他的方案当时在莫斯科和列宁格勒的中国革命同志和苏联汉学家中不止一次地讨论过。帮助这一方案最后定型的有吴玉章、萧三等同志和龙果夫、郭路特等苏联科学家。这个拉丁化新文字方案的字母表只有28个符号，并且没有采用专门标记声调的符号，1931年在伯力召开的“中国新文字第一次代表大会”上进行过讨论，后来在旅苏华侨的学校里和出版物上，也曾经有效地使用了若干年。在国内它也受到很多进步的知识分子（包括鲁迅、陶行知、张一麐、许地山等人）的热烈欢迎，并经许多语文工作者孜孜不倦地热心推行，在群众中打下了基础。

总括上文所叙述关于用拉丁字母拼写汉语的历史，我们可以说，从1605年到现在，352年间虽然经过一段低潮（1723～1892），其余的时间都是在逐步演进着的。其间的推动者虽有外国传教士、爱国人士、语文学者、革命先进的不同，他们所抱的目的也很分歧，但是总的目标却都想创造一种拉丁字母的拼音方案，来帮助学习汉字或改革汉字，这是一个共同点。现在公布的《汉语拼音方案（草案）》，正是近三百多年来拉丁字母拼音运动的结晶。

三

这个修正草案同国语罗马字和拉丁化新文字的基本形式都是大同小异的。其中如用 b、d、g 代表ㄅ、ㄉ、ㄍ,用 p、t、k 代表ㄆ、ㄊ、ㄎ一点,是这三个方案的共同特色。从前德国人雷兴(F.Lessing)所作的拼音方案已经采取了这种形式。因为南德方言对于 b、d、g 的读音,本来是介乎清浊之间的半浊音[ḅ、ḍ、g̣],是和北方话ㄅ、ㄉ、ㄍ的发音相近的。现在用 b、d、g 代表ㄅ、ㄉ、ㄍ,用 p、t、k 代表ㄆ、ㄊ、ㄎ,是我们对于原有拉丁字母的一种新用法,和清浊音的分别并没有关系。草案和其他两种方案出入较大的地方,首先是国语罗马字用字母标调,拉丁化新文字基本上不标调,而现在的草案增加了 ˉˊˇˋ 四个调号。此外还有国语罗马字用 j、ch、sh 的变读作ㄐ、ㄑ、ㄒ,拉丁化新文字用 g、k、x 的变读作ㄐ、ㄑ、ㄒ;现在完全取消了变读的方法,另用 j、q、x 代表ㄐ、ㄑ、ㄒ。这也是一种借用拉丁字母形式改变读音的例子。韵母中用 ü 代表ㄩ,和国语罗马字 iu、拉丁化新文字的 y 都不同。但是因为ㄐ、ㄑ、ㄒ不跟ㄨ相拼,所以ㄐㄩ、ㄑㄩ、ㄒㄩ可以写作 ju、qu、xu。只有 lü、nü 仍旧要写两点,而这些音节是极少用的。用 ü 表ㄩ,在国际习惯上和汉语拼音方案的历史上都有充分的根据。过去西洋人艾约瑟(J. Edkins)、威妥玛(T. F. Wade)、马提尔(C. W. Mateer)、阿伦德(C. Arendt)、雷兴(F. Lessing)和中国人刘孟扬等都曾经用 ü 代表过汉语中的ㄩ。于此可见,现在公布的方案是由许多人的集体智慧提炼加工,而不是从任何方案硬搬过来的。

(原载《人民日报》1957 年 12 月 18 日第 7 版)

北京俗曲百种摘韵

编印说明

本书原名《北平俗曲百种摘韵》,1942年由重庆国民图书出版社初版。1950年北京来薰阁书店校订新版,改题《北京俗曲百种摘韵》,增加作者《自序》。1986年天津古籍出版社重排再版,增加吴晓铃《后记》。本书《自序》原发表于《光明日报》1950年10月8日星期增刊,题作《〈北京俗曲百种摘韵〉再版自序》,副题为《并答郑林曦先生》。本书据1950年校订本进行整理,为方便读者,仅将注音字母据1986年版改为汉语拼音,《自序》据《光明日报》原文校订,并据1986年重排本增加吴晓铃先生《后记》,同时将1950年本《出版者的话》移至书末作为《附录》。本书由尉迟治平负责编校。

序　一

这部小书可以算作罗莘田先生的“通俗”著作,因为:一、从材料上说,这里的材料都是从北方民间“俗曲”百种中摘提出来的;二、从旨趣上说,罗先生以前的许多著作,都是音韵学上的专门研究,而此书虽然还是以学术研究为出发点,可是它可以直接应用到通俗文艺的写作上去。所以,我说,它可以算作“通俗”著作。

抗战以来,文艺写家和有志于文艺习作的,鉴于文艺之须入伍下乡,颇注意于固有的民间文艺作品,而加以研究。同时,在作品上,有的以旧瓶新酒的方法,改造旧有的民间戏剧诗歌,有的取精去粕地另制新瓶新酒,供给军民以可以接受的读物。方法虽殊,而求作品之通俗,期使新文艺深入民间,则一也。

文艺通俗化不是个简单的问题,我们不能详细地提列各点,在这里一一加以讨论。让我们单说罗先生这部小书与通俗文艺习作的关系吧。

一、民间的活文艺,不用诗人或诗匠所遵守的死韵脚,是件行之已久的事实。以辙代韵,由来已久,且日见普遍,广被民间,十三辙的形成是其明证。但十三辙是什么呢?请看此书——这里有活的例证与其变化发展的史迹。例证足供写作之参考,因为今日的文艺语言,大半以国语为标准,以一个不深知国语的人,去写或欣赏以国语为工具的文艺作品,也许不易找到或认识合适正确的韵脚,看了此书,自有把握。至于十三辙发展的轨迹,更使我们相信活语言自有活韵脚,不管守旧的诗人如何要遵古用韵,可是民间自有自己的胆量与自由,有无可阻止者。就是今日新诗与“改良旧诗”的押韵也必须舍旧取新,以辙代韵。罗先生对辙与韵变迁的考证,足以使我们理足气壮地去革新。

二、十三辙是有了固定的组织,但是由罗先生所提出的例子来看,辙口的运用在民间文艺中还是千变万化的。这些变化大概有几种不同的原因,像是:(1)在上句无韵、下句有韵、一气到底的形式中,一般地说,理应用平韵就都押平韵,用仄韵就都押仄韵,可是,也许是因为民间文艺作家的技巧不够,而平仄夹搀,出了规矩。(2)平仄乱押,有的也许是因为音乐的关系,应用平声者而用了仄声,使在歌唱或朗读的时候更为悦耳。(3)民间文艺中的辙口用字,随地方的读音而增加了字汇,一地方所用的辙,不完全适用于另一地方。因此,十三辙虽然在北方有了固定的组织,可是仍不能强迫任何人“谨遵钦此”!

由上列的三个原因,我们看出来,辙数虽已固定,而运用尚有自由,稍微出了规矩,不能算作大毛病。因地方语的差别,因韵文的音乐性的需要,我们还可以审情度势地随便一些,以求其“活”。这本书在一方面使我们看见了十三辙,足为参考;在另一方面也使我们看到其中的变化,教我们既辙有所依,而还能各善其用——活文艺绝不是语言音韵的奴隶,而是它们的主人。

老舍

1941年9月1日,昆明龙泉镇宝台山

序　二

新诗人们做诗多不用韵，这也很好，给语言表现艺术去了一套枷锁；可也不能说是尽好，因为这多少减损了语言表现的美质。就用韵的诗看起来，用的是什么韵呢？恐怕不少人自己也说不清楚。《佩文韵府》里查出来的韵，自然用不通。各人“杜撰”的韵书也有毛病——自己以为是押韵的，叫别人读起来往往就会不能相押。

比较可以合于现代人实用的韵类，仍旧不能不推老百姓们历代相传创下来的那种十三辙。今天北方民众戏曲小调和多数新诗人们自然应用的，也正是这个。可是，用虽然用了许久，到底什么叫做辙，为什么会有辙，有几道辙，每辙包括哪些字，怎样才可以合辙，关于这些问题，似乎还不大为人们弄得清楚。

语言学家在这点上帮了诗人的忙。关于“辙儿”的研究，刘复、魏建功、罗常培先生等都曾致力。而罗先生最近这本小册子，尤其是把这些研究作了一个总结。

《北京俗曲百种摘韵》，是就常维钧（惠）替刘半农（复）搜集的一百种曲本，用“丝贯绳牵”的归纳法，整理出来的一种实用的韵书，前有老舍先生的序文。全书主要讨论的，是十三辙的沿革，北京俗曲百种的押韵法，最后为十三辙字汇，就内容说，称得起是一本通俗的科学研究著作，而所附的字汇，又可以实际帮助诗人们用来合辙押韵，所以我管它叫做韵书。可惜排校太不高明，错字（特别是注音符号）

太多,希望再版时能有一次订正。

从方法来说,“丝贯绳牵”的归纳法,对于研究书本子上的韵类是可靠的。可是单用这种方法,那结果将不会比清朝音韵学家们好多少。在韵目对照表里,罗先生是把他得出的每一辙注上注音符号了。我们也承认这大体上是对的。然而从罗先生全书看来,我们却找不到各辙音值必然如此的证明。要是想认真研究辙儿的话,我觉得,与其用一百种唱本儿,倒不如找一百张平戏或者平音大鼓、骨板书之类的唱片子来研究,所得的结果当会更可靠些。唱本归纳的结果,只能得出一些死的字汇。活语研究的结果,却定可告诉我们每一辙包含哪些元音和复合元音。譬如罗先生说:“至于十三辙本身的毛病,例如,一七辙把舌叶(原误排为‘咬肃’)(著者案:‘咬肃’为‘咬齿’之误,并非‘舌叶’)的‘资雌私’、‘之吃尸’和撮口的‘居驱吁’都同‘基欺希’之类的齐齿字混成一韵,那自然没有北京音合乎实际的语言。”这话,就包括两个问题:(一)这一辙各字原来的韵母是否有“舌叶”(?)、齐齿、撮口等分别呢?(二)今天口语文学如果仍把各类的字归为一辙,那这种宽大的音韵的合辙法,是否较国音的语音的押韵法更不自然一些呢?这在罗先生的研究中,都无法解答。据我听到的念唱的北京民间文艺,一七辙仍包括支思、齐微、居鱼等韵类的字,听起来很顺,在语音学上自有它的解释,而且也更合实用。

再就历史说,罗先生的一番考证,对我们是很有益处的。这起码可以使我们明白一个趋势——中国的韵或辙是在由多变少,由严变宽,而这种变化是大众文艺不断投给革命影响的结果。试看从《中原音韵》的十九韵,分做两支:北支受民众影响,减为十六、十五、十四、十二韵而成为十三辙;南支被文人一订正,成为《洪武正韵》的二十二韵,就一直保守下来了。可是罗先生虽然已经写出历史了,却不肯大胆承认这种趋向,反倒认为“这一系既然撤销了支思的独立,又不敢毅然分出居鱼，我想除去一小部分是所谓‘上口字’的关系，大多数还是受韵部数目的限制，有意地凑成十二或十三的那个数儿，这未免有点儿可惜了”。其实，老百姓用韵，本来如罗先生所说，是“纯任自然、信口流露出来的”，哪里管什么数目，罗先生归纳的结果也得十三，可见并非前人乱凑。自然，用什么十二元来附会，也是有的，但那是一种解释，并非凑的结果。由严到宽是个好趋向，支思、居鱼不分又有什么可惜呢？要是一定要认真来编韵书的话，窃以为仍是尊重大众口语十三辙这个分法，再加上儿化韵为好。

关于儿化韵的解释太少，并不列入字汇，也可算作一个缺点。另外，平仄通押的指明显然很要紧，入声变读他声却没多少实用意义。因为几百年来，北方人早就不知道有入声了，还有什么变读可说？总之，这都是“方块字本位”的音韵研究法必然的毛病，如果能就活的词儿作研究，一切麻烦都会没有了。

这本书虽说还有缺陷，但对于诗人们，却仍不失为一种有用的好书：第一，这是切实根据民间文艺的唱本作的一种调查研究，可以使诗人们明白大众们用的韵究竟是怎么回事。第二，字汇所收的字虽然不多，但是却可供用韵时的参考。如能举一反三，其用也可无穷。所以笔者就乐于代为介绍了。

林曦

1943 年 4 月 22 日，重庆，新华日报

自　　序

1937年冬天，我从北京逃到衡岳，不久又转徙昆明、蒙自；这部书的原稿和所根据的百种俗曲底本一直都跟着我搬家。那时生活不安定，别的事情又在打岔，简直没工夫把它整理出来。1941年秋天，老舍兄到昆明讲学，并且陪着我在龙泉镇的宝台山上养病；那时他正热心改写旧曲艺，看见这部书的稿子就怂恿我出版，并且给它作了一篇序。受了他的鼓励，我才费了一个多月的时间加紧修订。起初还想在每辙后附上曲词全文，后来受篇幅限制，只能编成现在的样子。百种俗曲底本是前中央研究院历史语言研究所收藏的，在昆明时候因为怕轰炸掉，已然还给史语所保存。现在要想补充那一部分附录，若不是等待祖国统一后再说，就得请求收藏俗曲最丰富的傅惜华先生帮忙了！

这部书的初版，是经杨今甫（振声）兄介绍给重庆国民图书出版社印行的。当时一共印了多少本，销行的情形怎样，我一概不知道。等到去重庆开语文学会，在黎劭西先生处看见这本书，才给该社写信要了20本，分送朋友后，自己只保存了一本！后来再想多买几本也买不到。说不定，经过郑林曦先生在重庆《新华日报》（1943年4月22日副刊）上发表了《给诗人们介绍一本韵书》那篇书评后，原来的出版机构还许有意地把它销毁了呢！

林曦先生对于这本书的批评是很公平的。几年来我们始终没能通信或当面商讨，现在借着再版的机会，我可以约略说一说我的意见。

林曦先生说："在韵目对照表里，罗先生是把他得出的每一辙注上注音符号了。我们也承认这大体上是对的。然而从罗先生全书看来，我们却找不到各辙音值必然如此的证明。"初版的韵目对照表里，注音符号一栏错得一塌糊涂！最须改正的是 eng 错成 q，en 错成 b，an 错成 d！再版付印前，我要亲自校过，或者不至再犯这类严重的错误了。至于原来附列这一栏，只想拿注音符号的韵类跟《中原音韵》以下各书的韵类对照一下，并没打算标注各类的"音值"；一说到"音值"，注音符号就不够精确了。在各辙的字汇里，从汉字本身固然不能证明每辙的读音，可是假如用北京话乃至于官话区的其他方言念一下，只要懂得注音符号或别种拼音，我敢保一定找得到各辙的"音类"来。要让我自己检讨，我觉得那一栏的毛病倒不在"从全书找不到各辙音值必然如此的证明"，却在每辙里包括"开、齐、合、撮"四呼两类以上的，注音符号栏所注的韵类并不完全！例如发花辙包括 a、ia、ua 三类字，而注音符号只注出 a；梭波辙包括 o、e、uo 三类字，而注音符号只注出 o、e；乜斜辙包括 ie、üe 两类字，而注音符号只注出 ê；怀来辙包括 ai、uai 两类字，而注音符号只注出 ai；灰堆辙包括 ei、uei 两类字，而注音符号只注出 ei；遥条辙包括 ao、iao 两类字，而注音符号只注出 ao；油求辙包括 ou、iou 两类字，而注音符号只注出 ou；言前辙包括 an、ian、uan、üan 四类字，而注音符号只注出 an；人辰辙包括 en、in、uen、ün 四类字，而注音符号只注出 en；江阳辙包括 ang、iang、uang 三类字，而注音符号只注出 ang；中东辙包括 eng、ing、ueng、iong 四类字，而注音符号只注出 eng、ueng。不过，这本书既然叫做"摘韵"，原来是为诗人押韵用的，因此所注的音只代表"韵"而不代表"韵母"。韵是不管介音 i、u、ü 的，韵母是从介音 i、u、ü 算起的。所以从韵的观点看原表的注音"大体上是对的",而且从现代北京口语可以得到证明。为弥补这种缺点,我想把每辙前的韵字表,再版时按照北京口语的实际读音另行编排。

林曦先生接着说:"要是想认真研究辙儿的话,我觉得,与其用一百种唱本儿,倒不如找一百张平戏或者平音大鼓、骨板书之类的唱片子来研究,所得的结果当会更可靠些。唱本归纳的结果,只能得出一些死的字汇。活语研究的结果,却定可告诉我们每一辙包含哪些元音和复合元音。"我对于林曦先生提倡用唱片研究活语音的建议,不单完全同意,而且已经开始用比较更进步的仪器自己记录活语言材料。这样一来,我们对于民间文艺的音乐、腔调、板拍、轻重、节奏等都可以得更精确的记录,供给我们作进一步的研究;但是专为找出"每一辙包含哪些元音和复合元音",我倒以为不必这样小题大做,由唱本归纳的结果,参照口语的读音,也可以解决这项问题的。

至于初版中的"咬肃"乃是"咬齿"的讹误,并不能改作"舌叶"。明代等韵学家管"资雌私"和"之吃尸"等类字叫做"咬齿呼",这类字的韵母就是注音符号的ㄭ[ɿ][ʅ],或瑞典方言字母的ɿ、ʅ。照我所归纳的材料,一七辙所收的字的确有咬齿(知之枝吃湿司尸……)、齐齿(西凄悽鸡依衣希嘻欺低饑机基批栖稀……)和撮口(居嘘须胥驹……)的分别,也就是林曦先生所承认的"一七辙仍包括支思、齐微、居鱼等韵类的字"。如果为押韵宽松,这种合并法当然可以的;至于说听起来很顺,很自然,那却不见得!否则从北宋邵雍的《皇极经世声音唱和图》起就不会把"资、雌、私"等另眼看待。我听见京韵大鼓里"时""期""去"等一七辙的押韵,往往觉得不顺耳;同时对于一位有名的评戏艺人把"时""吃""知"等字都念成ｉ韵,也觉得不很自然!所以我们要创作新曲艺,除非必不得已,能避免混用,最好避免。咱们固然要迁就民间的习惯,也得照顾到语音的实际情况,这样才能使语言和文艺调谐地向前发展。

各辙所收的字汇都是根据百种曲本归纳来的。在我所归纳的材料里，除去《尼姑下山》第五落“地儿棍儿字儿意儿穗儿岁儿贝儿”和《切跳槽》后附《跳槽回头》的末一落“衣儿人儿心儿”两段外，绝对找不到小辙儿的痕迹。因为限于材料，所以“关于儿化韵的解释太少，并不列入字汇”。照全书体例，这是没法儿弥补的缺点！只好等待将来根据实际材料再续编“小辙编”一类的东西。至于入声变读一层，我是沿袭《中原音韵》的办法，这诚然不免“方块字本位”的错误！我愿意接受林曦先生的批评！其他各点我跟他虽然有些不同的意见，我却始终认为他是我的一位知己！

北京市文学艺术工作者联合会成立后，就拿文艺普及工作当做首要的任务，新曲艺的创研当然是其中的一个重点。这本小册子也许能在这项工作中发挥它的一个螺丝钉的功用。来薰阁有意把它再版，为的是给有志创作新曲艺的同志们作参考，我想这不是全没意义的；在人民的新中国，大家都了解文艺为工农兵服务的重要性，这本小册子也许不至于像从前那样被漠视了！让我谢谢陈济川和吴晓铃两位先生！没有他们的鼓励、帮助，我自己不会有勇气把它重印的。

1950 年 9 月 1 日罗常培序于北京大学文科研究所语音乐律实验室。

北京俗曲百种摘韵(上)

引　言

在民间流行的文艺作品里有一种顺乎天籁的节奏和韵脚,这是纯任自然、信口流露出来的,和拟古作品的拘牵声律、严守韵书的情形绝对不同。但是这种自然的节奏和韵脚,往往在不定之中也有相沿成风的定型,并不是丝毫没有条理的。关于民间文艺的节奏问题,我将在另一篇文章里去讨论,这里先谈一谈它的韵脚问题。

十三辙的沿革

民间文艺的韵脚,普通叫做"辙口"或"辙儿"。所谓"辙"便是车轮子自然碾出来的轨迹,并不像火车那样,先制成一定尺度的铁轨,然后再把车轮纳在定型里的。在北方流行的歌谣和小调里有所谓"十三道辙"的,那便是这种自然押韵的轨迹。要想知道这种轨迹如何演成的,还得从元以后韵书沿革上去探讨。我在《中州韵和十三辙》那篇文章里说:"专为戏曲而作的韵书当然要推元高安周德清的《中原音韵》。这部书成于元朝的泰定甲子年(1324),是音韵史上一部革命的创作。它把平声分作阴阳两类,入声归并到平上去三声,分韵类为十九部,就是:

东钟　江阳　支思　齐微　鱼模　皆来

真文　寒山　桓欢　先天　萧豪　歌戈

家麻　车遮　庚青　尤侯　侵寻　监咸　廉纤

《中原音韵》成书后二十七年(元至正辛卯,1351),燕山卓从之作了一部《中州乐府音韵类编》。其中所分的十九部只把周书的歌戈改作哥戈,侵寻改成寻侵;又把平声阴阳分作'阴字''阳字''阴阳字'三类:大体上看起来,总算是周规卓随,没有显著的差异。到了明朝洪武七年(1374)宋濂、乐韶凤等所修的《洪武正韵》,拿三衢毛居正、昭武黄公绍的说法作根据,'不及者补之,及之而未精者以中原雅音正之'(《正韵·凡例》)。平上去各二十二韵,加上入声十韵,一共是七十六韵。拿它的平上去二十二部和《中原音韵》的十九部比较起来,除去把《中原音韵》的支思、鱼模、萧豪三部分作支、齐、鱼、模、萧、爻六部外,大体很相似;最不同的就是在《中原音韵》里分派到平上去的入声在这里又独立成十韵了。因为这一度杂糅南北的结果,于是使《中原音韵》的演化也分歧成'南从洪武'和'北向中原'的两条大路了。"(原文见天津《益世报·读书周刊》第16期)他们的分化情形如附表(见下页)。

关于南系韵书的演化,因为和本题无涉,我们且不去谈它。至于北系韵书的流变,我在那篇文章里已经很详细地说道:"从《韵略易通》到十三辙一系韵书,大部分是为一般平民据音识字而作,本来不是为填词唱戏时候押韵的。所以他们大胆地打破了文人的因袭方式,力求切合于当时当地的活语言。在这个时候,新兴的民间戏剧——皮黄——已然代替了渐趋僵化的南曲的地位,它所用的辙韵自然而然地也要根据当时当地的活语言,而不再去因袭南化的曲韵;这和北曲崛兴的时候,大家都依据革命的韵书《中原音韵》而不去理会《广韵》和《礼部韵略》的情形是一样的——十三辙就是应着这种需要

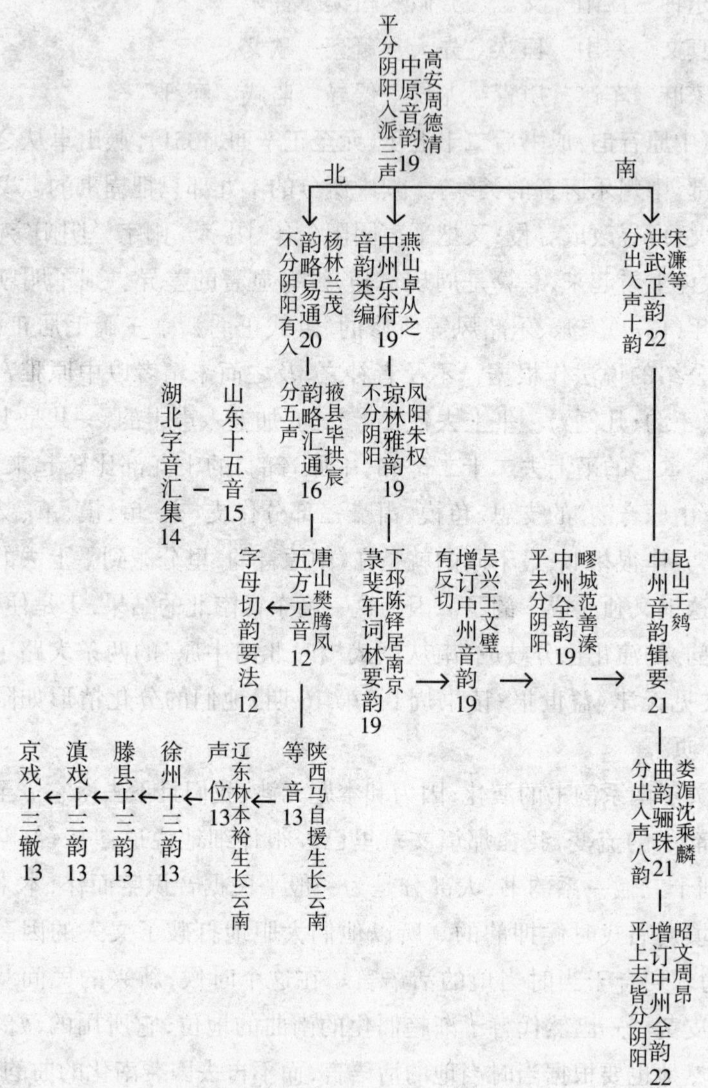
高安周德清
中原音韵19
平分阴阳入派三声
北
南
宋濂等
洪武正韵22
分出入声十韵
燕山卓从之
中州乐府19
音韵类编
杨林兰茂
韵略易通20
不分阴阳有入
凤阳朱权
琼林雅韵19
不分阴阳
掖县毕拱宸
韵略汇通16
分五声
山东十五音15
湖北字音汇集14
下邳陈铎居南京
菉斐轩词林要韵19
吴兴王文璧
增订中州音韵19
有反切
瞿城范善溱
中州全韵19
平去分阴阳
昆山王鵕
中州音韵辑要21
唐山樊腾凤
五方元音12
字母切韵要法12
娄涓沈乘麟
曲韵骊珠21
分出入声八韵
昭文周昂
增订中州全韵22
平上去皆分阴阳
陕西马自援生长云南
等音13
辽东林本裕生长云南
声位13
徐州十三韵13
滕县十三韵13
滇戏十三韵13
京戏十三辙13

而产生的一部民间剧韵。”并且指出这一系韵书有几种重要的演变:

“第一,闭口韵的消变。在《中原音韵》的《正语作词起例》里已然列举‘针有真’‘金有斤’‘贪有摊’‘南有难’‘詹有毡’‘兼有坚’等-m、-n互混的现象,可见闭口韵的消变由来已久。在《韵略易通》里还遵守着《中原》和《洪武》的规模,没敢公然取消侵寻、缄咸、廉纤三部。到了《韵略汇通》就毫不客气地把侵寻并入真寻,缄咸并入山寒,廉纤并入先全。从此以后,在这一系韵书里就找不到闭口韵的踪影了。

第二,取消以等呼分韵的办法。《中原音韵》里的寒山、桓欢、先天,只因为介音有开口、合口、齐齿三种呼法,所以就分成三部。其实它们的元音和韵尾相去并不十分悬殊,照‘欲广文路’的押韵原则来讲,本没有分成三部的必要。后来《韵略汇通》首先取消了桓欢部,《五方元音》更进一步地把寒山、桓欢、先天三部合成一个天韵:专从押韵的方便来讲,这是很合理的。

第三,东钟和庚青二部的混并。东钟部就是等韵家所谓‘通摄’,庚青部就是由等韵家所谓‘梗摄’和‘曾摄’合成,从它们的来源上讲是不能混而为一的。不过从《中原音韵》起,一部分庚青部的合口字已然互见于东钟部,可见-ueng 和-ong 两韵早有混乱的趋势了。后来的韵书有的保存东钟一类的韵目,有的保存庚青一类的韵目,实际上并没有多大的差异,只是表现这两韵的不分罢了。至于皮黄戏把原来属于庚青部的齐齿呼字押入人辰辙,那是受它发祥地的方言的影响。

第四,支思、齐微、鱼模三部的合并或分化。《韵略汇通》以后的韵书,除山东的《十五音》和湖北的《字音汇集》外,都不保存《中原音韵》的支思部;除《十五音》外都不分立《韵略易通》的居鱼部。但是把

《中原音韵》的齐微分成-i、-ei 两音，除《五方元音》外，却成了普遍的现象。照南系的曲韵来讲，支思的独立从周德清到周昂是始终一贯的；齐微分化成机微和归回，鱼模分化成苏模和居鱼，也是遵照《洪武正韵》的系统。这一系既然撤销了支思的独立，又不敢毅然分出居鱼（《韵略汇通》把原来齐微部读-ei 的字改作灰微，又把读-i 的字并入居鱼，这是很不彻底的），我想除去一小部分是所谓'上口字'的关系，大多数还是受韵部数目的限制，有意地凑成十二或十三的那个数儿，这未免有点儿可惜了。

第五，阴阳平的分立和入声的保存。《韵略易通》承袭《洪武正韵》的办法，平声不分阴阳，入声配列有收鼻音的阳韵。从《韵略汇通》以下平声多半分别阴阳，入声也改配没有收鼻音的阴韵：这也是这一系韵书的特点。

我再把这一系韵书的韵目列成一个对照表（见下页附表）。

由此看来，十三辙的演成，已然经过六百多年的历史了。不过，现在北方流行的十三辙是有目无书的。究竟哪些字应该属于哪一辙，并没有成书可供检寻。张洵如所作的《北平音系十三辙》，依照北京音的标准以辙为纲，以声为目，把同音字汇集起来，以便按辙寻声，依声求字，这是一部很有用的书。但是我想要考究京剧和北方的俗曲是否照十三辙押韵，最好找几十出皮黄的旧本子或民间的小唱本（能够确定它们的时代更好），用'丝贯绳牵法'按辙来归纳它们的韵脚，看它们到底是依照十二辙还是十三辙？如果看出变化，就要追究它从什么时候变起？如果看见特别的押韵法，要注意原来的戏本是从昆曲翻过来的，还是从梆子腔翻过来的？这种工夫杜颖陶已然作了一点儿（见《剧学月刊》五微所作的《十三辙》），不过还得扩大地去作，当然归纳的材料越多，时地分析得越细，所得的结果也越精密。”（参看《中州韵和十三辙》）。当年刘半农先生曾经指导李家瑞依据一

中原音韵	东江支齐 鱼 皆真寒桓先萧歌家车庚尤侵监廉 钟阳思微 模 来文山欢天豪戈麻遮青侯寻咸纤	(1324)
易通	东江支西 呼居皆真山端先萧戈家遮庚幽侵缄廉 洪阳辞微 模鱼来文寒桓全豪何麻蛇晴楼寻咸纤	(1442)
汇通	东江支灰 呼居皆真山 先萧戈家遮庚幽 洪阳辞微 模鱼来寻寒 全肴何麻蛇晴楼	(1642)
十五音	东江支齐微姑虞皆真元 萧歌家遮 幽	
汇集	风央诗依威夫 哀深焉 蒿呵巴赊 优	
五方元音	龙羊 地(地)虎(地)豺人天 獒驼马蛇 牛	(1654～1673)?
切韵要法	冈 裓傀(裓)(裓)该根干 高哥迦结庚钩 (齐) (合)(撮) (裓) (开)	(1699～1703)?
等音	冈 基规孤 该根干 高哥他迦庚勾	
声位	冈 基圭沽 该根干 高哥迦结庚钩	
徐州十三韵	秧 吉灰屋 郃温焉 腰豁鸭叶青幽 养 纪惑武 嚎稳衍 咬火雅耶请有 样 记会误 泰问彦 要货亚夜倩又 阳 极回吴 台文言 尧和牙爷情尤	
滕县音	江 吉饥居 皆金坚 交角加结经鸠	
滇戏音	空堂 提灰土 开青天 暴梭抓跌 喉 同郎 携堆伏 怀沉仙 燥波麻雪 头	
十三辙	中江(并一七)一灰姑(并一七)怀人言(并言前)(并言前)遥梭发乜(并中东)油(并人辰)(并言前)(并言前) 东阳 七堆苏 来辰前 条波花斜 求	
注音符号	ㄥㄤㄭㄧㄟㄨㄩㄞㄣㄢ ㄠㄛㄚㄝㄣㄡ ˏㄨ ˏㄦ ˏㄜ ㄥ	(1918)

百种北京俗曲的韵脚去归纳北京民间文艺通行的辙口。后来半农先生逝世，李君兴趣转移，就把这一百种俗曲材料存在我那里。那时我颇有意从事这种工作，借以纪念半农先生！现在事已经年，地迁万里，可是这一批材料却始终没有离开我的行箧。自从全面抗战以来，一班文艺界的朋友如老舍、何容、陀陵几位先生，颇提倡文艺下乡运动，"试用旧瓶装新酒"的方法，很作了几篇京剧、大鼓、河南坠子一类的东西。听见从战地回来的朋友们说，这种作品在士兵和民众间颇有感召的力量。不过，其中有几篇的辙口有时和十三辙不合，这虽是一个很微末的问题，可是假使有人把北京俗曲的辙口作一番归纳的研究，对于这一点未尝没有帮助。那么，我现在所从事的这个似乎不很急需的问题，也不见得是没有意义的。至于十三辙本身的毛病，例如，一七辙把咬齿的"资雌私"、"之吃尸"和撮口的"居驱吁"都同"基欺希"之类的齐齿字混成一韵，那自然没有北京音合乎实际的语言。不过，我现在的工作是就着一定的材料归纳成功的，对于这些地方就不另提出讨论了。

北京俗曲百种提要

我现在所根据的这一批材料是常维钧先生替刘半农先生搜集的，其中有的抄自"车王府曲本"，有的抄自"百本张的唱本"，还有几本标着"清幽书屋""清云书坊""松月山房""别墅山庄"等字样，原材料中曾就内容略加分类，现在为眉目清晰起见，我依照原来的分类，把这一百首俗曲的名称、体裁、调子、辙口，逐一列举如下(体裁项下所谓"段"是比较长的一章，所谓"落"是比较短的一节，一段里往往可以包括二落到数落)：

曲名	体裁	调子	辙口
第一情歌类			
(1)进兰房	五更六段十二落	铺地锦	每段一辙
(2)反调尼姑下山	五更五段十落		每段一辙
(3)尼姑下山	五更六落带数板五段	利津调	每落一辙
(4)照花台	十五落		每段一辙
(5)探情郎	十落	剪靛花	江阳
(6)佳人饯行	三十五落	剪靛花	人辰(内有中东三落)
(7)姑娘思女婿	十二月十二段廿四落	太平年	每段一辙(末段每落一辙)
(8)尼姑思凡	五更五段十二落带尾	梳妆台	每段一辙(第一、二段每落一辙)
(9)妈妈好糊涂	二十三落	剪靛花	姑苏
(10)斜倚栏杆	十四落,头落曲头,末三落曲尾,十分十声		人辰混中东,曲尾江阳
(11)梳妆台	十五落		每段一辙,第三落及第十一至十五落每落一辙
(12)打新春	十二月三十八落	太平年	每月一辙
(13)李方俏得妻	六十九落	照花台	每落一辙
(14)十一月带五更	二十落	剪靛花	前十二段一辙,后八段每更一辙
(15)三戏五更	五更五段		每更一辙
(16)探清水河	十五落		前四落言前,五至九每落一辙,后六落中东
(17)梅月五更	五更五落		每段一辙
(18)打连城	十三月二十八落	倒搬桨	每月一辙
(19)玉姐要婆家	四十一落	关东调	一落或数落一辙
(20)绣花绷	十一落	剪靛花	中东
(21)光棍哭妻	十二月十二落		每月一辙

(22)四贝上工	二十四落	太平年	每落一辙
(23)山西五更	五更十二落		中东混人辰
(24)十杯酒	十杯十段二十落		每段一辙
(25)女思男	十二月二十四落	太平年	每月一辙
(26)绣香圆	三十五落	剪靛花	一落或数落一辙
(27)雕翎配	四十一落	哈哈调	一落或数落一辙
(28)切跳槽①		剪靛花	一至四人辰混中东，五至十二遥条
(29)十二重楼	十二月十二段四十八落及曲尾	边关调	每段一辙
第二烟花类			
(30)十朵花	十落		怀来
(31)妓女告状	二十一落		怀来
(32)妓女托梦	五更五段十五落		每段一辙
(33)四季从良后悔	四季五段	凄凉调	每段一辙
(34)逛南顶	四季五段	凄凉调	每段一辙
(35)叹青楼	十四落	剪靛花	油求
(36)十爱郎君	五更五落	凄凉调	每更一辙
(37)山泉九儿自叹	十五落		言前
(38)五恨领家②	五恨六落间数板五段	利津调	江阳
(39)叹烟花	五更五段	梳妆台	每更一辙
(40)烟花女子叹十声	十声十段二十四落		中东杂人辰
(41)叉杆坐狱③	五更十落	鲜花调	每更一辙
(42)男女双十爱	六段	凄凉调	言前
(43)反挑眼	四季五段	凄凉调	每段一辙
(44)热客后悔	四季四段	凄凉调	每段一辙
(45)热客挑眼	四季四段	凄凉调	每段一辙

① 妓院谓嫖客自甲院移至乙院者为“跳槽”。

② “领家”即鸨母。

③ 妓院谓以强悍结识妓女而做其监护人者为“叉杆”，或曰“扛叉的”。

(46)犇叉杆①	五更六段	凄凉调	每段一辙
(47)妓女悲伤	十落	鲜花调	江阳
(48)从良叹五更	五更五段	凄凉调	每段一辙
(49)天津开嗙②	四季四段	凄凉调	每段一辙
(50)叉杆打王八	十落	靠山调	发花
(51)阔大爷诓妓女	二十九落	凄凉调	江阳
第三事物类			
(52)盂兰会	十二落	靠山调	遥条
(53)绣荷包	四十四落	关东调	每落一辙
(54)小两口儿上庙	四十四落	关东调	一落或数落一辙
(55)绣花灯	六月十二落	天津调	每落一辙
(56)绣兜兜	四十四落	关东调	每落一辙
(57)姑娘二十四标	十二月十二段廿四落	天津调转倒搬桨调	每段一辙
(58)绣门帘	十二段二十四落	湖广调	每段一辙
第四集锦类			
(59)十三月古人名	十三月十三段		十三全辙
(60)三国五更	五更五段十落	鲜花调	每段一辙
(61)大实话	十三月十三段	银纽丝	每段一辙
第五滑稽类			
(62)姑娘十二标	四十一落	关东调	遥条
(63)小媳妇斗牌	六月十二落	天津调	每落一辙
(64)姐妹捡棉花	四十四落	梳妆台	发花
(65)后婚放刁		竹板书	一七
第六感叹类			
(66)老妈叹十声	十声三十落		中东
(67)康小八叹十声	十声十段二十落		中东
(68)康小九探监	五更五段十五落	鲜花调	每段一辙
(69)烟鬼叹十声	十声二十落		中东

① “犇”读如 sóng,男子精液,引申为怯懦无能之义。

② 凡炫耀其见闻于乡里者谓之“开嗙”。

(70)王三公子叹十声	十声十段二十落		中东
(71)王三公子回家叹十声	十声十段二十落		中东
(72)老妈回家叹十声	十声十八落		中东
(73)小尼姑叹十声	十声十段二十落		中东
第七杂剧类			
(74)王大娘锯缸	双唱	咿呀呀	江阳
(75)姐夫戏小姨	二十落双唱	剪靛花	梭波
(76)小放牛	对唱	吹腔	江阳
(77)婆媳顶嘴	二十七落五角拆唱	银纽丝	十段一辙
第八新闻类			
(78)王天宝	六十四落	太平年	每落或数落一辙
(79)黑狗替主报仇	七十落	新太平年	中东、言前夹用
(80)安德春投友	六十六落	天津调	一落或数落一辙
(81)高兰香还魂	七十六落	天津调	一落或数落一辙
(82)金钟记	四十八落	天津调	一落或数落一辙
(83)烈女金环记	四十九落	天津调	一落或数落一辙
(84)婆媳归阴游地狱	八十五落	关东调	一落或数落一辙
(85)审青羊	六十一落	天津调	一落或数落一辙
(86)烈女阴魂配	三十七落	天津调	一落或数落一辙
(87)丢姑爷	九十四落	天津调	一落或数落一辙
(88)老倭瓜告状	六十四落	天津调	一落或数落一辙
(89)姑娘剺大烟①	五十一落	天津调	一落或数落一辙
(90)枕头案	六十七落	天津调	一落或数落一辙
(91)贤良女吊孝	六十四落	剪靛花	一落或数落一辙
(92)奇巧鸳鸯案	七十五落	太平年	一落或数落一辙
第九劝戒类			
(93)圣人劝	二十六落	天津调	一落或数落一辙

① “剺”，音 lá，剁也，割也。

(94)劝姑娘	三十六落	天津调	一落或数落一辙
(95)忍劝图	四十七落	天津调	一落或数落一辙
(96)佳人劝赌钱	四十一落	关东调	言前
第十物语类			
(97)百花名十采花		竹板书	江阳
(98)鹦哥对答		竹板书	言前
(99)蚂蚱算命		竹板书	中东
(100)饽饽阵		竹板书	中东

以上十类一百首。就曲调来讲,除原材料没有标明的以外,有〔铺地锦〕〔剪靛花〕〔太平年〕〔新太平年〕〔梳妆台〕〔照花台〕〔倒搬桨〕〔银纽丝〕〔竹板书〕〔咿呀呀〕〔吹腔〕〔哈哈调〕〔利津调〕〔天津调〕〔关东调〕〔边关调〕〔凄凉调〕〔鲜花调〕〔靠山调〕〔湖广调〕〔天津调转倒搬桨〕等 21 种;就辙口讲,有一辙到底的(如《绣花绷》全押中东),有两辙夹用的(如《黑狗替主报仇》中东、言前夹用),有两辙混用的(如《斜倚栏杆》及《山西五更》人辰、中东杂用),有每段一辙的,有每落一辙的,有一落或数落一辙不定的,方式颇多,未可一概而论。至于这些曲本虽都流行于北京,其中却有许多带着地方色彩的,像《山西五更》《斜倚栏杆》,从辙口来看就显着有点儿特别。还有第八类的 15 种:《黑狗替主报仇》出在河北滦县,《金钟记》出在河北宣化,《烈女阴魂配》出在河北蓟县,《丢姑爷》出在河北迁安,《枕头案》出在河北丰润,《奇巧鸳鸯案》出在河北晋县,《婆媳归阴游地狱》出在河北旧京兆属,《安德春投友》出在山东德县,《高兰香还魂》《老倭瓜告状》出在辽西锦县,《审青羊》出在辽西复县,《贤良女吊孝》出在辽东海城,《烈女金环记》出在热河朝阳,《姑娘犁大烟》出在热河北部:这些旧曲恐怕都不是北京土产的。本文既以研究辙口为限,凡是辙口显然歧异的,我才把它特别剔出,其余都不细加分别,反倒可以帮助我们看出十三道辙口的分划在北方是很普遍的了。

北京俗曲百种的押韵法

根据上面的材料，我把每首俗曲的韵脚用清人整理《诗经》韵读的"丝贯绳牵法"联贯起来，便不多不少地恰好归纳成十三道辙。但是在罗列这些韵字以前，我们得要先谈一谈北京俗曲的押韵法——也可以叫做"辙例"。照手边现有的材料讲，北京俗曲的押韵法，有句句入辙的，例如：

《进兰房》第二落：

对菱花卸去残妆，听谯楼更鼓齐忙，暗自惆怅！细丝丝明月照在纱、纱、纱窗上。细丝丝明月照在纱、纱、纱窗上。

《十二重楼》第四落：

离愁万万千，离愁万万千，平地里风波拆散姻缘，与儿夫今朝别，未知何年见。

有第一句不入辙的，例如：

《叹青楼》第二落：

金风吹动梧桐叶，丹桂花开不能自由，花木凋零冷飕飕，哎咳哟！那是奴家叶落归秋。

《十一月带五更》第二落：

樵夫怕冷懒把山上，才子怕冷懒把诗题，渔翁怕冷懒得钓鱼，哎哎哎，耕夫怕冷懒去扶犁。

有第三句不入辙的，例如：

《梳妆台》第一落：

一更里来梳妆台，从头上拔下了金凤钗，金钗插在妆台上，思听得才郎哥走进奴房来。

《斜倚栏杆》第一落：

桃叶尖尖柳叶青,小货郎担担站在门庭,搁下针盘和绒线,梳洗打扮下了楼亭。

有第一句和第三句不入辙的,例如:

《玉姐要婆家》第十三落:

不怨天和地,埋怨爹和妈,奴今二十三,并不找婆家。难道说白头留到八十八。

又第十九落:

指着杨说柳,指着西说东,张长李家短,带着把他明,父母只当耳旁刮阵风。

有第三句、第五句和第七句不入辙的,例如:

《梅月五更》第一落:

一更里董月英独坐绣房,对孤灯照菱花莫比寻常,杏核眼柳叶眉自小生就,樱桃口点朱唇模样更强,小金莲刚半扎千娇百媚,脸儿上透春色时样梳粧,自古都说红颜薄命,一倾城再倾国多受凄凉。

有第三句、第九句和第十一句不入辙的,例如:

《百花名十采花》第一落:

正月里采花迎春花儿黄,二月里采花杏花香,三月里桃花红似火,四月里采花芍药蕊内香,五月里石榴花闹闹嚷嚷,六月里荷花叶子水上扬,七月里的兰花正开放,八月里阵阵风儿吹桂花香,九月里的菊花黄金色,十月里的梅花雪内藏,冬月里天寒没有花采,腊月里梅花疏影暗香。

不过俗曲用韵比较松一点,往往同在一首里头的辙例并不完全一致。例如《绣香圆》第一落每句都入辙:

姐儿房中泪涟涟,忽然想起逛花园,观花散心田,哎哎哟,急忙走一番。

第十五落也一样：

头出戏儿绣得鲜，吕布也曾戏貂蝉，他是美少年，哎哎哟，欢乐不可言。

可是第二、三、四等落第一句都是不入辙的：

迈步来到花园内，各样花草开得鲜，仔细用目观，哎哎哟，与奴一样般。

这边开的老来少，那边开的串枝莲，兰花尖又尖，哎哎哟，蝴蝶上下翻。

养鱼池中长流水，金鱼银鱼闹得欢，奴家受孤单，哎哎哟，枉在阳世间。

其他各种里像这样的情形很多，所以我们归纳辙脚时千万不要拘泥一定的成规，总得看辙脚用字是否可以照“丝贯绳牵法”系联成贯，然后才能断定它是否入辙。至于像《百花名十采花》的第一落四用“香”勉强凑韵，这类押韵法，在诗词曲中极少见，但在俗曲中却不可胜数，例如《大实话》第四落“刮家怕家妈大”两用“家”字，《小媳妇斗牌》第六落“八花八發八”三用“八”字，《烈女金环记》第十一落“排来来来排”三用“来”字、两用“排”字，《忍劝图》第三十一落“留头留求头”，“留”“头”各两见，像这样的例子在后面的字汇里随时可以碰到，真是举不胜举。这正可见俗曲押韵比较自由的地方。

关于韵字的归类有几点还得提出来讨论：

（一）中东和人辰两辙的混淆

在十三道辙里这两辙的纠纷最多。例如：

《尼姑思凡》末一段的韵脚：“明声君雲亲成林”。

《斜倚栏杆》的韵脚：“青庭亭声情心身门亲人，声咛心身门亲人，声门心亲中，声门听声亲中，声明门灯亲情，声明亲真，声明亲恩真，声身程亲门,声行雲宫亲能,声明行亲真”。

《梅月五更》末一段的韵脚:“声行论行程”。

《烟花女子叹十声》的韵脚:“声人身,亲分门,声疼更,明惊瞑,声心情,睁门恩,声人应,名灯衿,声神疼,容身更,声情风,行宁听,声婚人,心惊心,声风生,纷人人,声成纹,唇人身,声身门,贫心门”。

以上四例是中东混入人辰的。又如:

《山西五更》的韵脚:“更灯棂定,生金灵能空,更生棂惊恨情,情人瘾春问,明声迎听人,情人清明定,更灯庭绫枕,盈登金重,更明君醒送,明君庭宁病,明听斤瓶饼,升盆红杏”。

《王三公子回家叹十声》第十五落的韵脚:“声痕仲城”。

《金钟记》第三十三落的韵脚:“身云容松升”。

《审青羊》第十六落的韵脚:“盈情生通伸”。

《老倭瓜告状》第一落的韵脚:“今新城庭穷”;第二十四落的韵脚:“中成人云门”;第三十一落的韵脚:“门行春门云”;第五十五落的韵脚:“春行能生绳”。

《枕头案》第十二落的韵脚:“痕蒙咚疼声”。

以上六例,是人辰混入中东的。这些例子当然不是偶尔通叶,而是方言色彩的表现。从音理上解释,有两种可能:(一)本来是穿鼻-ng尾的中东辙,因为受主要元音的影响把韵尾变成-n;(二)本来是抵腭-n的人辰辙,或变-ng,或与中东辙的-ng同变鼻化元音,因而可以通押。前四个例子,除去“中宫疼容”四字外,用第一条解释都可以讲得通;后六个例子用第二条解释都可以讲得通。严格说起来,这些首曲子都不得算是纯粹北京的俗曲,我们现在可以确指的,只知道《山西五更》是根据山西方言,而且听“老北京”说,“听过《山西五更》后,可以使人酸得倒了牙”。此外若从故事的发源地讲,《金钟记》出在河北宣化,《枕头案》出在河北丰润,《老倭瓜告状》出在辽西锦县,

《审青羊》出在辽西复县,曲中的方言是否和故事的地域相合,也就不得而知。至于《尼姑思凡》《斜倚栏杆》《梅月五更》《烟花女子叹十声》之类出在什么地方,从我们现有的材料是看不出来的。我现在姑且把前四例附在人辰辙的后边,把后六例附在中东辙的后边,拿它们当做"合韵"看待,却不因此淆乱人辰和中东两辙的界限。

(二)几个数辙并收的韵字

有几个字照条例系联可以归入两辙以上,由此可以反映出它们的读法也是不同的,例如:

(1)"白"字见于梭波、怀来、灰堆、乜斜四辙:

a.《玉姐要婆家》第二十九落:"白我个","白"应读 be;

b. 同曲第十四落:"白台来开","白"应读 bai;

c.《妓女托梦》第十五落:"跪白回","白"应读 bei;

d.《烈女阴魂配》第十六落:"切白节界爷","白"应读 bê。

(2)"哈"字见于发花、梭波、灰堆三辙:

a.《老倭瓜告状》第十五落:"发花他家哈","哈"应读 ha;

b.《绣荷包》第十七落:"和哈喝佛","哈"应读 he;

c. 同曲第二十六落:"哈逵黑","哈"应读 hei。

(3)"着"字见于发花、梭波、遥条三辙:

a.《姐妹捡棉花》第一落:"發狭着","着"应读 zha;

b.《打连城》第二十八落:"脱着乐","着"应读 zhuo;

c.《打新春》第二十四落:"吵悄着","着"应读 zhao。

(4)"家"字见于发花、乜斜两辙:

a.《进兰房》第五段:"發花家话他答他下","家"应读 jia;

b.《从良叹五更》第一段:"呆家蟹切蝶接月爷孽绝","家"应读 jie。

(5)“得”字见于梭波、灰堆两辙：

a.《李方俏得妻》第三落：“错多个得”,“得”应读 de;

b. 同曲第十八落：“亏得龟”,“得”应读 dei。

(6)“学”字见于梭波、遥条两辙：

a.《姑娘二十四标》第六落：“学过矬白哥”,“学”应读 xue;

b.《女思男》第四段：“桃了庙学熬烧学”,“学”应读 xiao。

(7)“鞋”字见于乜斜、怀来两辙：

a.《大实话》第五段：“节血热街鞋月”,“鞋”应读 xie;

b.《十二重楼》第四段：“来谐外,挨鞋爱,柴开害,该台带”,“鞋”应读 hai。

(8)“热”字见于梭波、乜斜两辙：

a.《逛南顶》第二段：“和娥过车,热河,乐德”,“热”应读 re;

b.《大实话》第五段：“节血热街鞋月”,“热”应读 rê。

(9)“咱”字见于发花、言前两辙：

a.《十一月带五更》第十八落：“發妈咱吗”,“咱”应读 za;

b.《王天宝》第二十落：“怜毡咱”,又第二十一落：“翻咱砖”,“咱”应读 zan,疑借为“喒”。

(10)“度”字见于姑苏、遥条两辙：

a.《妈妈好糊涂》第十三落：“珠都度”,“度”应读 du;

b.《绣兜兜》第十一落：“毛姣度窍”,“度”应读 dao。

上面这几个例,有的因为文白异读(如“白”之读 be 或 bai),有的因为重轻异读(如“家”之读 jia 或 jie,“着”之读 zha 或 zhao),有的因为音近叶读(如“白”读 bei 以叶“跪回”),也许还有因为方域不同或字的用法不同而致歧异的,那就限于佐证,不能十分确定了。此外有几个字的读法也很特别,例如：

“色”字只见于怀来辙,应读 shai：

《小媳妇斗牌》第十二落:“白色牌怀白白”。

“薄”字和“觉”字只见于遥条辙,应读 bao 和 jiao:

《尼姑下山》第三落:“敲薄庙”。

同曲第四落数板:“笑敲告觉”。

“谋”字入梭波辙,应读 me 或 mo:

《烈女金环记》第四十九落:“谋德活个魔”。

“色”“薄”“觉”三个字在《国音常用字汇》里还列着它们的语音“又读”,至于“谋”字读 me 就比较少见了。

(三)几个可注意的辙口

(1)在《尼姑下山》第五落的数板用下面七个字来合辙:

地棍字意穗岁贝

这七个字里“地字意”是一七辙,“穗岁贝”是灰堆辙,“棍”是人辰辙,何以能相合呢?在这里我们就不能不提“小辙儿”的问题了。

在北方的俗曲中,除去十三道辙外还有两道小辙儿,就是:

a. 小人辰儿;

b. 小言前儿。

原来十三道辙每辙都可以附儿,而它的音却分不出十三个来,因为语音自然的变化,就归纳成“小人辰”和“小言前”两道小辙儿。它们的归类法,相传是:

一七
灰堆 } + 儿,合成小人辰儿;
人辰

言前
发花 } + 儿,合成小言前儿。
怀来

大约唱曲儿的要合小辙儿,只要加儿在各辙之后,读音相合的就可以一处押韵:审音上严了,用韵上倒宽了(参阅魏建功先生《说辙儿》,载在《国语周刊》103、104期)。知道这种音变,然后对于上面所引《尼姑下山》第五落的数板可以解释它为什么算那样合辙了,因为一七、灰堆、人辰加儿既然可以变成小人辰儿,那么:

地儿　棍儿　字儿　意儿　穗儿　岁儿　贝儿

照北京话念起来岂不都是很合辙的 er 儿韵吗?我因为现有一百种俗曲里明白注出用小辙儿唱的不多,所以并没有把它们独立。在这里因为解释这一条的辙口,顺便把小辙儿问题提出来说一说,可是把这儿韵字仍然附在灰堆辙的后边。为使小辙儿的用法更加明了起见,我再各举北京歌谣一首以示例:

a. 小人辰儿

二姑娘二儿,
　二姑娘出门子给我个信儿。
搭大棚,
　贴喜字儿;
娶亲太太大拉翅儿,
　八团褂子大开衩儿;
四轮马车双马对儿,
　箱子匣子都是我的事儿。

b. 小言前儿

一个小孩儿,
　上庙台儿,
栽了个跟头,
　捡着小钱儿;
又打醋又买盐儿,

又娶媳妇儿又过年儿。

(2)《切跳槽》后附《跳槽回头》末一落用“衣人心”来合辙。照通首的辙例,“衣”字应该入辙,可是同时有两种可能的解释:

a. 用上一条的例各加儿音变成小人辰儿:

衣儿　人儿　心儿

b.《中庸》“壹戎衣而有天下”,郑康成说:“衣读如殷,声之误也,齐人言殷如衣。虞夏商周氏者多矣,今姓有衣者,殷之胄与?”后来高诱也说“兖州人谓殷氏皆曰衣”,其语气比康成坚决。又《白虎通·衣裳》云“衣者隐也”,也可作“衣”有“殷”音的佐证。北京方言管外路人所说的话叫做“切口”或“怯口”,那么,“衣人心”的合辙既然发现在《切跳槽》中,安知“衣”字不会读成山东人的“殷”呢?

后一种解释虽然比前一种迂曲一点儿,但在理论上也是讲得通的。

(3)《四贝上工》第九落用“凉裳寒”来合辙。像这种情形,不是“凉裳”的韵母变 an,就是这三个字的韵母都变鼻化元音。因为这种曲子的方域不能决定,我们还没有法子断定哪种解释对。

(4)《打新春》第十落用“呆来谁”合辙,这是拿灰堆叶怀来的例。

(四)平仄通押和入声变读

平仄通押的韵在诗词里很少见,元曲以后就渐渐多起来了;把短促的入声延长,使它和舒声的“阴韵”(不附鼻收声的韵)通押,从元周德清的《中原音韵》以后也逐渐成为风气了。俗曲的用韵既然很宽,那么这两种现象当然是更多的。例如:

《进兰房》第五段:“發花家话,他答他下”,“发答”以入叶平,“话下”以去叶平;

《绣花灯》第二段:“和罗着泼说,哥坡坡河娥”,“着泼”以入叶平;

《从良叹五更》第一段:“呆家蟹切蝶接月爷孽绝”,“切蝶接月孽绝”以入叶平,“蟹”以去叶平;

《照花台》第四段:“西里谁,七已意你”,“七”以入叶平,“里已你”以上叶平,“意”以入叶平;

《大实话》第六段:“伏哭布,秃书富”,“伏哭秃”以入叶平,“布富”以去叶平;

《安德春投友》第四十一落:“白奈腮来摘”,“白摘”以入叶平,“奈”以去叶平;

《绣兜兜》第二十七落:“悔贼没讳”,“贼没”以入叶平,“讳”以去叶平;

《女思男》第四段:“桃了庙学,熬烧学”,“学”以入叶平,“了”以上叶平,“庙”以去叶平;

《大实话》第十段:“飕楼肉油头漏”,“肉”以入叶平,“漏”以去叶平。

至于附有鼻收声的“阳韵”虽然没有和入声合辙的,可是平仄通押的也很多。例如:

《反调尼姑下山》第五段:“天涟眠怨三仙缘院”,“怨院”以去叶平;

《十二重楼》第十段:“春纷问,深神忿,云闻顿,心人论”,“问忿顿论”以去叶平;

《进兰房》第二段:“床裳郎逛肠忘行丧”,“逛忘丧”以去叶平;

《绣门帘》第四段:“经空洞兵,莺情病生”,“洞病”以去叶平。

像这一类的例子举不胜举,姑且从每辙摘出一个以见一斑。但从这一些事实便可以窥见俗曲的用韵比以前的诗词曲宽得多了。

北京俗曲百种摘韵（下）

十三辙字汇

最后，我把这一百种俗曲里所有的韵字按辙录在下面，十三辙的排列次序略以注音符号为准：第一发花，第二梭波，第三乜斜，第四一七，第五姑苏，第六怀来，第七灰堆，第八遥条，第九油求，第十言前，第十一人辰，第十二江阳，第十三中东。凡一种俗曲里隔落同辙的韵字用“:”号来隔开，连落同辙的韵字用“,”号来隔开。

自然要把每辙的字举全了，这一百种俗曲里所包含的字还得多，可是就已经有的字来类推，也尽够举一反三的了。

发花辙第一　（收89字，合韵9字。）

韵字

阴平：巴吧吗妈他差叉沙砂裟 ā；加家 iā；瓜誇花挖娃洼抓 uā。

入作阴平：八叭扒蟆發答搭褡拉哈扎紮插擦杀煞撒 ā；夹唼掐瞎压押 iā；刮 uā。

阳平：杷耙爬麻拿茶搽查啥 á；霞牙芽讶衙涯 iá；华 uá。

入作阳平：拔罚乏达闸铡咱杂砸 á；匣狭 iá。

上声：把法打 ǎ。

入作上声：髮 ǎ；甲 iǎ。

去声：罢怕骂大 à；架稼下 ià；挂话画化 uà。

入作去声：爉腊蜡 à。

合韵：麽乇乓三着胞衫疸锅。

例证：

發花家话他答他下《进兰房》

發麻娃下撒他花骂《反调尼姑下山》

發家画《尼姑下山》

八麻吗娃家咱:刮家八家茶妈:發他他家搭他:他家家《姑娘思女婿》

八插搽:吗插發:搭吧他:杀家吗《打新春》

八家家:茶發麽誇:發罢茶:麽他八:掐八八《李方俏得妻》

發妈咱吗:娃瓜他發《十一月带五更》

發扒娃家《探清水河》

他答杀:家娃發:妈家八:家拉家:誇掐杀:八沙他:家妈杀:匣瓜插:吗褡他:拿花他:家他拿《玉姐要婆家》

八插紮花华他《光棍哭妻》

八插家《四贝上工》

刮麻芽麽麽拉《女思男》

下妈拉话:茶拿發话:家撒花挂《雕翎配》

花差花妈家花《叹烟花》

發叉抓衙:拉压架發《叉杆坐狱》

花吗话罚话花瞎扒《反挑眼》

叉家花拉妈《犇叉杆》

扎家拔挂牙爉他《从良叹五更》(山东)

撒拉家搭:麽咱他:擦下话他拉八杂家:大抓髮下砸耙杷达大家怕

疸花哈麻:抓华杂家扒他:家哈咱乇家下巴插架把抓话發家誇蜡衙巴架發家他八扎:杷杂八家话家八他家:下话拉大插吗巴搭:八话扒家下發甲把乓砸叉叉喳拉扎:八大家花把八八甲把巴八达茶八《叉杆打王八》

他家乏《小两口上庙》

八家妈家:發家家妈:家他插涯:扒打蟆:扎發家家《绣兜兜》

發家妈吗押:八家煞家髮《姑娘二十四标》

裟闸煞瓜:家花腊牙《绣门帘》

發花霞杀《十三月古人名》

發下牙怕:麻加下大《三国五更》

刮家怕家妈大《大实话》

八花八發八《小媳妇斗牌》

花拉三家八《小媳妇斗牌》

發麻怕:花拉大:發家话《康小九探监》

撒妈话茶杀骂:妈花罢:家吗下《婆媳顶嘴》

铡吗法妈法:夹拉他吗家《高兰香还魂》

八芽匣查拿:家麻芽撒衙:撒麻他擦杀《烈女金环记》

家八家:家吗八:他娃妈:差他杀:家他花:髮撒妈:他拉芽:麻家杀:查花杀:沙妈家:讶拿芽:家化叭:叭家發:他娃抓:搭罚家《婆媳归阴游地狱》

花妈怕答吗《审青羊》

沙搭罢妈罢:妈扎沙搭家:煞巴搭啥答《烈女阴魂配》

答家扎家他:发花他家哈:下答發扎家:瓜挖瓜爬瓜:讶拉他押抓《老倭瓜告状》

压家罚衙杀:哈压罚衙话《姑娘掣大烟》

麻妈妈家华:发妈家答吗《枕头案》

法家妈:麻家他:家妈加，家杀差《奇巧鸳鸯案》

拉话發杀家《圣人叹》

發狭着:搭法:芽煞:洼家:發三:他挂:掐花:牙誇:八胞:花达:擦花:髮拿华:拉他:搽砂:衫华:紥花:八煞:掐疸夹拉:花达:着他:下罢:下着:他罢:家搭:洼他:华他:發稼:锅稼:八他:麻他:拉加:拉挂:八拉:家打:娃妈:家拉:哈煞:家家:叉煞，拉下:八煞:他搭:花罢《姐妹捡棉花》

梭波辙第二 （收78字，合韵2字。）

韵字

阴平：坡 ō；多梭祸锅窝 uō；遮车哥歌呵科 ē。

入作阴平：拨泼摸 ō；脱说捉拙棹嗦缩 uō；搁割磕喝哈 ē。

阳平：婆麽魔 ó；陀坨挪罗骡锣矬 uó；河和娥鹅 é。

入作阳平：白钹驳佛 ó；夺着桌镯国活 uó；学 üó；得德嘚阁合盒核蛰折贼 é。

上声：火我所锁 uǒ。

去声：过货祸坐作 uò；个 è。

入作去声：错 uò；乐客刻恶热 è。

合韵：邪谋。

例证：

坡多哥《梳妆台》

蛰鹅搁:窝多梭:呵麽多《打新春》

错多个得《李方俏得妻》

说河河我《探清水河》

多哥搁合:脱着乐《打连城》

多婆个:白我个《玉姐要婆家》

多哥说《四贝上工》

梭河哥哥河合《十杯酒》

得娥说脱《绣香圆》

和娥过车热河乐德《逛南顶》

客说合客挪梭客说《热客后悔》

和车窝坐车过喝车河《天津开唠》

夺说哥:和哈喝佛《绣荷包》

和罗着泼说哥坡坡河娥《绣花灯》

和哈歌多:多活乐说《绣兜兜》

得挪活乐梭:学过矬白哥:阁白活多:合多火说窝:得哥我合说:说摸哥脱着《姑娘二十四标》

坡捉乐歌:碣婆麽罗《绣门帘》

多河坡说《十三月古人名》

多哥得搁梭《小媳妇斗牌》

国坐桌坡:合娥罗得:白钹娥:托钹搁挪:喝得说所锅过哥所着火锣火我罗锅多:得得阁:拨着着:坐着说喝:着得说:阁着多:喝刻白:麽贼多:活驳驳:脱罗得:拙多着:邪棹喝镯:麽喝喝:梭陀佛坨棹得:乐遮着遮:乐婆合说《姐夫戏小姨》

梭婆错多车货:哈婆过着哥乐:哥过着麽错哥麽错:嘚河祸:作着个说窝过:作哥错过合过《婆媳顶嘴》

坐恶罗磕活:喝恶割着锅:罗白恶核我:夺白娥活白:说核佛婆罗:白搁恶说恶:罗罗麽脱活:婆锅割麽窝:恶夺恶脱嗦:佛阁哈骡多:梭泼车罗:锁着嗦活梭《高兰香还魂》

谋德活个魔《烈女金环记》

多合梭:多过娥:罗喝梭:哈泼喝:梭说白:娥活罗:多科多《丢姑爷》

搁泼棹喝说《老倭瓜告状》

梭说说着窝:喝哥白说娥《姑娘掣大烟》

说梭搁窝着:说着说梭白《枕头案》

喝哥麽《奇巧鸳鸯案》

罗割呵喝:罗割作摸德《圣人劝》

多锅棹着:说棹盒得盒《劝姑娘》

着缩活着和:喝多夺车麽《忍劝图》

乜斜辙第三　(收24字，合韵4字。)

韵字

阴平：爹街 iē。

入作阴平：撇捌捏接切搠掖 iē。

阳平：鞋爷 ié。

入作阳平：叠蝶结节 ié；绝 üé。

上声：些 iě。

入作上声：帖 iě；血 üě。

去声：界蟹 iè。

入作去声：孽业 iè；月 üè。

合韵：家呆热白。

例证：

节撇叠爹鞋爷《女思男》

呆家蟹切蝶接月爷孽绝《从良叹五更》

节鞋爷爷《十三月古人名》

节血热街鞋月《大实话》

节爹掖帖捌:节搠街爷《小媳妇斗牌》

些爹捏结些业《婆媳顶嘴》

切白节界爷《烈女阴魂配》

一七辙第四　（收 117 字，合韵 6 字。）

韵字

阴平：批低基饑机鸡欺希稀嘻熙衣依妻淒悽西栖 ī；知枝之尸司 ï̄；居驹嘘须胥吁 ǖ。

入作阴平：的踢七惜一揖 ī；吃湿 ï̄；屈 ǖ。

阳平：皮弥提题啼泥离篱犁梨奇期齐姨宜疑 í；迟池痴时 ḯ；驴馀鱼 ǘ。

入作阳平：敌急吉髻击集戚息席 í；直食实 ḯ；局 ǘ。

上声：底里裹礼你已起挤喜嘻洗 ǐ；子死耻 ï̌；女举雨 ǚ。

去声：弟地俐季妓纪计气繫戏济细意 ì；置世事氏市 ï̀；矩据去趣婿 ǜ。

入作去声：力泣 ì；日 ï̀。

合韵：谁晒吹泪述度。

例证：

西里谁七已意你（“谁”本属灰堆）《照花台》

淒西弥《尼姑思凡》

七女居∶嘘里齐∶一裹意∶裹已《打新春》

的提裹的∶妻世的∶七女鸡∶晒食起泥∶的西的去∶七的鸡∶鸡依希子∶七馀司子∶七里集∶喜妻衣离《李方俏得妻》

季一衣∶题鱼犁∶婿气女，姨奇悽∶妻宜衣∶妻女一∶妻衣提∶悽啼的∶离提述∶须你气∶一力矩∶衣衣提《十一月带五更》

七女婿揖∶姨子婿∶七提婿一∶礼子事∶子耻死《玉姐要婆家》

七女日妻∶一衣妻你《光棍哭妻》

七女里:一衣的:西啼去《四贝上工》

啼妻你凄衣你《十杯酒》

七女裏吁西度《女思男》

衣的奇繄:婿提妻意:嘻知弟去:的妻的济:女宜提去《雕翎配》

西啼提:屈衣欺:息妻西《妓女托梦》

迟提去提意离日离《逛南顶》

提悽低揖:题的女低《叉杆坐狱》

气疑雨皮意泥你局《热客挑眼》

啼急泥西《槑叉杆》

迟提提意妻日离《天津开嗙》

离吉衣一:皮挤里:子提枝去《绣荷包》

胥妻计《小两口上庙》

提齐里:子髻皮裹《绣兜兜》

奇婿耻婿皮:气婿之你女《姑娘二十四标》

鸡衣去惜里妻妓西提期去嘻《绣门帘》

七西敌西《十三月古人名》

七饑气女戚姨《大实话》

西啼的的女的之女的地吃梨驴一妻一的七西驴鸡据的的熙的篱子机子的矩女依啼依的驴鸡据的的熙的篱子机子西死子子地吹梨驴子的死啼你的馀《后婚放刁》

死的趣《婆媳顶嘴》

子己一基的:戏礼地戏举《安德春投友》

氏纪的屈一:批氏皮裹吃:氏你去裹置:迟皮驴裹屈:池裹湿鸡去:皮细枝时子:妻时尸裹批:提氏七的一:妻的死妻去:吁子姨妻依《高兰香还魂》

皮洗底的提子:皮的泪子知吃:裹妻知吃的:婿啼的屈饑《金钟记》

知提的吁急:的屈的实迟:栖的知提妻:啼里知一提《烈女金环记》

一裹期屈:屈去离去尸《烈女阴魂配》

意去的子子《老倭瓜告状》

知婿矩气女《姑娘犁大烟》

女的妻:馀子局:揖子西:息依踢《奇巧鸳鸯案》

女里知一:鱼离的:席子子《贤良女吊孝》

一吃鸡的击:稀俐吃你西:泣的痴急息:之息依司屈:驴驹市七息:之计的市己《圣人劝》

之提死意子:衣气鸡子意《劝姑娘》

奇己的居气:易裹屈直的《忍劝图》

姑苏辙第五 (收63字。)

韵字

阴平:铺夫都嘟孤姑呼珠初梳书 ū。

入作阴平:秃出簌哭忽屋 ū。

阳平:模无涂图奴胡湖狐乎吾吴蹰儒 ú。

入作阳平:蝠服伏袱毒叔熟俗 ú。

上声:母腑堵噜主楚五 ǔ。

去声:布舖墓富赋度怒路漉顾唔户护住处诉 ù。

入作去声:速怵 ù。

例证:

速速五路孤簌夫诉《反调尼姑下山》

初夫都簌:夫都奴:奴都出:哭都奴:出都奴:铺都屋:出都珠:噜都夫:奴都书:梳都书:珠都度:漉都奴:蝠都奴:模都忽:夫都出:出都姑:哭都奴:户都服:奴都:奴都:蹰速:熟都出:屋都夫《妈妈好糊涂》

伏毒唔:忽屋屋:孤哭无《打新春》

路涂顾奴怵出护屋《热客后悔》

出哭屋富处呼《从良叹五更》

姑夫出无《绣荷包》

熟夫涂夫簌:孤夫孤哭胡《绣花灯》

湖珠路夫:姑图墓出《绣门帘》

伏狐毒湖《十三月古人名》

速吴儒赋:怒腑吾堵《三国五更》

伏哭布秃书富《大实话》

伏夫姑叔胡《小媳妇斗牌》

簌奴涂:哭舖书:嘟书俗:出屋图:簌哭无《王天宝》

吾呼哭住母《安德春投友》

夫出楚《婆媳归阴游地狱》

哭屋珠:主无主《丢姑爷》

服袱呼:铺珠乎《奇巧鸳鸯案》

怀来辙第六　(收53字。)

韵字

阴平：挨埃此二字或唱作 iāi 獃胎该街《烈女金环记》叶“钗”“来”“开”“来”，应读作 gāi，或唱作 jiāi 开斋钗筛哉灾腮 āi；摔 uāi。

入作阴平：拍摘 āi。

阳平：呆排牌埋台抬臺来鞋《三戏五更》叶“白”“爱”“白”“来”，《十二重楼》叶“来”“谐”“外”“挨”“爱”“柴”“开”“害”“该”“台”“带”，应读作 hái，或唱作 xiái。“谐”见《十二重楼》，音与“鞋”同柴才裁财 ái；怀 uái。

入作阳平：白宅 ái。

上声：歹改载彩 ǎi；甩 uǎi。

入作上声：百色 ǎi。

去声：爱拜卖带戴待奈耐盖害在蔡 ài；外 uài。

例证：

开来开卖怀腮哉爱《进兰房》

台来来来来钗来《照花台》

台钗来:排筛钗:腮台开:爱开开:怀埃柴:来来:腮来腮:外来怀《梳妆台》

来白排《李方俏得妻》

埃白来怀开:白鞋爱白来:来开来开该《三戏五更》

白台来开《玉姐要婆家》

腮排来来怀挨《十杯酒》

来谐外挨鞋爱柴开害该台带《十二重楼》

钗开牌:开来:开怀:开来:开来:开怀:开来:开来:开来:开来《十朵花》

开排:牌:来钗:白:钗:来:怀来:来:来:怀:来:排来:台排来:抬来:来:来:来埋《妓女告状》

该才爱挨彩盖耐开《四季从良后悔》

腮来排该台钗:白怀来排台《叹烟花》

獃才歹甩该外来奈改白开来《反挑眼》

来怀甩台歹来排改斋《热客挑眼》

来怀在:来来带:台开怀《绣荷包》

开斋柴才《十三月古人名》

排来排蔡:盖在挨在《三国五更》

开白裁开埋拜《大实话》

哉牌白盖百:白色牌怀白白《小媳妇斗牌》

斋胎来挨:白奈腮来摘《安德春投友》

开白牌来开:腮该来台开《高兰香还魂》

街钗来开来:排来来来排:开来白开来《烈女金环记》

壹埃白:来来排:来哉来:台来白:柴开白:台来开:摔怀该:排来怀:来开灾:开来斋:白宅来《婆媳归阴游地狱》

开来开载排《烈女阴魂配》

来怀来:来白腮:来白腮《丢姑爷》

戴来来白带《姑娘掣大烟》

来排该:开来白:宅台牌:牌财白《奇巧鸳鸯案》

埃排来宅《贤良女吊孝》

财待开财呆:白来白才怀:歹带来抬财:怀抬拍来开《忍劝图》

灰堆辙第七 （收48字，合韵10字。）

韵字

阴平：杯碑悲飞妃 ēi；威推龟归亏盔灰辉追吹催 uēi。

入作阴平：黑 ēi。

阳平：培陪梅肥 éi；围帏逵魁回垂锤捶谁或唱作 shéi 随 uéi。

入作阳平：没贼 éi。

上声：悔水 uěi。

去声：贝备配废 èi；对泪或唱作 lèi 跪讳会罪遂穗岁 uèi。

合韵：哈呆白得来迷字地意棍。

例证：

飞吹培:杯灰回:呆来谁《打新春》

亏得龟:黑辉催《李方俏得妻》

归垂培:罪谁亏:跪白回《妓女托梦》

悔谁对帏回对回回《热客后悔》

飞威锤:哈逵黑《绣荷包》

悔贼没讳:飞水梅魁:围肥回《绣兜兜》

魁碑配妃:梅盔会飞《绣门帘》

飞逵飞回《十三月古人名》

催谁罪:悲谁废:垂谁泪《康小九探监》

地飞飞追悲:悲黑飞追归《烈女金环记》

悲回陪灰捶:谁回配随魁《审青羊》

垂魁回垂遂《烈女阴魂配》

推贼飞:飞迷垂《奇巧鸳鸯案》

黑催回围谁:水亏杯备亏《忍劝图》

地棍字意穗岁贝《尼姑下山》(案此条须加儿音读小人辰儿辙始谐。)

遥条辙第八(收 123 字，合韵 5 字。)

韵字:

阴平:包胞猫刀掏叨滔绦高糕羔擣招朝抄烧稍捎梢遭 āo;腰标飘漂刁挑焦交姣浇娇椒敲霄宵箫 iāo。

入作阴平:削 iāo。

阳平:熬雹袍刨毛桃萄逃挠劳牢捞豪嚎毫朝潮饶槽曹啕 áo;遥摇嫖瓢苗描条调辽睄瞧桥 iáo。

入作阳平:薄勺 áo;嚼 iáo。

上声:袄跑捣讨恼老搞好找吵草嫂 ǎo;咬了矫搅巧悄晓 iǎo。

入作上声:脚角 iǎo。

去声:傲抱泡道到套闹乐告靠照罩造 ào;要药庙妙调吊跳轿教叫醮俏笑 iào。

入作去声:落 ào;觉窍 iào。

合韵:搁姥度着学。

例证:

恼好庙草晓讨:敲薄庙:笑敲告觉《尼姑下山》

高焦桃恼了遭交《照花台》

遥睄毛:朝烧浇:吵悄着《打新春》

高条霄交:糕烧糕劳《李方俏得妻》

姣焦滔:了了泡着《十一月带五更》

了焦熬朝:挑瞧苗了:飘遭着包着羔萄《打连城》

敲闹《光棍哭妻》

桃了庙学熬烧学:了熬削烧嚎着《女思男》

乐毛槽了:跳高睄包:了脚腰挑:高刀掏着:雹了遭:交饶了了:薄道了:高挑了潮《切跳槽》

了飘抱娇交到敲嫂报瞧焦到:恼到叫抱老《十二重楼》

高遭曹:滔瞧着:脚饶瞧《妓女托梦》

落嫖傲薄道薄套潮《四季从良后悔》

着条道烧造薄《十爱郎君》

恼好了了脚了找了恼:了咬《五恨领家》

敲焦瞧着:学着着交《叉杆坐狱》

高闹漂摇:轿摇闹瞧:好了高高:道饶敲摇曹了:高烧朝:羔了姥:包飘嚎:了靠飘着学了:姥曹叨:着了学:高遥交宵:遥高高《盂兰会》

高了稍:矫条高挑曹:老桥遭滔,睄捎了:到包了捎焦:熬滔烧《绣荷包》

熬烧摇挠了:豪袍桥豪曹:高焦着熬描:曹朝袍《绣花灯》

毛姣度窍:老了着桃:箫照袍了:了包着睄:劳好着了《绣兜兜》

标高捎飘桥:高飘捎椒脚《姑娘二十四标》

桥朝告标:辽袍道曹:了腰妙包《绣门帘》

飘条烧朝《十三月古人名》

飘角醮袄脚道《大实话》

着着漂:好了巧学:标漂药罩:描遭飘:桃包摇:挑腰挠:漂刁着绦:包抱高:高捎包:嚼飘了:漂着学招:腰敲醮:毛招猫:学薄招:漂着跑瞧包:着包瞧:招学高:掏吵浇:漂着道着:高闹高:糕学着闹抄毛勺:漂调教着:糕敲捞咬毛了:高糕毛:漂学着巧:敲糕着:猫烧:招高条:漂刁着苗:吵勺毛:捞揣毛:刀条饶:漂焦飘朝:焦了咬:学着了:招了挑:漂了学道:俏嫂好:了糕了《姑娘十二标》

高笑脚招了《小媳妇斗牌》

刀胞学焦着《安德春投友》

捣条搞了猫:桥高着桥饶:牢腰咬掏着:草掏嫂包了《高兰香还魂》

梢苗条了学:娇刀瞧刀了《烈女金环记》

着了烧:着了了:调了遭:了了逃:了刁了:掏了漂《婆媳归阴游地狱》

烧瞧啕苗曹《烈女阴魂配》

了瞧滔《丢姑爷》

嚎饶着《奇巧鸳鸯案》

焦吊刀嫂《贤良女吊孝》

刁着高了挑《圣人劝》

学高掏条逃:牢高高学好:招桥交刀着:遥牢袍高着:学熬学高着:着吵着高好:着学着高学:着好勺好熬:叨包挑叨学:着饶搁勺了:嚎了包了学:捎了条着瓢:道要刨牢毫:条搅高了着:叨包刀标道《忍劝图》

油求辙第九（收 64 字。）

韵字

阴平：兜偷钩勾沟舟州抽收飕 ōu；悠忧丢揪丘秋羞休修 iōu。

入作阴平：粥 ōu。

阳平：头投楼喉侯猴愁仇绸稠柔 óu；由油牛流留刘求球 ióu。

入作阳平：轴 óu。

上声：斗抖瞅手走 ǒu；友有九酒 iǒu。

去声：沤鬥透漏够后皱昼瘦凑 òu；旧救舅究 iòu。

入作去声：肉 òu。

例证：

头流头《梳妆台》

舟由柔:愁头丘《打新春》

头油流友:秋头流《李方俏得妻》

楼流羞头楼《三戏五更》

头头流:瞅流油《打连城》

头愁头《光棍哭妻》

头楼流《四贝上工》

流留抽流头休《十杯酒》

头油球沤《雕翎配》

秋楼皱楼飕透头愁瘦休流旧《十二重楼》

昼楼头流:由飕秋:透牛油愁:斗球牛楼:钩头由:手轴仇头:够抽流求:走透头投:九羞留由:有流头秋:走投粥求:酒头愁勾:凑柔流留:头愁头秋《叹青楼》

流愁抖揪救秋《十爱郎君》

流头抖求抽喉头《叹烟花》

愁头透留偷仇酒羞留旧头州《反挑眼》

舅绸侯修:球秋收仇楼《绣荷包》

头油头《小两口上庙》

秋流愁留仇:流流秋州由《绣花灯》

头忧求留由兜头《绣兜兜》

球头后侯:收州閂楼《绣门帘》

秋流头头《十三月古人名》

飕楼肉油头漏《大实话》

头偷留揪羞《小媳妇斗牌》

州秋柔:州悠州:瞅稠头:刘楼柔:愁留秋:头流州《王天宝》

沟由州头由《审青羊》

头流猴:羞头留《丢姑爷》

抽揪丢柔由《枕头案》

丢楼收《奇巧鸳鸯案》

愁楼沟流《贤良女吊孝》

留究油够头:留头留求头《忍劝图》

言前辙第十（收240字，合韵4字。）

韵字

阴平：安鞍搬般攀番翻单担丹肝杆摊滩贪乾甘干堪憨毡粘沾搀衫山搧簪餐参三 ān；烟淹边鞭煙偏篇颠天添间尖奸煎肩监千韆谦签阡扦鲜仙先掀锨 iān；弯湾剜端观关官冠棺宽欢砖蹿川穿拴蹿酸 uān；冤娟圈喧 üān。

阳平：盘瞒烦凡痰谈潭弹难南男拦蓝篮寒涵含缠蝉蟾然髯喒残惭 án；言颜阎严沿妍筵眠棉绵田甜填年涟帘莲连怜联镰奁前钱虔贤闲閒弦嫌 ián；完玩丸团鸾銮环还船传攒 uán；缘园圆原元猿鼋源泉全痊拳权悬眩旋 üán。

上声：板懒赶杆罕惨散 ǎn；眼恹点忝脸浅 iǎn；管转软 uǎn；犬 üǎn。

去声：半扮拌办慢漫饭诞弹擔惮叹烂看汉旱汗桿站绽战颤扇散àn；厌宴咽便遍片面念练炼箭见件剑践贱线县献 iàn；腕万断缎段乱惯换唤钏串钻算 uàn；愿怨院倦眷 üàn。

合韵：咱淋裳凉

例证：

眠年单断鲜寒乾片《进兰房》

番难衫念酸乾难愿：天涟眠怨三仙缘院《反调尼姑下山》

叹看衫面看扇汉：天山站《尼姑下山》

三田欢间搧缘：年前团《姑娘思女婿》

餐酸甘：前钱年《梳妆台》

年乾园，帘盘贤，拦园烦，园年咱 zan《打新春》

天闲园：完钱千三：三诞搬：天言汉搧：园煙川，前搀边莲：钱盘添钱：年看然：缘间安天前先：完宽莲《李方俏得妻》

尖天言三，烟娟莲看，天山弹三缠：天连烟缘《探清水河》

三鞴尖悬，观仙天：天连面圆，然山干间，圆言间攒，圆天酸男：年缠簪钱《打连城》

天摊边宽：言边泉，三单穿毡，边颜般，天莲前换，穿罕烦：天环衫欢：鲜完娟前：前完全欢：前完钱边，三年帘《玉姐要婆家》

圆仙圆：年环扇前《光棍哭妻》

三莲欢：圆天圆：凉裳寒：年钱年间山闲，闲眠缘：参闲完：完年年：年源年《四贝上工》

涟川言前虔天《十杯酒》

鲜涟添钱男难：天惨阎难穿三：寒添前天怜男：年乾边还难圆《女思男》

涟园田番，鲜观般，莲尖翻，欢单间，言观年，圆男缘，欢言观，痰观娟：欢圆边，穿参边，鲜蝉年言：鲜山鞍缘：欢山观奸：

全钏搬煎，宽关园完，看严边年，观年酸，看园欢言，言前天，言篇宽，言天餐，前鸾酸，圆边言，边言山，言原嗒，番般娟，三缘凡《绣香圆》

圆难箭便:鲜边莲颤，间环千练，板翻拦汗，边蹿簪见，簪年圆看，团湾般看:肩前蓝面:边言莲汉，簪言难厌:言欢簪换:言盘难愿:难担天难:圈缘愿:欢言园慢:谈言番愿《雕翎配》

年关箭閒喧看件棉线千千缘见:天年见圆边散全欢叹安言怨:天还惯还圆念恹丹见先乾汉:前莲见喧鞍汉圆园剑言田宴《十二重楼》

山乾院，边钱圆，见番泉《妓女托梦》

年钱遍单绽连叹冤《四季从良后悔》

年娟汉先饭莲观三《逛南顶》

惨怜连难《十爱郎君》

惨连县全，奸边泉，元千板难，烟眠缘，穿三半完，先缘转官，园安见边，连钱眼言，三衫完三，山拦难莲愿全，穿烦算烟，元泉愿缘，观钻咽玩，安言眼难《山泉九儿自叹》

叹旱战咽串院叹:怜钱穿山钱蹿尖还怜:惨懒眼赶脸眼管软散痊惨《五恨领家》

天言单鞭，谈言咱边《叉杆坐狱》

倦娟仙面缘眼般，饭篇倦前玩院环，院帘边沿烟面盘面涵乱丸，点堪谦蓝，钱点般边眼圆炼鲜边腕莲，眼言圆边圆扮弦桿边点甜闲，弦玩板滩湾环钱番浅莲断源《男女双十爱》

年言看番板钱软难烦叹钱《热客后悔》

院烟安烂闲面钱眼含《热客挑眼》

先钱缎棉片钱毡《从良叹五更》

玩娟看边拌莲看三《天津开唠》

年天前:年欢仙:仙边穿安:汗园欢完，完然田凡，谈言言，园边烦:烦言乾乾，煎烦还，天衫边《绣荷包》

弯含环，边前鲜，观男喧:钱山娟，船仙莲，边连喧，观班元:边前前:前山天，还盘欢，川煎年，关关怜:关传安銮，年穿冤，凡官钱《小两口上庙》

天烦颜男番，男蝉川山前:关山《绣花灯》

年天年穿:年仙罕还:烦罕仙，仙边猿，仙篇蟾，仙番髯仙，穿髯诞冠莲肩，完仙官难:干山山仙，仙闲莲妍《绣兜兜》

欢前圆团间，天眩鸾肩番:年欢然前三，全鲜联天年《姑娘二十四标》

烦颜怨三，帘段粘:山关献山，蝉箭船《绣门帘》

年丹关官《十三月古人名》

天原南万，寒然銮战《三国五更》

圆天献天甜咽《大实话》

天监难，淋番炼，眠怜汗《康小九探监》

年圆盼，言翻:弯言念年看《婆媳顶嘴》

天贤间:丹元三，寒天贤:观蹿蓝，穿堪镰:眠翻难，沾烦玩，玩攀钱，钱穿嫌，连千前，怜毡咱，翻咱砖，烟连烟，观眠寒，难烟钱，憨钱钱，烟钱钱，咱缠贤，贤干甜:圆闲完，南帘安，园船园，间间言，钱船圆《王天宝》

欢园欢安男，算钱欢田穿，观前烟衫，言拴边镰前，田宽川蹿前，男鲜还，尖边唤冤难，观边阎边见，剜完边观全，鞍欢观安难，观前拴边然，还边唤涟酸，边冤男还怜，天园三还年，乾烦煎穿园，田年男还安，天眠拦前边，言全园冤拦，边间川言园，年千天端喒，安全间钱衫，间眠前番，间泉边冤钱，完喧间天圆，般喒言前欢，还间全翻看，犬钱全翻间，言番还官难，颠番天男观，欢前拴番前，唤弹观餐还，颠喧烟间前，官欢唤天前，难川言圈冤，言颠边难前，言番前边唤，翻边乾官前，观犬边然前，言番男年涟，言番男残怜，言边颠观前，观拴观看前然边钱边间《黑狗替主报仇》

言穿年钱难，年钱男盘番，酸喒前连怜，观看边喒难，言难言盘天:全边难间寒:天穿年还喒:山天安缠难:前言天钱还，言烦怜边然，涟源言钱看，男言乾言宽:关南环言喒，番间言般源，唤年山缠钱，盘钱难间年:番剜忝言难:钱烟言前田:贤寒天言番，天还难还酸，言前天还宽，贤难间山贤，娟践贱院肝，涟言乾言烟:前钱扦泉间:番言盘言园:男言欢园男:钱言欢间园，饭言言喒前:间源男篇烟，言番还乾难:添源篇园杆《安德春投友》

山衫川钻:缘填欢餐，山全钱男山:山餐端前寒，欢间川餐还，烦关天难间，番官添娟还《高兰香还魂》

偏环南滩天，寒三男山篇，连娟男缘完，年泉钱园难，言番阎乾难，三元贤嫌天，穿怜然缠泉，山田连乾欢，咱间男般先，山怜掀穿难，乾言前山般:言全男园，言全悬传篇《金钟记》

言全难搬园:见衫环三观，环连拴天言:酸前冤天间《烈女金环记》

拴端番，川悬安《婆媳归阴游地狱》

年园钱穿盘，天园娟仙间，番园餐园原，言间娟年山，衫言贤贪拴:天盘玩喒眠，男前严前番，完前言圆前:班娟番拴欢:酸钱男年天，言年篇官田:年寒颠安宽，乾天涟肝园:天欢前天前官翻传《审青羊》

天间单完喒:间酸天阎莲:间怜男谈鸾:言全拦穿甘，酸源天间缘《烈女阴魂配》

年冤观县园全:眠衫蓝:欢田间:观园南，涟烟天:前番男，搀全言:搀天源，男还园:言乾还:番前乾，番前官，全玩关，嗒完完，田寒间，完天官，边怜间，全衫蹿:前番完:言天瞒，言宽悬，还然冤，难千前，言完天，完奁完，欢天男，男全娟:端冤钱，完传贤《丢姑爷》

三前天欢天，完欢淹缠，天间难穿边:烦言面言泉:番言餐园传:三前锨憨剜，言憨边男冤《老倭瓜告状》

銮传边川全，三男莲颜钱，篇线参钱田，天欢篇烟钱:间怜完园乾，天烟言篇烟，欢篇前烟钱:娟颜篇欢园，完边般端番:言间间烟线:边言言言边，欢边参言间，边端川番，钏田嗒娟:餐园烦篇缠，滩然餐天阎，前番涟阎娟，完三筵欢翻，涟言言蹪鲜:天关言间娟:边沿蹿宽穿，言前间穿边:完间蹿宽娟，盘翻前，还涟:娟年欢眷缘《姑娘犁大烟》

篇玩安钱娟，完三欢拳眠，前言言烦权，前穿眷环言，间眠衫边言，冠般翻前看，见翻源蹿番，冠言娟颜官，官番天男园，娟宽冠言前:言眠娟颜参，言园监言番，前天难天园:言年篇攀田，泉言年边肝，言园言官男，言间县圆尖:前言言观番，言边烦原钱，言全酸言男，间边番惭番:番全安三边，言见言官冤:言烦圆千串，欢圆甜山篇《枕头案》

钱边班:寒搬间:班专圆，堪嫌钱，间奸川，观颜安:环擔天:三乾园:观间娟:言园天，难钱件:还年连:般嫌天，言钱园:怜园官，前原钱:言缘船:言签川:前关天《奇巧鸳鸯案》

天盘钱难，酸嗒穿连:园战蹿，间年天嗒肝年:前言悬全，间悬甘，言男宽间:男穿年:全穿男:间漫番见:前川言钱，嗒甘天，圆嗒面，言阡贤，酸还间圆，年单难，嗒阎莲，间砖前，战砖前男，乱前山边，□前烟，天蹿观棺，天面嗒，间缘肝，漫观

酸，寒搀园:点园全传《贤良女吊孝》

天娟换阎寒:天冠拳官鼋，钱怜观钱尖，阎严官前缘《圣人劝》

完环翻杆鲜，环面簪边罕，全单边办钱《劝姑娘》

言边办烟边，年般滩绵:传年般番山:全怜山贤，先丸全园俭:男贪男番冤《忍劝图》

然言南，面贤间，穿罕穿，还连钱，烦难难，番钱乾，番言年，言贪千，冠翻年，言衫言，天寒贤，煎看烟，衫砖乾，搬衫天，战般钱言，关先，边难钱，翻言钱，餐钱餐，言煎园，战天言，番泉酸，怜番言，言然贤冤烦田，钱钱园，冤咱前，全冤餐还，全还男，钱言还千，言原山，卷练贪，田贪贱，莲烦鼋，男山拳，山男钱，园咱钱，年欢难，田千田，钱衫天，原篇年《佳人劝赌钱》

篮园娟鲜连潭丹年喧言联弦弹弹天怜嫌惮单欢环仙环砖旋环仙欢观《鹦哥对答》

人辰辙第十一（收108字，合韵28字。）

韵字

阴平：恩分纷根跟针真斟贞嗔深身伸 ēn；音因阴姻宾斤巾襟金筋今衿亲心新 īn；温墩橔吞昏婚春尊蹲村孙 uēn；君军醺 ǖn。

阳平：盆门焚坟坟哏痕沉陈尘晨臣辰神人仁 én；吟银贫淋麟临林勤秦 ín；闻文纹屯魂唇存 uén；云雲裙群寻旬巡 ǘn。

上声：碜沈忍 ěn；忖 uěn。

去声：奔岔粪恨阵椂 èn；印聘禁劲进尽噤信 ìn；问顿论棍困混顺 uèn；运竣 ǜn。

合韵：衣风灯疼能更睁成程声生应冰明暝名听庭亭宁咛惊青情行宫中容。

例证：

深心裙聘吟人唇恨《反调尼姑下山》

深裙问:恨运混问门困《尼姑下山》

针斤巾人《照花台》

沉门人醺，身人分，盆心淋心，神心君，恩云云，门亲心，盆阵神，君恩亲:人深心，存人身，橔存人，根人心，身心寻人，人襟人神根门陈，身存身门，身根人身:门心恩，身门纷心，心身人真，身心人，门心纷，人分寻，门吟春，碜哏身，音人心，魂心纷，跟君人，门心神，尘因君，身人身，忖心人《佳人饯行》

屯根人《梳妆台》

春心门，人阴墳，根恩，人亲春:晨心人，焚真阴《打新春》

君人唇:身门云，门唇门阴，门闻《李方俏得妻》

禁盆门根，人春《打连城》

根纷人《玉姐要婆家》

门人人《光棍哭妻》

春纷人群吟门《女思男》

人心群劲:心神人春:因人门分:门云辰顺《雕翎配》

麟人心人，门人人:人心心:人人心人，门人人，门裙门，进吟云真，信人心:人真心，盆心人人，心人尘，春心人，人深纷，人门音，衣人心《切跳槽》

禁心信焚音印神人分吟真运:春纷问深神忿云闻顿心人论《十二重楼》

恨棍问信顿忿竣混恨《五根领家》

神人尽神忍论心《热客挑眼》

根针文:宾臣神新:金君纷，文军神《绣荷包》

军臣军《小两口上庙》

新心深噤人，君春存身春《绣花灯》

神吞人，论心魂：新人君：春金温文《十三月古人名》

春斤粪根亲问《大实话》

哏根恨：哏门恨《婆媳顶嘴》

亲村银，存亲焚，贫人门，姻人盆，斟巡门：淋亲门，亲人心，嗔亲吟：君文人，临心门，辰亲纷，春存门，真心门，银春人，身门闻，阴心纹，人旬人《王天宝》

心真贫人身，闻云门存春：云门文春恩：云身根心存：身吟门云心：人真云因雲：纷心人阴君：裙心云真亲：忖心真神阴《安德春投友》

屯银文分屯：心筋银人心，人心真人真《高兰香还魂》

门淋魂心阴《金钟记》

人君心亲恩，心春今亲恩《烈女金环记》

闻魂村，贫贞墳《婆媳归阴游地狱》

心亲根孙心：门真襟痕门，沈人分襟因《审青羊》

纷因真君心：纷心音墳榇《烈女阴魂配》

亲金亲：真真心：门云门：金亲跟，亲云心：银因人：沉纷人，云心亲：人真人：真门云，银分军《丢姑爷》

身哏伸阴人：心亲根孙心《枕头案》

村陈林：村仁春：贫亲吟：沉门人：林亲门：心村筋：纷群人，勤林门《奇巧鸳鸯案》

林文人：君雲门：林文阴：吟真人亲：君秦人：云亲文阴，裙亲真：人墳君人：昏墳云人《贤良女吊孝》

文云心分心，坟恩心门，君尊恩心魂金，人心墩心神：贞心门亲云：裙人阴身人：人勤心奔人，人心人蹲分《圣人劝》

人心勤人人，勤人心神人：身心尊人根，身魂问心身，心人孙人心：人裙心人神《忍劝图》

音心林身：明声君雲亲成林《尼姑思凡》

青庭亭声情心身门亲人，声咛心身门亲人，声门心亲中，声门听声亲中，声明门灯亲情，声明亲真，声明亲恩真，声身程亲门，声行雲宫亲能，声明行亲真《斜倚栏杆》

声行论行程《梅月五更》

人门人行程冰，君门心身襟亲《十杯酒》

声人身，亲分门，声疼更，明惊瞑，声心情，睁门恩，声人应，名灯衿，声神疼，容身更，声情风，行宁听，声婚人，心惊心，声风生，纷人人，声成纹，唇人身，声身门，贫心门《烟花女子叹十声》

江阳辙第十二（收156字。）

韵字

阴平：梆邦方妨坊芳当哃裆汤趟缸刚冈岗纲康夯张章彰娼昌伤苍仓桑 āng；鸯央殃秧薑浆江姜疆枪鎗腔香乡相箱厢 iāng；汪光诓慌荒妆桩粧庄装窗双霜 uāng。

阳平：旁忙盲茫房糖膛堂唐搪棠儴郎狼榔扛行肠长常尝偿裳藏 áng；阳扬飏洋羊杨娘凉樑量良糧粮梁强墙详祥降 iáng；亡王狂黄簧皇煌蝗惶隍床 uáng。

上声：嗙访掌场赏嚷 ǎng；养瘩痒两讲抢想 iǎng；枉爽 uǎng。

去声：傍放荡戆炕帐账丈障怅倡唱畅上让丧 àng；样恙亮谅量酱匠巷向 iàng；忘望旺逛状 uàng。

例证

房香上上妆忙帐上上：床裳郎逛肠忘行丧《进兰房》

放房香上:枪裳娘掌，阳详乡郎:肠郎床鸯《照花台》

鸯上郎娘:薑糖房黄详张:薑糖凉:扬床忙:强膛凉:养方旁:嚷盲床:藏肠伤:浆汪郎《探情郎》

阳凉黄阳黄凉:当香忙郎床凉:阳相趟香裳当《姑娘思女婿》

堂汪郎娘堂凉:伤双娘双妆旁《尼姑思凡》

霜忘江江乡:霜忘上上王:霜忘光光堂《斜倚栏杆》

黄桩方《梳妆台》

凉裳凉:强当忙:房樑霜《打新春》

汪江娘双:娘伤亡光:阳床慌:傍详床:当方方:妆箱房:香双房:粧傍郎:嚷浆糖《李方俏得妻》

亮阳放房《十一月带五更》

墙窗房香梆《三戏五更》

忙床堂长《探清水河》

房常强粧凉:峝茫伤郎王:张央忘妨狂:尝鸯狂肠量《梅月五更》

长房张郎:娘汪强双:黄娘房阳:伤长黄姜《打连城》

黄伤凉娘:忙妆当:箱双缸:凉王鸯双《玉姐要婆家》

黄场上飏伤:长裳亮双:凉伤浆肠《光棍哭妻》

长场场，当床当:房郎娘《四贝上工》

郎妆汤乡肠洋:上浆肠床汤场肠:汪乡肠肠上狼《十杯酒》

阳香膛裳凉忙《女思男》

强郎王长《绣香圆》

黄堂光样:扬郎上忘:娘王娘量《雕翎配》

长光上当堂望伤娘恙房黄样:阳黄放凉桩样房双帐窗长唱《十二重楼》

良伤枉光，上房畅良《四季从良后悔》

凉裳上亮上凉光《逛南顶》

房郎黄亮刚:荡香样长样光《十爱郎君》

娘伤汤上:娘量娘上:良汤诓账:强苍场上，伤汪当账:良郎场榔《五恨领家》

房汪样张唱炕香《叹烟花》

伤肠良巷汤场簧赏当娼良《反挑眼》

缸香枪香张:当儴行:良当场《麄叉杆》

伤汪娘巷:乡坊狼样:量伤汤唱:张王郎上:浆汤常帐:郎伤香样:郎上狂放:伤凉张放:光强霜样:忙霜苍上《妓女悲伤》

凉裳上光娘上凉光良《天津开嗙》

场良方想肠量娘旁房妨房当床倡养强行房两良忙上长当光堂常墙上房粮当枪光掌嗙良《阔大爷诓妓女》

房汪肠箱:房箱张量:皇娘冈:黄窗煌乡:望行凉肠《绣荷包》

房凉郎娘:张量香郎:床双忙:膛行床:详傍行床忙详:裳霜鸯:香放上:旁当上:强乡阳:长堂上:郎洋羊:王场堂:唐上王:皇行裳:房郎香《小两口上庙》

忙桑郎扬乡:王娘王王邦《绣花灯》

房箱上量:香苍香:光郎夯上:忙黄长粮桩:庄乡汪郎:娘郎房:凉床房床《绣兜兜》

狂行强郎妆:娘妆帐房场:强床黄长凉:长量当床房:忙场装良场:强当上扬乡扬《姑娘二十四标》

阳娘王:郎岗状王《绣门帘》

黄郎唐章《十三月古人名》

长糖酱墙仓上:凉裳炕凉娘丈《大实话》

乡方庄缸:缸房匠量:行量:量上缸双:缸娘妨:匠双:张缸:房缸妆:伤障缸娘蝗缸:妆香上香香厢裆当堂:娘娘厢双堂装慌癀缸:匠娘缸:缸光香阳娘:狂蝗缸:娘箱:娘娘娘庄庄乡房《王大娘锯

缸》

乡娘双:乡堂:枪嚷王:妨傍裆:妨匠上:妨藏上:妨纲汤:妨堂痒:妨方房:妨房上:妨鎗王:张乡娘《小放牛》

良戆常两上《婆媳顶嘴》

裳房良:裳黄娘:狂慌:阳床糖:详乡郎:房娘乡:娘房惶:娘房娘:阳房房《王天宝》

光娘香良常:上娘汤当娘:汪伤冈肠娘《安德春投友》

强当妆王阳:春堂行昌糧:当双强郎堂:良堂良常郎:光昌坊郎王:彰王详香殃:忙上当旁良:乡黄厢王缸:忙妨香娘搪:访香床上康:忙娘郎忙量:肠床忙香娘:香上庄量王:妆良祥汪娘:伤张亡当丧:庄伤飏旁良:堂当香缸:堂张详堂郎:洋双常王张:祥阳乡堂霜:亮堂光妆肠:详上坊扬《高兰香还魂》

床箱详尝汤:量裳汪详王:乡黄央娘:方房障房行《金钟记》

强桩岗纲光糧:郎娘狂郎娘:郎当乡王双:旁堂腔枉:皇郎长裳:黄妆堂裳:汪详狂详当:张腔娘偿张:裳阳乡阳枉《烈女金环记》

桩羊郎双王:房祥方章娘:双当当扬嚷:央乡乡:方郎房窗鸯:堂郎张枉:娘上详裳肠:汪裳郎伤郎:郎伤郎丧伤:量丧讲肠郎:庄张嚷当羊《审青羊》

强桩庄糧良:双章强上娘:桩郎章娘:娘床王郎堂:房详长汪亡:汪乡丧张张:汪降丧肠房桩:娘亡阳忙娘:娘张长章娘:当汪阳缸当:当堂肠乡郎:娘丧旁忙庄:桩隍良堂双:扬郎堂光芳《烈女阴魂配》

双黄光:娘房娘:桩旁阳:忙详堂:堂娘房:忙娘堂:堂娘娼:堂慌皇:香常郎《丢姑爷》

乡场房乡忙:房常忙乡扬《老倭瓜告状》

行详上娘谅:场忙旁娘堂《姑娘挈大烟》

箱疆方:亡肠箱:娘房行:场傍:膛良装:旁详忙:慌庄妨:嚷娘当:娘扬堂:常良光:霜良长《奇巧鸳鸯案》

妆乡当:娘旁郎:姜梁江场《贤良女吊孝》

娘郎长上娘:忙场降忙荒《圣人劝》

良详娘粧上:娘粧长量强:娘上向娘光:量鸯裆样帐:当亮箱堂缸:光亮双光央:当娘上旁详:狂嚷娘良:常良缸娘:趟让装娘:详良狂嚷当:扛良康樑娘:光上抢枪上:上上上上量:庄旁阳旁量:上床上庄当:趟岗当装旁:光旁扬秧上:上光王当祥:娘当糖枉:上想当秧长:尝香薑量:上光放上旁:慌当阳裳当:上娘娘旁方:量样汤糧:上装光箱堂:爽量旁狂讲:上旁长荒娘《劝姑娘》

强房强扬光:刚肠长光当:房章堂双娘:行郎裳光伤:苍上旺堂王《忍劝图》

黄香香嚷扬放香藏香:香郎详郎床床床香香香阳香香棠裆藏香长《百花名十采花》

娘郎娘章郎乡忙《鹦哥对答》

中东辙第十三（收209字，合韵20字。）

韵字

阴平:绷崩烹风疯封峰锋丰灯登蹬更庚坑哼正筝睁蒸争征称升声生甥昇陞扔增僧 ēng；应英莺鹰冰兵仃钉丁盯听经精惊京睛兢清青轻倾星兴 īng；翁东咚冬通公蚣工恭功弓宫躬攻空轰烘盅中钟忠终衝充冲宗蹤踪葱鬆松 ōng；胸兄凶 iōng。

阳平:朋棚朦盟蒙逢疼能楞横恒绳成乘程城承诚层 éng；盈营茔赢蝇迎平屏瓶评明名鸣冥亭庭停宁柠拧灵零铃翎凌玲伶绫情棂行形刑 íng；铜童同浓脓哝胧聋龙笼隆窿红洪重虫容蓉绒荣从 óng；穷穹熊雄 ióng。

上声:猛哽撑省 ěng；饼景请醒酊 ǐng；拱哄 ǒng。

去声:碰梦凤奉瞪愣更正怔症圣胜 èng；应病命定令敬净静竞杏 ìng；动洞痛弄供重仲送诵 òng；用 iòng。

合韵:盆门痕恨枕身伸人银瘾金斤今心新问春存云君。

例证：

胧逢情风东灯胸梦《进兰房》

咚公送:明经圣《尼姑下山》

东清成明冰升应:明声聋应疼情情《照花台》

盅行情盅，明风声中:宁冬情《佳人饯行》

正灯鬆青明哽，明筝蚣青情疼:风灵成灵从情:冬清疼英红疼《姑娘思女婿》

胧中东中浓空《尼姑思凡》

亭情行《梳妆台》

风冰情听清成《打新春》

龙登重东:工宁工:青零晴坑:中笼坑精:英听成铜:青工冬:冰用咚，英坑成，生东扔:成能红，中更坑，平明轰，朦成疼，成清容:中成铜:咚中盈:盈精中，空成情:明蓉坑，红零正，葱铃中，轻情更，冰称红:明情钟东《李方俏得妻》

升清情英，中灯明通:浓胧中英《十一月带五更》

冬声中容:明情庭能:明中宁烹，痛疯瞪盈，行明童乘，程情灵平，星行灵，中情轻层《探清水河》

龙登宗城，灯中成，正成猛成，行红中成:行庭红，风睁容中朋病轻:中听城《打连城》

营称穷，屏成容，隆成生，容风情:东明风，窿情虫《玉姐要婆家》

绷声生，生命，清命，成生清，庚生公，生清承，生星成，冬通

仃，兄成情，承情庭，铜情绷《绣花绷》

明茔声《光棍哭妻》

正工棚:明停行:明从行，中明应，从中明，明灯情《四贝上工》

明盈灵哼饼童《女思男》

听明红，明行诵，青惊风，逢中承:精莺情成《绣香圆》

明茔青动:情翎蹤定:明零登风:中生宗送:盈听情送:从庚兄敬，中庚生冬:行生明兴:恭童听敬《雕翎配》

红情情《切跳槽》

中情送名灯胜听封重程行痛《十二重楼》

中程中，衝横生听坑同《妓女托梦》

从红景亭送庭哄胧《四季从良后悔》

冬容命城命名正生《逛南顶》

情升坑定中《十爱郎君》

咚胧中空，明情灯声《叉杆坐狱》

情兄情名灯《戳叉杆》

情红用英空正坑《从良叹五更》

冬容命名命弓名平正行红《天津开嘮》

容冬童东中程中:京中通:声宁精《绣荷包》

蹬钉清:青甥名，英熊功:宫莺生，英生容，生生童，绳红中，风葱怔:经精空《小两口上庙》

正红绒灯听，生城通公风:冬红灯名听，青风怔《绣花灯》

青红明:京名成，宫名行成，青精庭名《绣兜兜》

精亭灵成中，青柠红楞零《姑娘二十四标》

经空洞兵，莺情病生《绣门帘》

登公城《十三月古人名》

明声红净，惊停公重《三国五更》

正灯洞鸣更供:冬风哄窿僧病《大实话》

清红赢情，红赢清称疼《小媳妇斗牌》

京声情工，冬情胜城，声盅静省，情清哼，声工葱，更青疯，声蒸葱，柠红疼，声风省，中冰中，声声更，声中钟，声增铜，中京坑，声疼平，轻疼工，声灵中，听空成，声行钉，红生城《老妈叹十声》

声营轻，通弓城，声停盟，蒙轻崩，声零程，能忠凶，声空明，停情平，声轻名，情城蒙，声名情，中功名，声凶城，凶升形，声鸣笼，盈兵城，声鬆明，兴青登，声中承，能刑刑，明烘雄容声情《康小八叹十声》

咚惊送，供宁动，程中痛，明生敬，朋行重，中声梦《康小九探监》

声情扔，睁应灯，声灯盅，鬆丁能，声星崩，松风精，声疼醒灯，明脓空，声惊蹬，能情崩，声盅穷，铜灯丁，声哝穷，红扔冬，声哄雄，明听扔，声盟灯，穷蒙净红，晴零晴，雄轻城《烟鬼叹十声》

声情经，通名宗，声程名，城灯城，声宁亭，兴名营，声程红，情更筝，声名令盅，公容钟，声名明容听从，声容棚，昇恒功，声疼听，名中仲平，声风穷，空朋城，声营逢，穹蒙蝇《王三公子叹十声》

声情京，工容容，声停中，行城穷，声听成，明听虫，声中情，容诚铜，声荣青，轻零增，声城空，宫听钟，声中情，声轻生，工成生，声听城，声睁成，行中更《老妈回家叹十声》

声兄疼，声凶星，声疼红，经行笼，声情情，生蹤成，声功哝，盅灯应，声空经，铃钟亭，声封行，中逢空，声灯中，声咚窿，声东空，情争生，声东灯，行乘宁，声明成，峰荣登《小

尼姑叹十声》

生中明，公城仃，躬城朋《王天宝》

洪龙成增平，成奉坑中清，宗城营升冬，零容穷东城，恒营隆零名，升东令零明灯，工行朋丁明，城零坑升冬，承明中经铜，升宁封中程封，程听铜情应，程行成铜中，行升声行公，程青城零中:听凶成明升，情名停明扔，中行鸣平听，升营同中明，铜明中横中，名甥情中明，明情名情朦，明东中城情，程行容名升，明中楞崩情，明营升生坑，供中凌听中，情承中功封《黑狗替主报仇》

行疼明生程:中朋兄铜明:情盈空行城:听成空行宁:声宁成空烹:庭清情空声:生城隆东宫:称成中京工，称容中东症:命东情生中:兄行声疼逢:明东听承中，称中听应攻:兄轻充听名:灯容冬盈，雄行容情功《安德春投友》

更灵程明盈:灯明城行明，睁咚明惊冰，凶红东声睁:庭红轻童用，雄朦情蒸鹰:灯窿瓶扔睛:朦风中从中，清明情城评，城情风惊风，容平庭冬中，坑明清中灵，情明情灵竞，评容灵中从《高兰香还魂》

能容成情玲，中容玲通成:明玲行中明，中称冬庭声:躬情庭穷情，能明清容情:玲清成名玲，惊情红能轰，情中玲情刑，刑情供兢声，明声扔玲情:声公情玲中:惊能充承容:公听生兢丁:中停明能公，宗行容横丁，灵容丁容:能城清行容，轻情停能刑《烈女金环记》

声通停庭情:冬逢争冬扔，睁东轻疼星:称盟能争行，应宁名中公:庭中公成哄，灵行莹清名《烈女阴魂配》

童冬情，冬成中:明睛听，中更中:盈童甥，烘灯睁:停明清，能中生，行精坑:声升明:行中成:承中童，睁轻攻，庭惊中:蹤朦成∶城中升∶情通东，平情明，情容供∶声承刑∶生承红，刑承中，供停红，城城中∶明红茔，睁灵城∶升听名∶平兄生，容成冬《丢姑爷》

崩通行∶情供生∶生更成∶更行惊∶茔听中∶中明情，庭城东，明封宗∶封绫通，明宗城∶东明生∶棚朋中，棚哄东∶停绳明，平容风∶情棚丁∶情封红∶封零名《奇巧鸳鸯案》

登宗听城∶东庚容，精容名∶情盈坑星∶听名中，听名听∶中红宁情，停平清，能中灵情∶中行能，能中冥，停从中，停绫中，程庭盈容，明中程，中宁惊∶明称情明∶明庭终《贤良女吊孝》

明风虫听生庭生听平生胸中兄轻平通风征坑听灵朋钉棚虫绳蒙通行兄听情中棚甥棚明声甥应行明生楞蚣红青红公蝇虫灯经听供虫拱声蝇听通明行兵名情咚灵声瓶虫翁行扔坑鹰轰鹰《蚂蚱算命》

生兵锋营城营听兵雄兄红中声成兵城令听营兵烘蒸葱踪能踪惊通层灯丁凶空中饼声坑盈饼窿平《饽饽阵》

更灯棖定，生金灵能空，更生棖惊恨情，情人瘾春问，明声迎听人，情人清明定，更灯庭绫枕，盈登金重，更明君醒送，明君庭宁病，明听斤瓶饼，升盆红杏《山西五更》

风情愣灯钟星请碰行疼心病功《反挑眼》

声程行，情烘城，声蒙名，坑瓶灵，声行冲，红星情，声铜铜，情兴充，声风成，风躬蒙，声登名，穷听承，听哄行，明听中，声痕仲城，情成更声哄生，情中声，声容登《王三公子回家叹十声》

明中钟情命∶恒笼凶名承，更坑愣明命，东胧崩风中，惊命听星明，城庭庭伶声，中情咚生成，盈胸明恒凶，咚东名城容，灯朦行蹤东笼灵中明∶恒中通升，身云容松升，行容声停升，行中中明情，听容通城明，红行情经楞，明供平明情，听凶情，承丁横中名，生声明情明，公恒生坑中，东胧东命情，明恒明承承，刑停声供名，明恒充程充《金钟记》

中生城，兄营城，蹤东通，穷弄红，情生终，清更中：明朋棚，冬清程，行风情，冬更痕，中庭行，声惊声，生弄成，盈宁封，踪明听：容程庭，公容明，零中兄，朋荣封，扔声听，存情明，宁容清，听中从，行封能，听容情，听弄终，横哼城，清生情，诵疼城，名灵声，能灵城，风情宫，绳明情，零功冬，盈程生，情增城，城行封，清中绫，绳刑青：中行灵，城容中，听生名，忠蹤容，情平明，成情名，清应情，庭平宁，敬攻名《婆媳归阴游地狱》

明青风停容：声中咚平蹤，盈情生通伸：刑疼明生盟，生停平情冲，扔青情明声，通凶生胧平，名容城红名，红风哄情鬆，哄生轻陞轻，灵清应蒙风，声风生红烹，睁行能空终：中情程中声：声凶英城宗，更生声情中，中封容声容，明生封灯声，声精凶倾生，明听通凶容：胸惊胸中宗，中声中明停，明听明冬中：胸明命刑情，冲刑明承供，中行生容中，生英青停城，宗中穷成增《审青羊》

今新城庭穷，龙容重工清，门云灵成伶，明听盟冬情，中听盟从情，中兄听成中：程容冬胸庭：中听成明城：冬容明工冬：宗朦清中龙：城中中行宁，朦听明听中：中明朦听城，中成人云门，中生生横能，红听明声中：灯胸成伶凶，明听容终中，酊胧胸城容，门行春门云，停中动能中，鬆情平鬆情，红鬆情撑城，红风崩窿红，城朦胸中能，明冬明凶扔：成零崩成明，穷笼中扔盈，风明明凶能，明清明清，惊凶停风中：存云银云人：停扔红兢听：笼平听清容，明听明风城，中明零听中：龙明红承刑，明

情承公扔，春行能生绳，平红听情刑，称明扔情平，名承中凶中，供中城行名，明红中刑容《老倭瓜告状》

通中功灯君：明丰容穷盟：明生轻精童，明容生净正：冲听成生生，明程平程行：明丰冬攻明：从容盈盟生，中明明从容：停听中成行，声用明扔行，蹬行声灯声明，声容空容，成清明城容，声声生程容：风通蒙零崩：生鬆惊鬆攻：生听灯容同《姑娘犁大烟》

增宗营生冬：声停胸胧冥，睁胸惊冰生，情容名生风：声疼咚应行，行零成中坑，明东声中情，痕蒙咚疼声，松行声容成，停容铜行功：停中停情中，声听应倾停，称哼名平情，中胸听峰咚，扔城生明中：停生情盈中，蹤行惊情经：红明情刑承：中东惊容停，平声明盈情，声明中声盈，平坑生功盈，乘行明程风，生行重逢更，烹红能空终：营称盈成瓶，盈星充容盯，听倾生盈，声明功声承，铜充声称庭：盈听营生东：情城情城明，营公终情盈，程明容盈声，城朦停中红《枕头案》

清中烹灯生：听增应容听：听争红生轻：平名伸鬆名：凶增应容听《忍劝图》

1938年11月3日脱稿于昆明柿花阁

1941年4月4日重订于青园

后　记

吴晓铃

老舍先生住在龙泉镇的宝台山上除了完成《大地龙蛇》的创作之外，还为罗莘田（常培）师的《北京俗曲百种摘韵》写了一篇序文，被我忘了。现在中国现代文学馆工作的舒乙同志（老舍先生的独子，因为在他前面还有一位在济南生的大姐舒济，故名列乙位）提了我个醒："我在文学馆书库中发现了一本罗先生的《北京俗曲百种摘韵》，是1950年来薰阁修订本，上有爸在昆明黑龙潭写的序，时间是1942年。这序以前没见过，当收入《序跋集》；另一方面，也为您记《老舍在云南》多了一笔素材。此书似已失传，但在学术界还是颇有影响和市场的，我见不少专业书中就多次提到它，可以借此机会宣扬一番。另外，陈济川先生的序中提到阁下的大名，一切编辑之事全出于阁下之手，装帧也讲究，对书本身的出笼大概您是第一权威了，正可大书特书，想来，又是一篇妙文。另，陈序中有重庆初版本'遭了光荣的厄运'一语，我不解其意，大概别的读者也不清楚，可以解释一句。"

我现在有些魂不守舍了，因为将在9月初有万里之行，而且羁旅又是一年，需要做好多必要的准备。现在只能就舒乙兄提出的问题做个"答记者问"式的解释，称不上"妙文"的考语。

关于写作地点黑龙潭：黑龙潭与龙泉镇只一山之隔，是昆明著名的古迹。明代的一位名士薛尔望在鼎革之际阖门沉潭殉国。其处水清如镜，而另一侧却是浑浊的。其时，北平研究院的历史研究所在那里借居，徐旭生（炳昶）所长住在一座两层小楼上，户对高达寻丈的朱红山茶树，秀色可餐。老舍先生应徐老之邀前去小住，是几位“翰林学士”和我陪同安步当车而往的。老舍先生的勤奋是众所周知的，赏花成了次要，为《北京俗曲百种摘韵》写序倒变为正事，这种“见缝插针”的筋劲儿，实难望其项背。

关于《北京俗曲百种摘韵》的出版：这是罗莘田师根据民间文学专家常维钧（惠）先生替北京大学刘半农（复）教授搜集的一百种曲艺唱本用“丝贯绳牵”的归纳方法整理出来的一部专为通俗文学作家参考和使用的北京口语韵典。一般韵书大都是分部凑字，这本书则是完全从曲艺作品里归纳出来的韵字，所以它在创作实践上能够起着具体的指导作用，实用价值很高。这是莘田师在专门语言学术著作之外所写的唯一一部大众化语言学著作，也是学者专家在抗战时期走的一条崭新的科研道路。

关于重庆初版本“遭了光荣的厄运”的说明：这部书写成之后，由重庆的国民图书出版社因杨今甫（振声）先生之介而出版的，是即初版。不料这部书的出版竟首先在重庆的《新华日报》出现了积极而热情的反应。新华社记者郑之东同志（现任中国文字改革委员会研究员）以“林曦”的笔名写了一篇书评刊登在1943年4月22日的《新华日报》上，于是竟被列为禁书，一下子便永世不能翻身了。

关于1950年北京来薰阁的修订本：来薰阁书店是北京琉璃厂一所著名的古旧书店，店主人陈济川（杭）精通版本目录之学，享有国际盛誉，是书林中的奇才，可惜也在浩劫时送了命。开国之初，他邀请了他的好友郑西谛（振铎）、魏天行（建功）、傅惜华

(宝泉)和老舍先生为他编辑了一套《古今民间文艺丛书》,内容以发表新曲艺作品为主,辅以同一题材和内容的传统作品为借鉴,总共出了三种:老舍先生的《绕口令》,相声名演员孙玉奎的《八扇屏》,作家流沙的《推销土产》。封面题签出自魏天行师法书,装帧由剪纸专家陈志农设计,的确是"装帧也讲究"。此外,还出了两本《古今民间文艺丛书专刊》,第一本便是罗莘田师的《北京俗曲百种摘韵》,封面题签是我请郭沫若院长题的,压在清代专卖曲艺和戏剧钞本的"百本张"印记图案之上。除了老舍先生的序文之外,还把郑之东同志的书评收入,作为序文二。第二种是业余作家张善曾为配合婚姻法的公布所写的《有关婚姻问题的相声》,共三篇。后来由于私营书店不能兼做出版工作,就收了摊儿。

坦白一下:不单一应编辑工作是我唱的独角戏,就连陈济川掌柜的序文也是我捉的刀。郑、罗、魏、傅、陈和老舍先生都已作古,关于这个昙花一现的丛书,我也成为仅存的"海内孤本",但是担不起舒乙老弟赠予的"第一权威"头衔,听到"权威"二字,到现在我还吓得"洒狗血"(京剧演技"战栗"的术语)呢!

附录

出版者的话

依照我们的出版计划，是在《古今民间文艺丛书》之外，还有和它相辅而行的《古今民间文艺丛书专刊》。前者只收新旧各种形式的民间文艺创作，后者则以富于研究性和参考性的学术著述为主。如果说前者是拿普及作目的，那么后者就可以说是比较地在提高方面着眼。如果说前者是偏重实践方面，那么后者就可以说是把重点放在理论的探讨和历史的爬梳了。我们认为在提高方面，还是为了把普及搞得更好；理论不仅只停滞在唱高调，而是能够和实际碰头作密切的结合。两者是相成的。所以，我们大的目标只有一个：面向着工农兵大众，努力把民间文艺往前再加推进一步。

于是，罗常培先生的《北京俗曲百种摘韵》就以《古今民间文艺丛书专刊》第一种的形式出现了。

罗常培先生是中国科学院语言研究所和国立北京大学文科研究所的所长。他在国内外学术界的崇高地位和伟大贡献是大家都知道的。这书虽不是他的什么皇皇巨著，但，他在卷上说明了历史的发展，在卷下列举出分韵的现象，却是应用了科学的归纳方法，完全从实际出发，供给了民间文艺作家们以写作用韵最具体的资料，并且，告诉了我们这是人民大众经过长久的斗争自己所创造的欢蹦乱跳的活宝，拿它来表现敢哭、敢笑、敢骂、敢爱的种种自然由衷的情感。我们相信这书一定会发出它的光亮。

远在 1941 年，这书写成于昆明。最初，它的卷上曾经发表在同年 11 月 8 日、15 日、22 日和 29 日的香港《星岛日报》的《俗文学周刊》。那周刊是今年 2 月 28 日在北京故去的戴望舒先生主编的，罗先生愿意把这书用来纪念那位拥护民间文艺最力的诗人，我们特别在这儿提出。

到了 1942 年，这书在重庆出版，不单校印太坏，而且遭遇到一个很光荣的厄运，没有能够流通普传。现在，我们请罗先生重新校订一遍，再印出来，几乎面目全改；我们喜欢，想来读者们也是高兴的。

郭沫若先生给这书题签，增加了我们的光彩！封面的设计和校稿全由吴晓铃先生帮助。“百本张”的戳记底样是从傅惜华先生那儿借来制版的。我们一总儿在这里道谢。

陈济川

1950 年 10 月 23 日北京来薰阁书店

汉语音韵学导论

编印说明

本书原名《中国音韵学导论》,1949年国立北京大学出版部初版。1956年中华书局再版,改名为《汉语音韵学导论》。本书曾于1944年交独立出版社出版,因故未能出版,1969年唐健垣在台湾发现了原稿和作者自序手迹。本书据1956年中华书局本进行整理,《自序》据1949年原版校订,改为《自序一》,并增加台湾发现的作者自序,称为《自序二》。本书书末原有附录《唐诗拟音举例》,是作者1943年在昆明和邢公畹合著的《唐诗拟音百首》的一部分。本卷因为另外收有《唐诗百首拟音》,所以删去了附录。本书由尉迟治平负责编校。

再版弁言

这本书初版(原名《中国音韵学导论》)印行以后,我本打算彻底改写。改写的计划:(一)完全改用语体并附录一些参考资料;(二)加入“切韵音系概略”一章。那样一来,就可以使较多的读者看得懂,同时还可以使研究汉语音韵演变史的人们得到更充实的基础。不过,要完成这个计划是需要相当长的时间的。两年来为病所苦,同时又有许多杂事纠缠,精力始终不能集中,最近期间恐怕难于达到照计划修改的愿望。今年7月末高等教育部和中国科学院召集的文史学座谈会在北京开会,有些担任语文课程的同志们希望把它重印,作为从事语言文学专业的同学们的参考书。为答复这种要求,我就等不及把它彻底修订,匆匆地再版了。这一点请读者们鉴谅,并提示宝贵的意见,以便将来改写时参考!

罗常培

1954年8月9日

自序一

这本小书到现在已经八易稿了:1924 年我在西安西北大学教文字学,关于音韵的部分,大体依据钱玄同先生的《文字学音篇》加以编排,很少参加自己的意见。1926 年在厦门大学开中国音韵沿革一课,渐渐觉得旧来的说法有些模糊笼统的地方,要想教书绝不能“以其昏昏,使人昭昭”! 于是开始浏览国外语音学书籍,在重编讲义时对于音理一方面加进了不少新的解释。1927 年初到广州中山大学教音韵学,索性把在西安、厦门所编的两次稿子完全抛开,根据当时自己摸索来的一点儿语音学知识另编语体的讲义。这份稿子虽然在分析音理一方面比较从前加详,可是它对历史音韵学一部分的比例未免有“座大于像”的毛病,而且就文体来说也稍嫌冗长。那年冬天,赵元任先生因调查两广方言经过广州,在他工作余暇,我把几年来积蓄下来的疑问彻底和他讨论。这样没早带晚地经过了一个星期的光景,的确比自己摸索着读三年书受益多得多。于是转过年来再教音韵学,我又另起炉灶地重编讲义,这本小书的绪论还有一部分是采取当时旧稿的。1930、1931 两年,亡友朱佩弦兄约我在清华大学的中国文学系教中国音韵沿革两小时。于是就着我最后在广州的改订稿,又特别把历史的部分加详,印成了 120 页讲义,却只编完了声母一部分。这份讲义虽然没有流行,可是承王了一(力)先生不弃,在他的《中国音韵学》里采取了一部分作为附录。如今自己检讨它的毛病,我觉得它有两个很大的缺点:第一,那时我只想把自己的研究结果拿出来,却没顾到学生的需要,对于分量的支配也没统计实际的教学时间。第二,编纂的方法,本想把声母、韵母和声调的沿革分别论列,所以讲完了《切韵》反切上字的系统,便讲守温字母源流、增删字母的经过和《中原音韵》的声类等项。可是讲到注音字母演进史的时候,这种计划就有点儿行不通。如果再把声、韵、调脔割,事实上感觉很多不方便。当时对于这部分,不得已把声、韵、调贯串叙述,后来并且印成单行小册;可是对于原来的编辑计划,简直自乱其例,自认失败了!因为这两个缺点,以后就一直没继续编下去。1936 年秋天,钱玄同先生因病不能到师范大学上课,我和魏建功兄商定替他代讲中国音韵沿革。上学期由我讲声、韵、调、切的总论,下学期由建功讲古今音韵变迁的历史。在我所编的讲义里,关于声母的部分大致是据清华旧稿删订成的,韵母和声调两部分却是当时重新编的,并没包括在历次讲义里头,因此也还没被时贤采录。在西南联大那一段,建功因事离开昆明,我一直承乏中国文学系的声韵学概要一课。当时就用师大讲义旧稿加以修订,并且续编“汉字标音方法之演进”一章,由阴少曾(法鲁)兄用工整的欧阳率更体缮写,油印了 100 份。积五六年的经验和学生的反应,渐渐自信这一次的改订稿或许可以用作初学的教科书了。1943 年朱佩弦、叶圣陶两兄本想由开明书店把它印行,当时因为寄递不便,又被某出版社强把稿子拉去,遂没有实现;而某出版社所拉的稿子一搁四五年,结果也石沉大海了。去年秋天我重回北大教书,因为学生的需要、朋友的督促和李晓宇(续祖)先生的帮忙,我才决定把它交北大出版部印行,除把全稿作第八次的修订外,最后又附录了《唐诗拟音举例》30 首。可惜为缩短篇幅、节省时间起见,已经来不及把原来的古文重新译成白话了。

我对这本小书的自信,只觉得它"可以用作初学的教科书",并没认为它是高深的著作。不过,这本教科书并不是抄撮成的,而是由著者个人研究的结果提炼成的。即使有采取前人意见的地方也是经过批判才接受的。就篇幅说,诚然不及皇皇巨册的伟大;可是就比重说,它却不比任何同类著作轻!假如我把每条脚注加以铺张,把每个附表仔细描写,这本书的篇幅一定要比现在多出好几倍,不过我是故意把它写成这么薄薄一小册子的。

这本书的性质,仍然侧重音理一方面。它的主要目标只想讲明白汉语音韵学里的声、韵、调、切四个概念。中间虽然也有涉及历史的地方,只是想依据语音学原理把传统的音韵学术语加以爬梳剔抉,还是横的叙述,而不是纵的叙述。至于历史上各期音韵特征,通统留给"各论"去讨论。

卷末所附《唐诗拟音举例》,是我1943年在昆明和邢公畹兄合著的《唐诗拟音百首》的一部分。那本书的旨趣是为帮助选修声韵学的同学实习《切韵》系的拟音。卷首附有《怎样调平仄》《什么是阴阳》二文和唐诗百首所收字的声类、调类、韵类各表,为的是让学生弄清楚到底儿"平仄""阴阳"是怎么一回事。有了那样一本书做副读物,更可以沟通音韵学和文学的关系,"二云居士"刘文典也不必担心"学过音韵学还不会调平仄"了!现在为篇幅所限,虽然没能全部附录,我想有30首作练习,稍微留心一点儿的人也尽能弄清楚这种拟音的系统了。

最后,我得谢谢为这本书题封面的魏建功兄和直接、间接帮助这个书修订、缮写、校对的阴少曾、殷焕先、邢公畹、喻世长、马汉麟几位朋友。尤其要特别声谢的是北大出版部李晓宇先生和印刷工人同志们!像这样一本满是怪符号的书,如果没有他们合作,我相信在现在的印刷情境之下，它是没法儿和读者见面的。

1949年，“五四”第三十周年，罗常培序于北京大学文科研究所语音乐律实验室。

自序二

余在大学讲授中国音韵学前后凡六度：1924 年始教于国立西北大学，所编讲义率沿吴兴钱玄同师说，鲜所改作。1926 年秋再教于厦门大学，闲尝涉览语音学西籍，疑端渐启，不安浸滋。及 1928 年移教广州中山大学，颇思更张，犹须商榷。会武进赵元任先生以调查粤语来岭南，过从月余，积疑顿释。尔后共事于中央研究院历史语言研究所者又六年，昕夕研讨，获益尤多。遂以所得审音之术董理中国音韵学史上各专题：举凡周秦古音之构拟，两汉三国南北朝韵谱之纂辑，《经典释文》音切之考证，五代两宋词谱之排比，守温字母与梵藏字母之对照，《中原音韵》与八思巴文之互勘，宋元等韵与明清等韵之分析，耶稣会士罗马字注音之探讨，与夫国音字母之溯源等，古今中外几无不研索。其结论披诸史语集刊及为时彦所征引者尚不逮十之二三也。然所致力渐窄而深，启迪示教之书，迄未卒业。1930 年秋至 1932 年夏，朱佩弦兄约为清华大学中国文学系主讲中国音韵沿革，别有纂述，仍嫌艰深。1936 年秋代钱玄同师重讲此课于北平师范大学，乃删订前作成导论一卷。1940 年秋魏建功兄因事来渝，复以此本代课于西南联合大学，并续成“反切之源流”一章：盖自经始，迄今稿凡五易矣。当纂述之始，原欲以此为中国音韵演变史之首编。起例发凡，但欲诠明“声”“韵”“调”“切”四事，于历史部分概未涉及。惟自避地南来，图书文稿沦陷北平，全史杀青尚须时日。朋辈及从学之士频以先印此书相勖勉，而休宁赵任咸先生因周法高、刘念和、殷焕先三生之介，忘年神交，期许尤殷。爰拟补成“切韵音系”、“等韵发疑”、“音变条例”及“中国音韵学之外来影响”四章，增订单行，以就正于斯学通人。徒以年来厄于生事，皇皇终日，搦管无暇，心余力绌，迄未属稿。今秋复应美国波摩拿大学之聘，行将西渡讲学，益难安心著述。适卢吉忱兄改善独立出版社印刷机构，铸有国际音标铜模，实港沪沦陷后印刷事业之创举也，倡议印行此事，藉试新猷，遂以待续之稿先付剞劂。顾中心缺歉之感，讵止“半折心始”而已哉！

1944年10月10日北平罗常培序于重庆聚兴村之海燕楼。

第一讲　绪　　论

1.1　音韵学与音韵沿革

构成汉字之音素曰“声”、曰“韵”、曰“调”：声者专指字首之“辅音”，韵者兼赅“介音”、“元音”及“尾音”，调者则谓全字之“高低”或“升降”。汉语音韵学即辨析汉字声、韵、调之发音及类别，并推迹其古今流变者也。

字音之有古今流变，亦犹字形之分籀、篆、隶、楷也。例如：“下”字《广韵》在祃韵，而《诗经·邶风·击鼓》以“于林之下”上韵“爰居爰处”，《凯风》以“在浚之下”下韵“母氏劳苦”，《大雅·绵》以“至于岐下”上韵“率西水浒”；“服”字《广韵》在屋韵，而《周南·关雎》以“寤寐思服”上韵“求之不得”，下韵“辗转反侧”；《楚辞·离骚》以“非时俗之所服”下韵“愿依彭咸之遗则”：是周代音与《广韵》不同也。“西”字《广韵》在齐韵，而王延寿《鲁灵光殿赋》以“兰芝阿那于东西”与“激芳香而常芬”、“历千载而弥坚”、“长与大汉而久存”、“保延寿而遗子孙”、“孰亦有云而不珍”诸句为韵；嵇康《琴赋》以“沙棠殖其西”与“玉醴涌其前”、“翔鸾集其巅”、“惠风流其间”、“密微微其清闲”诸句为韵：是汉魏音与《广韵》不同也。《南史·羊戎传》以“官家、恨狭，更广、八分”及“金沟、清泚，铜池、摇扬，既佳、光景，当得、剧棋”为双声“体语”；《洛阳伽蓝记》以“是谁、第宅、过佳”，“郭冠军家”及“凡婢”双声，“佇奴、谩骂”为双声“体语”；然“八分”“凡婢”“铜池”“第宅”既与《广韵》异纽，“官家”“恨狭”“金沟”“光景”“剧棋”“过佳”亦与现代音不谐：是南北朝音与隋唐以降不同也。《广韵》真侵异部，缉昔不同，而唐胡曾《戏妻族语不正》诗云“呼十却为石，唤针将作真，忽然云雨至，总道是天因”：是唐代方音与《广韵》不同也。又“效”“流”两摄本各有别，而宋曾觌《清商怨》词以“华灯闹，银蟾照”与“万家罗幕香风透”叶；刘过《辘轳金井》词以“高阳醉、玉山未倒”与“看鞋飞凤翼，钗褪微溜”叶；陈允平《长相思》词以“风萧萧，雨骚骚，风雨萧骚梧叶飘”韵“潇湘江畔楼”，以“云迢迢，水遥遥”韵“云水迢遥天尽头，相思心上秋”：是宋代方音与《广韵》不同也。降及元明，音变尤甚：元朱庭玉《送别》词《怨别离》一支以“感情风物正凄凄”韵“汾水碧”，“归棹急”韵“惊散鸳鸯相背飞”；虞集《折桂令》以“美乎周瑜妙术”韵“悲夫关羽云殂”；明徐渭《渔阳三弄·油葫芦》一曲以“第一来逼献帝迁都，又将伏后来杀”韵“使郄虑去拿，唉，可怜那九重天子救不得一浑家”；康海《中山狼·一半儿》一曲以“恰撞着胡缠厮迸这冤家，想着俺受怕担惊为甚咱”韵“则这藏头露尾真没法，怎生把囊儿括，俺将他一半儿遮藏一半儿撒”：均以平入通押，不循韵书旧轨。诸如此类，历数难终。

至于声韵系统之演化，标音方法之改良，亦并与时推移，古今异贯。穷原竟委，固皆讲述音韵沿革之职任也。

1.2 音韵学之功用

吾人所以殚思竭虑而从事于分析声韵、考证音史之业者，则以音韵学非特可穷人类自然之音，且与语言、文字、校雠、文学诸科并有密切关系。兹缕述于后，以证吾说：

夫“音以表言，言以达意，舍声音而为语言文字者，天下无有”①。故“语音学之于语言，犹数学之于天文物理”② 也。我国语言之孳衍，每以声韵为缘端。洞达音理者，既可推今言而通古语，亦可援古语以证今言，其用至博，操之至约。从兹整齐方言，推迹语根，均可挈彼纲维，通厥疑滞。此音韵学与语言学之关系也。

我国文字，六书旅陈。而谐声一类，十居八九；假借转注，亦缘音滋。故文字声音，相为表里。且“六籍虽遥，文犹可读。古字或以音通借，随世相沿，今之声韵，渐多讹变。由是董理小学，以韵学为候人。譬犹旌旃辨色，钲铙习声，耳目之治，未有不相资者焉”③。是以“凡治小学，非专辨章形体，要于推寻故言，得其经脉。不明音韵，不知一字数义所由生”④。“虽穷形寿以治《说文》《尔雅》，犹不能得其条理”。⑤ 此音韵学与文字学之关系也。

“秦汉文籍，谊旨奥博，字例文例，多与后世殊异。复以竹帛梨枣，钞刊娄易，逵迳百出，多岐亡羊”。⑥ 故校雠之业尚焉。高邮王氏曰：“夫入韵之字或有讹脱，或经妄改，则其韵遂亡。故有

① 章炳麟《胡以鲁国语学草创序》。

② 用 Henry Sweet 语。

③④ 章炳麟《国故论衡》上《小学略说》。

⑤ 章炳麟《与人论文学书》。

⑥ 孙诒让《札迻序》。

因字误而失其韵者……有因字脱而失其韵者……有因字倒而失其韵者……有因句倒而失其韵者……有句倒而又移注文者……有错简而失其韵者……有改字而失其韵者……有改字以合韵而实非韵者……有改字以合韵而反失其韵者……有改字而失其韵又改注文者……有改字而失其韵又删注文者……有加字而失其韵者……有句读误而又加字以失其韵者……有既误且脱而失其韵者……有既误且倒而失其韵者……有既误且改而失其韵者……有既误而又加字以失其韵者……有既脱而又加字以失其韵者"①，于是据韵校雠凡得十有八例。倘使音理不明，何由探究本源，是正错忤？此音韵学与校雠学之关系也。

音律所始，本于人声；诗歌节奏，寄乎"和""韵"②。自三百篇兴，即知应用双声叠韵，错综成文。其组织之工，不减七襄报章；其音节之和，可拟埙篪迭奏。③ 汉人词赋，踵事增华，而变本加厉，蹇碍为病。降及齐梁之际，周颙、沈约善解音律，其为文制，务使"宫羽相变，低昂互节。若前有浮声，则后须切响。一简之内，音韵尽殊；两句之中，轻重悉异"④。于是举世慕扇，号为永明体。自兹厥后，文遂变为四六，诗遂变为律体。虽或襞积细微，多所拘牵，而准声署字，修短揆均，字必单音，所施斯适。纵有疵瑕可摘，亦实中邦所独具也。至于宋词元曲，律度益严，辨声宜判阴阳，吐字须分开闭。非深知音理者，尤不能按谱寻声，动中窾窍。此音韵学与文学之关系也。

综上所述，可知音韵之学，功用至广。若夫先明此邦之声韵，

① 王念孙《读书杂志》九《读淮南子杂志后序》。

② 刘勰《文心雕龙·声律篇》云："异音相从谓之和；同声相应谓之韵"。

③ 参阅钱大昕《音韵问答》第10、11页。

④ 沈约《宋书·谢灵运传论》。

继治异土之言文，则鰓理既通，呈功必速。斯固其余事矣。

1.3 音韵学研究法

旧籍韵书之属判为“古韵”“今韵”“等韵”三科，而较其短长，或是古非今，罔识通变，或专己守残，拘墟自封，或妄立“门法”，徒滋迷离，均不足语于科学也。倘欲因彼成材，创为专业，则研究方术，可得而言：

一曰审音 辨章声韵，审音为先。前人操术弗精，工具不备，或蔽于成见，或囿于方音，每致考古功多，审音功浅！自近代语音学兴，而后分析音素，可用音标以济汉字之穷；解决积疑，可资实验以补听官之缺；举凡声韵现象，皆可据生理物理讲明。从兹致力，庶几实事求是，信而有征矣。

二曰明变 “时有古今，地有南北，字有更革，音有转移，亦势所必至。”① 治韵学者，务须本乎时序，参校方言，各还本真，弗加轩轾，而后流变昭然，是非不掩。且考镜源流，贵明因果，自音韵学史上观察，守温之造三十字母，朱宗文之作《蒙古字韵》，金尼阁之撰《西儒耳目资》，李光地、王兰生之纂《音韵阐微》，均可代表革新动机，为演进关键所系，固不能以其取则殊方，而蔑视事实，横加排牴也。

三曰旁征 民间俗语，每存古音，异族方言，可证旧读。苟欲旁征博校，窥见音韵精微，则外宜博学殊域言文，内须多明方音系

---

① 陈第《毛诗古音考序》。

统。若夫远西学者研治此土音韵之专书①，尤当撷彼精华，供我参证，庶几集思广益，音理日明矣。

四曰袪妄 曩之治韵学者，凭臆立说，每多违失：论平仄则以钟鼓木石为喻②，论清浊则以天地阴阳为言③，是曰玄虚；辨声则以喉牙互淆④，析韵则以纵横为别⑤，是曰含混；以五行五脏牵合五音⑥，依《河图》《洛书》配列字母⑦，是曰附会；依据《广韵》反切以推测史前语言⑧，囿于自身见闻而訾议欧西音学⑨，是曰武断：凡此讹失，并宜袪除。倘能本前三术，袪兹四妄，则音韵学庶可厕诸科学之林矣。

---

① 例如 Bernhard Karlgren *Études sur la Phonologie Chinoise*，1915～1926，H. Maspero *Le Dialecte de Tch'ang－ngan sous les Tang*，*B.E.F.E.O.* XX. 1920。参阅罗常培《中国音韵学的外来影响》，《东方杂志》第三十二卷第十四期。

② 江永《音学辨微》："平声音空，仄声音实。平声如击钟鼓，仄声如击土木石。"（第4页）

③ 江永《音学辨微》："清浊本于阴阳：一说清为阳，浊为阴，天清而地浊也。"（第12页）

④ 《玉篇》末附《五音声论》以"何（匣）、我（疑）、刚（见）、鄂（疑）、歌（见）、可（溪）、康（溪）、各（见）"为喉声，以"更（见）、硬（疑）、牙（疑）、格（见）、行（匣）、幸（匣）、亨（晓）、客（溪）"为牙声，其淆混可见。

⑤ 章炳麟《国故论衡》上《二十三部音准》谓"古支部异于脂之者，其声与之为纵横，之纵而支横也"。

⑥ 刘鉴《切韵指南·总括五行分配例》云："见等牙肝角木东，舌心征火喻南风。北方肾水羽唇下，西面商金肺齿中。喉案土宫脾戊己，西南兼管日来同。后进未明先哲意，轩辕格式为君明。"又《订五脏锱铢之例》云："四斤四两属牙肝，心重十二两舌间。唇肾一斤零一两，三斤三两肺中编。二斤十四喉脾类，六两半心征半连，口肺一斤九两半，心肝脾肺肾俱全。"牵强附会，不知所云。

⑦ 参阅《音学辨微·论图书为声音之源》第29、31页。

⑧ 参阅潘尊行《由反切推求史前中国语》说，载《新月》第二卷第二期。

⑨ 马宗霍《中国音韵学通论》附录云："欲考古音，必先定其部居，否则漫无经界。适闻与普通音异者，则妄定为古音，不知其为方语之变迁也。苟欲定部居，则表韵者虽省至十七部，彼土母音有能相代者乎？表声者虽省至二十一类，以分等计之，则亦不损五十类，彼土子音有能相代者乎？"

1.4 古今音韵变迁大势

古今音异，前修已能言之。[①] 然自三代以迄隋、唐，自隋、唐以至现代，其间变迁正多，概曰古今不同，尚嫌皮傅。故考音韵之变迁者，必须论世分期，以资比较。约而言之，周、秦为一时期（纪元前 11 世纪至前 3 世纪）；两汉为一时期（纪元前 2 世纪至 2 世纪）；魏、晋、南北朝为一时期（3 世纪至 6 世纪）；隋、唐、宋为一时期（7 世纪至 13 世纪）；元、明、清为一时期（14 世纪至 19 世纪）；现代为一时期（20 世纪）。其间区划，虽非判若鸿沟，而蝉蜕之迹，大齐不远。兹分述各期变迁之大势如下：

第一期 上古之世，韵书未兴，欲征古音，惟能就古韵文、谐声字及古书异文、通假、音训等项参互求之。现在韵文之可信者，以《诗经》为最古。前此之作，非出伪托，即感残缺；且殷契虽存，而音尚难征。出土吉金，亦多周器。故探讨古音，宜断自周初，未可侈言荒古也。清代学者，上据《诗经》《楚辞》之用韵，旁征《说文解字》之谐声，钩稽参证，反覆推求，对于此期古韵，曾经假定部居，阐明通转。并谓凡谐声字必与所从之声同韵，故视其偏旁以何字为声，即可知其音在某部。[②] 创通义例，执简驭繁，考古之功，良不可没。然古韵音读若何？古方音有无歧异？古声纽能否构成系统？复辅音曾否存在？惜犹未能明也。吾人幸生前修之后，凭藉较多，倘能旁考殊域方言，参证《切韵》系统，以补苴其

① 参阅戴侗《六书故》、焦竑《笔乘》、陈第《毛诗古音考序》、陈第《读诗拙言》、钱大昕《音韵问答》、戴震《声韵考》等书中论古今音异各条。

② 参阅段玉裁《六书音均表》二。

所未备，则将来创获，或可轶乎清人之上欤？

第二期　周初字形，犹未变古，偏旁同异，视而可识。且朝聘会享，共操“雅言”①；别国方音，不登堂庙。故其时虽无韵书，而诗歌用韵，乃至赜而不可乱也。自战国以来，“诸侯力政，不统于王”，“言语异声，文字异形”②。秦并天下，虽欲“书同文字”，“罢其不与秦文合者”③，而以统一期暂，成效未睹。降及汉初，废弃秦法，既不欲定秦音为国语，更未能复周音为雅言。驯至方音错出，漫无统纪。且自籀、篆变为隶、草，偏旁省减旧形，据形定音，亦失准则。于是文人用韵，各掺土风，出入甚宽，任情变易。故两汉音韵，至为混淆。如欲理其端绪，则诗赋韵读而外，经师音训，扬雄《方言》，皆为重要资料。洪亮吉之《汉魏音》，胡元玉之《汉音钩沉》，殊无若何贡献也。

第三期　反切未兴以前，标注字音，惟赖“读若”“直音”，以资譬况。然“或无同音之字，则其法穷；虽有同音之字，而隐僻难识，则其法又穷”④。自汉末经师创制反切，比合二字，以切一音，文字音读，乃无弗显。及反切日多，势须汇集，于是“魏时有李登者，撰《声类》十卷，凡一万一千五百二十字，以五声命字”⑤；晋吕忱“弟静别放故左校令李登《声类》之法，作《韵集》五卷，宫商角徵羽各为一篇”⑥，是为韵书成立之始。自兹而后，王延《文字音》、段弘《韵集》、李概《修续音韵决疑》、《音谱》、王该《五音韵》、释静洪《韵英》、周研《声韵》、阳休之《韵略》、杜台

---

①　本章炳麟说。

②③　许慎《说文解字序》。

④　陈澧《切韵考》卷六。

⑤　封演《闻见记》。

⑥　《魏书·江式传》。

卿《韵略》、潘徽《韵纂》等[①]，乃风起云涌，接踵而兴。且自齐梁之际，周颙、沈约定“平”“上”“去”“入”为四声，颙作《四声切韵》，约作《四声谱》以为之倡[②]，于是王斌《四声论》[③]、张谅《四声韵林》[④]、刘善经《四声指归》[⑤]、夏侯咏《四声韵略》[⑥]等，闻风慕扇，转相祖述。韵书组织，复为少变。夫韵书之根据在反切，韵书之特色在四声，二者既并于是期诞生，则韵书之规模已具。惟前举诸书，今并散佚，声韵类别，无从考见。若能理董六朝韵文，参证原本《玉篇》及《经典释文》中诸家反切，则索隐钩沉，或可明其真相也。

第四期 魏、晋以降，韵书蜂出，各依土风，递相非笑。隋既统一，陆爽、刘臻、颜介、萧该等，尝欲折衷南北，免其乖互。于是陆词述其父执之议，论定“南北是非，古今通塞”，“捃选精切，除削疏缓”[⑦]，修集《切韵》五卷，分部一百九十有三。厥后《唐韵》《广韵》《集韵》等，虽皆增加文字，改定部居，而于法言定韵之旨，并沿用未改。故《切韵》《唐韵》虽已残佚，犹可于《广韵》《集韵》中得其梗概。然法言列韵有则，而次声无序，七音之辨，非所深求。惟象教东来，始自后汉，释子迻译梵策，兼理“声明”(Sabdavidyā)，影响所及，遂启反切之法。降及唐末，沙门守温复归纳《切韵》反切，增损梵、藏体文，定为华音三十字母。其后宋

① 见《隋书·经籍志》及《切韵序》。

② 参阅《南齐书·陆厥传》、《梁书·沈约传》、《南史·周颙传》及封演《闻见记》等书。

③ 见《南史·陆厥传》。

④ 见《隋书·经籍志》。

⑤ 见《隋书·经籍志》及《文学传》。

⑥ 见李涪《刊误》，《广韵·切韵序》“咏”误为“该”。

⑦ 见《切韵序》。

人复增益六母，始见终日，条理井然。① 惜《广韵》《集韵》遵循陆法，犹未能如《五音集韵》之改定声母次第耳。

第五期 辨析声韵之精密，至前期已臻其极。惟以古今南北，音系复杂，一地一时，鲜能共喻。唐初属文之士，已以先、仙、删、山之类分为别韵，未免苛细，于是许敬宗等详议，以其韵窄奏合而用之。自尔遂有同用、独用之说。及宋修《集韵》复用贾昌朝言，改并《广韵》独用者13处，许令通用。其后刘渊、阴时夫之流，遂就许、贾所定同用之韵加以删并。然童牛角马，不古不今，考古审音，两无所是，殊不足以征音变也。及元朝御宇，奠都燕京，政枢既移朔方，文学复重北曲，于是《中原音韵》乘时而兴。降至明初，更据此以修《洪武正韵》，六百年来，遂为官音所宗。至于泥古文人，据刘、阴之失而妄诋《正韵》者，“虽时时争持于纸上，实则节节失败于口中”而已！

第六期 自直音进为反切，标音之术，以渐精详。徒以单音汉字，音素不明，韵既包声，声亦含韵，以之作切，则非心知其意者，殊病扞格。明季耶稣会士利玛窦、金尼阁等传教东来，始用罗马字母拼切汉字，以便研习。② 其后旅华西人，续有制作，而以邮政式（Post System）及威妥玛式（Wade System）最为通行。国内病汉字之不良者，如朱文熊、刘孟扬、黄虚白、刘继善、钱玄同、赵元任、周辨明诸人，亦并闻风兴起，各创新制。又近六十年来，忧国之士以为教育不振，由于文字繁难。于是蔡锡勇、王炳耀、沈学、卢戆章、王照、劳乃宣、章炳麟、陈振先等相继创造简字，或

① 参看罗常培《敦煌写本〈守温韵学残卷〉跋》，载中央研究院历史语言研究所《集刊》第三本第二分；又收入《罗常培文集》第八卷。

② 参阅罗常培《耶稣会士在音韵学上的贡献》，载中央研究院历史语言研究所《集刊》第一本第三分；又收入《罗常培文集》第八卷。

欲改良反切，或欲代替汉文，虽皆未克推行，而颇极一时之盛。①厥后教育部于1918年11月23日公布之注音字母，即为后一潮流之结晶；1928年9月26日公布之国语罗马字，即自前一潮流所孳衍。故注音字母虽诞生于近四十年间，若溯其源流，固已胚胎于三百年前，而孕育经数十年之久矣。

此六期者，二期可附一期之末，三期可冠四期之前。若加之称谓，以便指说，亦可分为古音时期、韵书时期、北音时期、音标时期四段。至于各期声韵特征，当于下编分别论之。

① 参阅《罗常培文集》第三卷《汉语拼音字母演进史》。

第二讲 声类之分析

2.1 声母之定义

凡气息自气管呼出时,经发音器官(organs of speech)之节制(articulation),或破裂而出,或摩擦而出,或由鼻孔泄出,“形气相轧”①而成声者,谓之“辅音”(consonant);自其作一字之首音言,亦谓之“声母”(initial)。旧韵书中所称“字母”②“声类”③“音纽”④诸名,其实一也。

2.2 辅音之发音部位

辅音因发音部位(place of articulation)及方法(manner of articula-

---

① 张载《正蒙》:“声者形气相轧而成。”又谭峭《化书》云:“形气相乘而成声。”

② 唐末沙门守温据梵、藏体文拟定三十字母,宋人复增益为三十六,或简称为“母”,等韵家多沿用之。

③ 清钱大昕、陈澧等以字母之名,袭取佛书,加诸中华之字实为名不正而言不顺,故陈氏作《切韵考》,以古称发音同者为双声而改称字母为“声类”。参阅《十驾斋养新录》第5卷第12页及《切韵考外篇》第3卷第2页。

④ 章炳麟据孙愐《唐韵序》中“纽其唇齿喉舌牙部,作而次之”一语,主张改称字母之名为“音纽”,或简称为“纽”,故曰:“慧琳《一切经音义》称梵文阿等十二字为声势,迦等三十五字为体文。声势者韵,体文者纽也。”(《国故论衡》上《音理论》)

tion)之异,各可别为若干类。自发音部位言,其类约十有二:

发音器官部位图

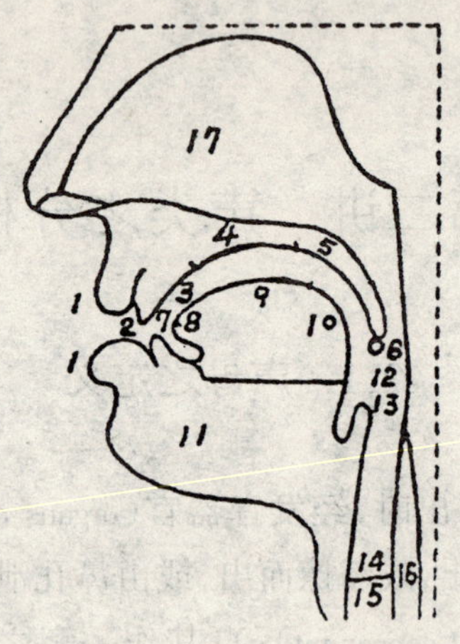

1. 上下唇	lips	2. 上下齿	teeth
3. 齿龈	alveolar	4. 硬腭	hard palate
5. 软腭	soft palate or velum	6. 小舌	uvula
7. 舌尖	apex or tip of tongue	8. 舌叶	blade of tongue
9. 舌面	dorsum or surface of tongue	10. 舌根	root of tongue
11. 下牙床	lower jaw	12. 咽头	pharynx
13. 会厌软骨	epiglottis	14. 喉头	larynx
		声带	vocal cords
		声门	glottis
15. 气管	windpipe or trachea	16. 食道	food passage
17. 鼻腔	nasal cavity		

(一)双唇音(bilabial) 旧称“重唇音”,由上唇与下唇接触,以节制外出之气息而成。国际音标之[p][p‘][b][b‘][m][ɸ][ß][w][ɥ],注音字母之ㄅ、ㄆ、ㄇ,等韵字母之帮、滂、並、明等均属之。

(二)唇齿音(labio-dental) 旧称“轻唇音”,由上门齿切下唇之内缘,以节制外出之气息而成。国际音标之[pf][pf‘][bv][bv‘][ɱ][f][v],注音字母之ㄈ、ㄪ,等韵字母之非、敷、奉、微等均属之。今陕西西安方音读“主”“追”“壮”“中”作[pf]声,读“吹”“充”作[pf‘]声①,亦此类也。

(三)齿间音(inter-dental) 由舌尖之最前端微突于上下门齿之间,使气息自舌齿之缝擦出而成。国际音标之[θ][ð]属之。此音在我国古今音中并不经见,惟广西瑶山之正瑶读“子”“村”“泉”“新”“随”等字作[θ]声,读“早”“齐”“憎”“散”“四”等字作[ð]声。② 此外则歙县西乡金竺坞及南宁之操广州语者,亦间有此类音。③

(四)舌尖前音(dental) 旧称“齿头音”,由舌尖与齿尖接触,以节制外出之气息而成。国际音标之[ts][ts‘][dz][dz‘][s][z],注音字母之ㄗ、ㄘ、ㄙ,等韵字母之精、清、从、心、邪等均属之。

(五)舌尖中音(alveolar) 由舌尖抵紧上齿龈,以节制外出之气息而成。国际音标之[t][t‘][d][d‘][n][l][r][ɹ][ɬ][ɮ]④,注音字母之ㄉ、ㄊ、ㄋ、ㄌ,等韵字母之“舌头音”端、透、定、泥及“半舌音”来纽均属之。

(六)舌尖后音(supradental) 由舌尖翻抵齿龈后,以节制外出之气息而成。国际音标之[ʈ][ʈ‘][ɖ][ɖ‘][tʂ][tʂ‘][dʐ][dʐ‘][ʂ][ʐ],注音字母之ㄓ、ㄔ、ㄕ、ㄖ,等韵字母之“正齿音”二等照庄、穿初、床崇、审生等均属之。

(七)混合舌叶音(apico-dorsal) 由舌尖舌面之混合部分与齿龈后接近硬腭之处接触,以节制外出之气息而成。发此音时,舌较发舌

① 据刘文锦发音及高本汉(B. Karlgren)《方音字典》。

② 据赵元任《瑶歌记音》。

③ 据赵元任两广方音调查记录及罗常培徽州方音调查记录。

④ 法文之 t、d、n、l 及英文 but、the 中之 t 均应归入第四类。

尖前音微缩。国际音标之[tʃ][tʃʻ][dʒ][dʒʻ][ʃ][ʒ]属之。① 我国方音中山东临淄读"蒸""超""扇"② 及浙江金华读"准""春""书"等③正齿音三等字之声母,亦属此类。

(八)舌面前音(prepalatal)　由舌面前部与前硬腭接触,以节制外出之气息而成。发此音时,舌尖降抵下齿背,置而不用。国际音标之[ȶ][ȶʻ][ȡ][ȡʻ][tɕ][tɕʻ][dʑ][dʑʻ][ȵ][ɕ][ʑ],注音字母之ㄐ、ㄑ、ㄏ、ㄒ,等韵字母正齿音三等之照章、穿昌、床船、审书、禅等均属之。又"舌上音"之知、彻、澄及半齿音之日,高本汉(B. Karlgren)亦读为[ȶ][ȶʻ][ȡʻ][nʑ]。④ 考诸现代方音,惟临淄读"经""敲""掀"等牙音三等字作[ȶ][ȶʻ][ɕ]⑤,与西藏语之腭化舌根音相近,其自舌上音变成者尚不习见。

(九)舌面中音(palatal)　发此类声母时,舌面与硬腭接触之部位较第八类稍后,故音彩有锐钝之异。国际音标之[c][cʻ][ɟ][ɟʻ][ɲ][ʎ][ç][j],等韵字母之喻母三等均属之。今浙江永康读"鸡"作[c]声,"启"作[cʻ]声,黄岩读"瞿"作[ɟʻ]声,"休"作[ç]声⑥,亦属此类。

(十)舌根音(velar)　由舌根与软腭接触,以节制外出之气息而成。国际音标之[k][kʻ][g][gʻ][ŋ][ɫ][x][ɣ],注音字母ㄍ、ㄎ、(ㄫ)、ㄏ,等韵字母之"牙音"见、溪、群、疑,"喉音"晓、匣等均属之。

(十一)小舌音(uvular)　由舌根与小舌接触,以节制外出之气

---

① 英、法文读此类辅音时唇部同时突出。

② 据于道泉发音。

③ 据赵元任《现代吴语的研究》。

④ *Études sur la Phonologie Chinoise* pp. 390～398, pp. 470～473(中译本《中国音韵学研究》第280～289页,第346～349页)。守温娘母高氏读作[n]之腭化音[nj]。

⑤ 于道泉发音。

⑥ 据《现代吴语的研究》。

息而成。国际音标之[χ][ʁ][ʀ]等属之。今江苏溧阳读“呼”“好”等字作[χ]声①,亦属此类。

(十二)喉音(glottal)　由声带紧张以节制外出之气息而成,与发音器官之其他部分不相接触。国际音标之[ʔ][ʔh][h][ɦ],等韵字母之影、喻四等均属之。今广州“海”“口”等字作[h]声,亦属此类。

以上12类为分别古今中外辅音部位之准绳,审音者至宜详辨,毫厘微舛,音值即非,故不可不慎也。清江永尝据等韵家所分七音而辨声母之发音曰:“牙音气触牡牙。舌头音舌端击腭。舌上音舌上抵腭。重唇音两唇相搏。轻唇音音穿唇缝。齿头音音在齿尖。正齿音音在齿上。喉音音出中宫(原注:晓、匣浅喉出喉外,影、喻深喉出喉中)。半舌音舌稍击腭。半齿音齿上轻微。”② 其所审辨,虽未尽妥协,而语颇简晰,可资参证。

2.3　辨“五音”与“七音”

等韵家之类别声母者,以《玉篇》前《五音声论》及《广韵》末《辨字五音法》所分之“唇”“舌”“齿”“牙”“喉”五类为最古。然《五音声论》以“何我刚鄂歌可康各”为喉声,以“更硬牙格行幸亨客”为牙声,《辨字五音法》以“纲各”为喉声,“迦佉”为牙声,迭出互见,部位混淆。审音之疏,从可概见。其后据守温字母以定韵谱者,于唇舌齿牙喉之外益以“半舌”“半齿”,定为七音,而唇分“重唇”“轻唇”,舌分“舌头”“舌上”,齿分“齿头”“正齿”,实系九类。③ 由今论之,此九类者,韵书多

① 据《现代吴语的研究》。

② 《音学辨微》四《辨七音》;黄季刚先生《音略》二,论“今声发音法”有订正江氏处,亦可参考。

③ 刘鉴《切韵指南》及《四声等子》等皆用此名。

数沿用，既已约定俗成，以之讨论旧音，至为方便。故本编凡辨析声值时悉改新名，凡区别声类时仍沿旧称，各从其宜，不泥一格。然自宋元而后，等韵之书蜂出，类别声母，定名纷歧。或以“宫”“商”“角”“徵”“羽”配合“喉”“牙”“舌”“齿”“唇”；或以“五行”“五方”“五色”“五脏”比附字母，抵牾违异，瞀乱纠缠，此是彼非，孰能正之！故本编董理旧说，惟取前举九名，其余各家，一概存而不论。但表列异名，以袪学者之迷惘而已（参看第一表）。

观第一表所列，或则喉牙舌齿乖互，或则商徵宫羽参差。而其以齿为牙，以舌为腭者，定名尤失之含混！若夫张行孚所分之“喉”（喉牙之开口）、“舌”（舌头半舌之开口）、“唇”（重唇之合口及轻唇）、“齿”（齿头正齿之开口）、“鼻”（喉牙及齿头之齐撮）、“半喉”（喉牙之合口）、“半舌”（舌头半舌之齐齿）、“半唇”（重唇之齐齿）、“半齿”（齿头正齿之齐齿）九声[①]，华长忠所分之“喉”（喉牙之开口）、“舌头”（舌头半舌之开口）、“舌上”（舌头半舌之齐齿）、“半舌半齿”（半齿之开口）、“正舌”（舌头半舌半齿之合口）、“外”（重唇之开口及轻唇）、“唇内”（重唇之齐齿）、“正齿”（喉牙之撮口）、“齿上”（喉牙之齐齿）、“半喉半牙”（喉牙之合口）、“轻齿”（齿头及正齿二等之开口）、“重齿”（舌上及正齿三等之开口）、“轻牙”（齿头及正齿二等之合口）、“重牙”（舌上及正齿三等之合口）十四声[②]，参杂等呼，分类淆乱，则皆自郐以下，无足讥已！

---

① 参阅《说文审音》卷三《九声总佸图说》。

② 参阅《韵籁》卷首。

第一表　声母发音部位异名表(表内数字示原书中之次第)

本编所用之标准旧名		各家所用之异名						
		五音声论	辨字五音法	韵镜	通志七音略	切韵指掌图	玉篇卷首三十六字母五音五行清浊旁通撮要图	沈括梦溪笔谈
唇音	重唇	4. 北方唇声	1. 唇声	1. 唇音	1. 羽	4. 唇音 重羽	4. 唇音重 羽水	1. 唇音宫
	轻唇					5. 唇音 轻羽	5. 唇音轻 羽水	
舌音	舌头	2. 西方舌声	2. 舌声	2. 舌音	2. 徵	2. 舌头徵	2. 舌头音 徵火	2. 舌音商
	舌上					3. 舌上徵	3. 舌上音 徵火	
齿音	齿头	3. 南方齿声	3. 齿声	3. 齿音	3. 商	6. 齿头商	6. 齿头音 商金	4. 齿音徵
	正齿					7. 正齿商	7. 正齿音 商金	
牙音		1.5. 东方喉声 中央牙声	4.5. 牙声 喉声	4. 牙音	4. 角	8. 喉音 宫	8. 喉音 宫土	3. 牙音 角
喉音				5. 喉音	5. 宫	1. 牙音 角	1. 牙音 角木	5. 喉音 羽
半舌音				6. 舌齿音	6. 半徵	9. 舌齿音 半徵半商	9. 半舌半齿音 半徵半商半火 半金	6. 半齿半舌音 半徵半商
半齿音					7. 半商			

（续表）

本编所用之标准旧名		各家所用之异名						
		晁公武郡斋读书志	王观国学林	韩道昭五音集韵	黄公绍古今韵会	释真空篇韵贯珠集总括五姓分配例	梅膺祚字汇后韵法直图	马自援等音 林本裕声位
唇音	重唇	1.唇音	4.北方唇声水	4.重唇	3.宫	3.唇肾羽水北玄	3.唇音羽	3.唇音羽
	轻唇			5.轻唇	4.次宫		7.唇齿合音羽合商	7.唇齿兼音羽商
舌音	舌头	2.齿音	2.西方舌声金	2.舌头音	2.徵	2.舌心徵火南赤	2.舌音徵	2.舌音徵
	舌上			3.舌上音	并入次商及徵		并入齿音及舌音	并入牙音及舌音
齿音	齿头	4.舌音	3.南方齿声火	6.齿头音	5.商	4.齿肺商金西白	4.牙音角	4.齿音商
	正齿			7.正齿音	6.次商		5.齿音商	5.牙音角
牙音		5.喉音	5.中央牙声土	1.牙音	1.角	1.牙肝角木东青	6.喉兼牙音宫兼角	1.喉音宫
喉音		3.牙音	1.东方喉声木	8.9.浅喉深喉	7.羽	5.喉脾宫土中黄	1.喉音宫	6.喉牙合音宫角
半舌音		4.半齿半舌		10.半徵半商音	8.半徵半商	6.西南	8.舌兼喉音半徵	8.舌喉合音宫徵
半齿音							9.齿兼牙音半商	9.齿牙合音商角

（续表）

本编所用之标准旧名		各家所用之异名							
		李元音切谱	邹汉勋五韵论	胡垣古今中外音韵通例	周赟山门新语	张仲儒字学呼名能书	劳乃宣等韵一得	李邺切韵考	钱玄同音篇
唇音	重唇	3.唇音羽	7.开唇音	5.唇音	3.唇音角	3.唇音羽	6.重唇音	3.重唇音	5.唇音
	轻唇		8.合唇音	附轻唇音	8.唇齿合音变徵	7.唇齿合音羽商	7.轻唇音	4.缝唇音	
舌音	舌头	2.舌音商	3.舌头音	2.腭音	2.舌音商	2.舌音徵	2.重舌音	2.舌音	3.舌音
	舌上		并入齿本	并入齿音及腭音	并入腭音及舌音	并入齿音及舌音	3.轻舌音	并入腭音及舌音	
齿音	齿头	4.齿音徵	5.齿头音	4.牙音	4.齿音徵	4.牙音角	5.轻齿音	5.齿音	4.齿音
	正齿		6.齿本音	3.齿音	5.腭音羽	5.齿音商	5.重齿音	6.腭音	
牙音		5.喉音宫	2.浅喉音	1.喉音	1.喉音宫	1.喉音宫	1.鼻音	1.喉音	2.浅喉音
喉音		1.牙音角	1.深喉音 4.舌腹音		6.喉齿合音变宫（影喻并入喉音）	6.喉音兼牙宫兼角		晓匣并入余音	1.深喉音（晓匣并入浅喉）
半舌音		6.半舌半齿音半徵半商	并入舌头	并入腭音	7.舌腭合音变商	8.舌音兼喉半徵	并入重舌	6.余音	并入舌音
半齿音			并入齿本	并入齿音	9.齿腭合音变羽	9.齿音兼牙半商	并入重齿		并入齿音

2.4 辅音之发音方法

辅音发音之方法,自其受阻之状态言,则有“塞”“鼻”“擦”“边”“颤”之异;自声带之颤动与否言,则有“带音”与“不带音”之分;自除阻后有无气流吐出言,则有“送气”与“不送气”之别。兹缕析论之:

(甲)受阻之状态

(一)塞声或称破裂声(stop or plosive) 当气息外出时,初则口程与鼻程完全闭塞,继乃骤除口程之阻碍,破裂而出者,即成此音。国际音标之[p][p‘][b][b‘][pf][pf‘][bv][bv‘][t][t‘][d][d‘][ʈ][ʈ‘][ɖ][ɖ‘][ƫ][ƫ‘][ȡ][ȡ‘][c][c‘][ɟ][ɟ‘][k][k‘][g][g‘][ʔ],注音字母之ㄅ、ㄆ、ㄉ、ㄊ、ㄍ、ㄎ,等韵字母之帮、滂、並、端、透、定、见、溪、群、影等均属之。

(二)鼻声(nasal) 当气息外出时,软腭下垂,闭塞口程,而使之改由鼻程泄出者,即成此音。国际音标之[m][ɱ][n][ɲ][ŋ],注音字母之ㄇ、ㄋ、(ㄫ),等韵字母之明、泥、娘、疑等均属之。

(三)擦声或称摩擦声(fricative) 凡发音时,口腔凑窄,致气息外达,不能充分自由,因而带有摩擦作用者,即成此音。国际音标之[ɸ][ß][w][ɥ][f][v][θ][ð][s][z][ʂ][ʐ][ɹ][ʃ][ʒ][ɕ][ʑ][ç][j][x][ɣ][χ][ʁ][h][ɦ],注音字母之ㄈ、(ㄪ)、ㄏ、ㄒ,等韵字母之心、邪、审、禅等均属之。

(四)边声(lateral) 亦称分声,当气息通过口腔时,为舌身所阻,而改由舌之两边徐徐擦出者,即成此音。国际音标之[l]、[ʎ]、[ɫ],注音字母之ㄌ,等韵字母之来等均属之。

(五)颤声(trilled consonant) 或称滚舌声(rolled consonant)。国

际音标之[r]、[ʀ]两音属之。发[r]音时,舌尖忽附于上齿龈,而又忽然返回,往复起极敏捷之颤动即成。[ʀ]音乃使小舌颤动而成,颇不易发。德、法语中习用之。英语则惟 Northumberland 始有此音,故名之曰:Northumberland buri。我国古今音中均无此类。

凡辅音之构成,可分为"成阻"、"持阻"及"除阻"三步骤。仅于除阻时有声音可闻者,谓之"暂声"(momentary consonant)。自成阻时即有声音可闻,且可使之延长者,谓之"久声"(continuant consonant)。暂声有作势与发声二级:成阻与持阻为作势,除阻时为发声。久声即无此区别。前述五类,只塞声为暂声,其余皆久声也。

以上五类单纯辅音而外,尚有由塞声与擦声结合而成之塞擦声。塞擦声亦称破裂摩擦声(affricates)。国际音标之[ts][ts‘][dz][dz‘][tʃ][tʃ‘][dʒ][dʒ‘][tʂ][tʂ‘][dʐ][dʐ‘][tɕ][tɕ‘][dʑ][dʑ‘],注音字母之ㄗ、ㄘ、ㄓ、ㄔ、ㄐ、ㄑ,等韵字母之精、清、从、照、穿、床等均属之。

(乙)带音与不带音

当左右两声带互相接近,而使声门关闭时,肺内呼出之气息须冲开声门,致声带发生颤动(vibration)而成音者,谓之带音(voiced),或谓之"乐音"(musical sound)。反之若声门并未紧闭,气息自内流出,声带并不发生颤动,仅有微细声响可闻者,谓之不带音(voiceless),或谓之"噪音"(noise)。凡元音在常态语言皆属带音,而辅音则有带音与不带音两类。不带音者旧称"清音"(surd)。国际音标之[p][p‘][pf][pf‘][t][t‘][ʈ][ʈ‘][ȶ][ȶ‘][c][c‘][k][k‘][ʔ][ɸ][f][θ][s][ʂ][ʃ][ɕ][ç][x][χ][h],注音字母之ㄅ、ㄆ、ㄈ、ㄉ、ㄊ、ㄍ、ㄎ、ㄏ、ㄐ、ㄑ、ㄒ、ㄓ、ㄔ、ㄕ、ㄗ、ㄘ、ㄙ,等韵字母之帮、滂、端、透、知、彻、精、清、心、照、穿、审、影、晓等均属之。带音者旧称"浊音"(sonant)。国际音标之[b][b‘][bv][bv‘][d][d‘][ɖ][ɖ‘][ȡ][ȡ‘][ɟ][ɟ‘][g][g‘][ß][v][ð][z] [ʐ][ʒ][ʑ][j][ɣ][ʁ][ɦ][m][ɱ][n][ŋ][l][ʎ][ɬ][r][ʀ]，注音字母(万)、ㄇ、ㄋ、(兀)、ㄌ、ㄖ，等韵字母之並、奉、定、澄、群、从、邪、床、禅、喻、匣、明、微、泥、娘、来、日均属之。案《隋书·潘徽传》云："李登《声类》、吕静《韵集》始判清浊，才分宫羽。"孙愐《唐韵序后论》云："切韵者，本乎四声……引字调音，各自有清浊。"则清浊之辨，由来已久。顾以定名含混，涵义不明，致后来说者乃多淆乱。方以智云："将以用力轻为清，用力重为浊乎？将以初发声为清，送气声为浊乎？将以啌喉之阴声为清，嗌喉之阳声为浊乎？"① 江永云："清浊本于阴阳：一说清为阳，浊为阴，天清而地浊也；一说清为阴而浊为阳，阴字影母为清，阳字喻母为浊也。"② 其立论纷纭，从可概见矣。尝谓清浊之辨所以淆乱者，盖由二事缴绕其间，一为牵混受阻之状态及送气不送气；二为牵混声调之阴阳。自《韵镜》以帮、非、端、知、见、精、照、心、审、影、晓为"清"，以滂、敷、透、彻、溪、清、穿为"次清"，以並、奉、定、澄、群、从、邪、床、禅、匣为"浊"，以明、微、泥、娘、疑、喻、来、日为"清浊"；其后沈括《梦溪笔谈》、黄公绍《韵会》、刘鉴《切韵指南》、李元《音切谱》等亦皆分为四类，而定名及区划微有异同(参阅第二表)。惟《四声等子》及《切韵指掌图》另分邪、禅为"半清半浊"，江永《音学辨微》另分来、日为"浊"，心、审为"又次清"，邪、禅为"又次浊"，是为异耳。今据《韵镜》分类，参酌诸家异名，定为全清(unaspirated surd)、次清(aspirated surd)、全浊(sonant)、次浊(liquid)四类。③ 若以语音学术

① 《通雅》卷五十《切韵声原》第19页。

② 《音学辨微》第12页。

③ 第二表中惟改列晓母为次清与《韵镜》微异。

第二表　全清次清全浊次浊异名表

本篇定名	本篇分类	各家之异名及分类								
		韵镜	沈括梦溪笔谈	黄公绍韵会	刘鉴切韵指南	李元音切谱	切韵指掌图四声等子及	江永音学辨微	等韵切音指南	字母切韵要法
全清	非知照影 帮端精见	清	清	清	纯清	纯清	全清	最清	○	○
	审 心							又次清	◒	◐◒
次清	敷彻穿晓 滂透清溪	次清	次清	次清	次清	次清	次清	次清	⊙	⊙
全浊	奉澄床匣 並定从群	浊	浊	浊	全浊	纯浊	全浊	最浊	●	●
	禅 邪						半浊 半清	又次浊		
次浊	微娘喻 明泥疑	清浊	不清不浊	次浊	半清半浊	次浊	不清不浊	次浊	◒	◑◒ ◐◒ ◓◑
	日 来							浊	○◒	○◓

语释之，则全清者，即不送气不带音之塞声、擦声及塞擦声也；次清者，即送气不带音之塞声、塞擦声及不带音之擦声也；全浊者，即送气带音之塞声、塞擦声及带音之擦声也；次浊者，即带音之鼻声、边声及半元音（喻）也。分类虽嫌稍疏，而讨论旧音颇便称举，故可并存不废。惟自元明以降，全浊平声北音变同次清，而仄声又复不辨清浊，于是“以初发声为清，送气声为浊”之误会，乃因之而起。虽以陈澧之

明辨，犹谓《梦溪笔谈》及《四声等子》所论清浊为“发”“送”“收”①，似是而非，未能悉合。后学淆惑，复奚怪焉。此一事也。四声各有清浊，孙愐之论，至为显明。然全浊声值唐以后多数消失，清浊遗迹但能于声调之变异中寻之。且自元周德清《中原音韵》以北音为宗，平分阴阳，入派三声，而谓“阴阳字平声有之，上去俱无”②，于是声母之清浊遂一变而为声调之阴阳。盖以北音之全浊声母平声变近次清，而声调之高低犹殊，仄声变同全清，而声调之高低亦混，浊声本值已不复辨矣。江永《音学辨微》云：“平有清浊，上去入皆有清浊，合之凡八音。而方氏（桐城方以智）以啌[illegible]上去入为五声，误矣。盖上去入之清浊，方氏不能辨故也。”③ 余谓上去入清浊之不辨，实不自方氏始。且方氏既以“啌”“嗴”代表阴平、阳平，而不沿用清浊旧称，则其所谓“五声”乃指声调之高低言，而不指声母之带音不带音言，已甚显著。此固不只北音为然也，更以现代南部方音证之，今吴语、闽语、粤语中平仄兼具阳调者甚夥。溯其缘起，虽皆由古浊声衍成，然除吴语而外，大抵皆为声调之异，其能保持全浊本值者殊不多睹。④ 又西藏字母之ག[ga]、ཛ[dʑa]、ད[da]、བ[ba]、ཛ[dza]等，本应读为全浊，而现代拉萨音乃变为ཀ[ka]、ཅ[tɕa]、ཏ[ta]、པ[pa]、ཙ[tsa]之低调⑤，其演变之迹亦可引为旁证也。然则阴阳虽出于清浊，而与清浊实非一物。自清浊之辨不明，于是或以“啌喉之阴声为清，嗴喉之阳声为浊”，或以“清为阳，浊为阴”，或以“清为阴，浊为阳”，声母与声调混为一谈，而清浊本义转以日晦。此二事也。若以《广韵》卷末附《辨字五音

① 参阅《切韵考外篇》卷三，第5页。
② 《中原音韵自序》。
③ 《音学辨微》第12页。
④ 厦门话之[b]声由明母转来，[g]声由疑母转来，与由全浊变成者微异。
⑤ 据赵元任《仓洋嘉错情歌》记音。

法》,"一唇声并饼",注云"清也";"二舌声灵历",注云"清也";"三齿声陟珍",注云"浊也";"四牙声迦佉",注云"浊也";"五喉声纲各",注云"浊也"。此惟以"并饼"为清不误,其余"灵历"浊而误以为清,"陟珍""迦佉""纲各"皆清而误以为浊。又有"辨四声轻清重浊法",以"琎、珍、陈、椿、弘、亀、员、禋、孚、邻、从、峰、江、降、妃、伊、微、家、施、民、同"等为轻清,以"之、真、辰、春、洪、谆、朱、殷、伦、风、松、飞、夫、分、其、杭、衣、眉、无、文、傍"等为重浊,其悠谬尤不可究诘矣。今兹所论,以声母之带音不带音为清浊,以声调之高低升降为阴阳,命名既定,纠纷立解。往昔支离缴绕之谈,皆可存而不论。至于"发声""送气"之辨,别于次节详之。

(丙)送气与不送气

送气与不送气之别,在塞声中颇为重要。当读滂、透、彻、溪或ㄆ、ㄊ、ㄎ等声母时,除阻之后有"气流"(breath glide)吐出,故谓之送气声(aspirated);反之,读帮、端、知、见或ㄅ、ㄉ、ㄍ等声母时,除阻之后并无气流吐出,故谓之不送气声(unaspirated)。此两类声母受阻之部位及状态皆同,所异者惟在除阻后有无气流。故国际音标于送气声并未另造字母,仅于不送气声之右上角加[ʻ]或小[h]以表之而已。然我国江浙方言浊塞声后之气流皆变带音,西北方音塞声后之气流乃舌根擦声而非喉门擦声,故用严式标音,于上海之"旁""同""共"应标作[b̥ ɦaŋ][d̥ ɦoŋ][g̊ ɦoŋ],于太原之"怕""他""开"应标作[pxa]

[txa][kxæ]。若一律表以[ˈ]或小[h],犹不免失之粗疏也。[①]

塞擦声虽由两辅音结合而成,但在听感上只觉有一音存在,与一般音之结合迥异者,盖由擦声取塞声后流之地位而代之,自身变为流音,以致其独立声之资格丧失耳。此种擦声 Henry Sweet 称为"流声"(glide-consonant)。[②]但塞擦声亦有送气不送气之异,与纯塞声相同,故曩之韵学家多混二者为一,而以其送气不送气分为"送气"及"发声"两类(详后)。

等韵字母旧谱,全浊只有並、奉、定、澄、群、从、床一类,而清声则有不送气之全清帮、非、端、知、见、精、照及送气之次清滂、敷、透、彻、溪、清、穿两类。则全浊之送气不送气,殊成问题。清江永《音学辨微》、洪榜《四声韵和表》、陈澧《切韵考外篇》等均以全浊专承次清。西人之考订中国古音者,高本汉与江、洪、陈三家之说合;而马伯乐(H. Maspero)则谓浊应专承全清,适与旧说相反。然自李光地《等韵辨疑》以"定北方为透浊声,南方为端浊声"[③],其后劳乃宣、章炳麟两氏均从李氏之说。劳氏曰:"古母以戛类(即不送气)之清为纯清,透类(即送气)之清为次清。而浊母则无纯次之别,以一浊母对两清母。见、溪与郡,端、透与定,知、彻与澄,照、穿与床,精、清与从,帮、滂与並,皆是也。以今方音考之,北方于此数浊母,平声皆读从透类,上去入则读从戛类,如'群'读透、'郡'读戛、'床'

---

① Henry Sweet 分塞声之后流(off-glide)为四种:(a)清塞气流(voiceless stop and breath glide),如英语之 p、t、k。(b)清塞音流(voiceless stop and voiced glide),如法语及德国南部之 p、t、k。(c)浊塞气流(voiced stop and breath glide)——案梵语之भ、घ、ध即属此种,但 Sweet 并未举例。(d)浊塞音流(voiced stop and voiced glide),如南欧语之 b、d、g。(参阅 *Primer of Phonetics* pp. 55 ~ 58)。近人以 Noël-Armfield 亦称 breath glide 为 unvoiced glide(*General Phonetics* p.49, § 73),遂以塞声后流之带音与不带音为不送气与送气之区别。然如吴语浊塞送气声之后流,既吐气复带音,则此说即不能成立矣。故论送气与不送气之别,应以除阻后有无气流吐出为断,不能以后流之带音不带音为断。

② *Primer of Phonetics* p.64.

③ 江永《音学辨微》附录《榕村等韵辨疑正误》及李光地《榕村别集》卷一。

读透、'状'读戛之类。南方则平上去入全读戛类,如'群''郡''床''状'皆读戛之类。而有数处,如江苏之泰州、如皋等处及江西、皖南数郡邑,则平上去入全读透类,如'群''郡''床''状'皆读透之类。是此数浊母既可读戛,又可读透也。故古母以一浊对两清。"① 章氏曰:"自来言字母者,皆以群为溪之浊,定为透之浊。而见、端无浊音。返读梵文,五字为行,二清、二浊、一为收声。而中土独二清、一浊、一收,何以不相比类?盖群、定等字,扬气呼之,为溪、透之浊;抑气呼之,为见、端之浊。今北音多扬,南音多抑。又北音平去亦有抑扬之异,如呼'群'皆扬如溪之浊,呼'郡'则抑气如见矣,呼'亭'皆扬如透之浊,呼'定'则抑气如端矣。同此一母而平去异贯,则知曩日作字母者,本以群承见、溪,定承端、透,非谓群专为溪之浊,定专为透之浊。"② 今案,删梵语体文之二浊为一者,西藏字母已然,并不始自守温。且自元明以降,北方语音全浊声母已不复存在。所谓"平声读从透类,上去入读从戛类"者,实为变成清声以后之现象,若据以断定"古母以一浊对两清",殊未见其可也。现代吴语中全浊尚多保存本值,且大部分读为送气。故本篇仍从江、洪、陈三家之说,以全浊配次清,于劳、章二氏之论,犹未敢苟同。

2.5 释发送收与"戛透拂轹揉"

旧韵学家就声母发音方法以厘定其种类者,自等韵之"全清""次清""全浊""次浊"四类而外,以明方以智所分之"初发声""送气声""忍收声"三类为最早。③ 其后钱大昕分"出声""送气""收声"三类④,

① 《等韵一得补编》第17页。

② 《国故论衡》上《音理论》。

③ 《通雅》卷五十《切韵声原》第7页。

④ 《十驾斋养新录》卷五,第11页。

江永、江有诰、陈澧分“发声”“送气”“收声”三类①,大体均与方氏相同。洪榜分“发声”“送气”“外收声”“内收声”四类②,劳乃宣分“戛”“透”“轹”“捺”四类③,邵作舟分“戛”“透”“拂”“轹”“揉”五类④,则与方氏微有出入。然各类之发音状态若何,各家均鲜明确解说。惟陈澧谓:“发声者,不用力而出者也;送气者,用力而出者也;收声者,其气收敛者也。”⑤ 劳乃宣谓:“气之遇于鼻舌齿唇也,作戛击之势而得音者,谓之戛类;作透出之势而得音者,谓之透类;作轹过之势而得音者,谓之轹类;作按捺之势而得音者,谓之捺类。戛稍重,透最重,轹稍轻,捺最轻。尝仿《管子》听五音之说以状之曰:戛音如剑戟相撞,透音如弹丸穿壁而过,轹音如轻车曳柴行于道,捺音如蜻蜓点水一即而仍离,此统拟四类之状也。”⑥今案陈说失之简单,劳说失之抽象,学者殊未能一览而晰。若绎其内容,详加勘究,则诸家所分,与今之塞声、塞擦声、擦声、边声、鼻声五类性质并同,惟分类稍有参差。其中尤以邵氏所分最为精密,特定名有玄察之异,故涵义有显晦之殊耳。兹表列异名,以资参证(参看第三表)。

辅音分类,具如上述,声母音理,已可了然。兹更综集前说,经以部位,纬以方法,列为辅音总表。此后标注古今声母,胥以是表为准则(参看第四表)。

---

① 《音学辨微》四《辨七音》,第9页。《等韵丛说》第6~8页。《切韵考外篇》卷三,第4页。

② 《四声韵和表》。

③④⑥ 《等韵一得外编》第7~8页,第37页,第7页。

⑤ 《切韵考外篇》卷三,第6页。

第三表　声母发音方法异名表①

<table>
<tr><th colspan="3" rowspan="2">本篇定名</th><th colspan="4" rowspan="2">本篇分类</th><th colspan="6">各家所用之异名</th></tr>
<tr><th>劳乃宣等韵一得引邵作舟说</th><th>劳乃宣等韵一得</th><th>洪榜四声韵和表</th><th>江永音学辨微
江有诰等韵丛说
陈澧切韵考外篇</th><th>钱大昕十驾斋养新录</th><th>方以智通雅切韵声原</th></tr>
<tr><td rowspan="2">塞声</td><td rowspan="2">塞擦声</td><td>不送气</td><td>帮非端知见影</td><td>○○○○○○</td><td>精照</td><td>○○</td><td>戛类</td><td>戛类</td><td>发声</td><td>发声</td><td>出声</td><td>初发声</td></tr>
<tr><td>送气</td><td>滂敷透彻溪</td><td>並奉定澄群</td><td>清穿</td><td>从床</td><td>透类</td><td>透类</td><td>送气</td><td rowspan="2">送气</td><td rowspan="2">送气</td><td rowspan="2">送气声</td></tr>
<tr><td colspan="3">擦声</td><td colspan="2">晓心审</td><td colspan="2">匣邪禅</td><td>拂类</td><td rowspan="2">轹类</td><td rowspan="2">外收声</td></tr>
<tr><td colspan="3">边声</td><td colspan="2">○</td><td colspan="2">来</td><td>轹类</td><td rowspan="3">收声</td><td rowspan="3">收声</td><td rowspan="3">忍收声</td></tr>
<tr><td colspan="3">鼻声</td><td colspan="2">○○○○○○</td><td colspan="2">日明微泥娘疑</td><td rowspan="2">揉类</td><td rowspan="2">捺类</td><td rowspan="2">内收声</td></tr>
<tr><td colspan="3">半元音</td><td colspan="2">○</td><td colspan="2">喻</td></tr>
</table>

① 诸家分类，阅表可明。然各母出入，尚微有参差。若方以智以晓（匣）为发声，夫（非、敷、奉）为送气，来、日为收余，陈澧以来、日为发声，江有诰以晓、匣为发声，影、喻为收声，来、日为收余，洪榜以非、敷、奉为外收声，影、喻为内收声，邵作舟以非、奉为拂类，明为轹类，影、喻为揉类，均与本篇所列不同。至于方以智尽删全浊，邵作舟以全浊承戛，劳乃宣以全浊兼承戛透，亦与本篇殊异。

第四表 辅音表

发音方法＼发音部位		上部	上唇	上齿	齿		齿龈	后齿龈	齿龈	前硬腭	硬腭	前软腭	软腭	喉
		下部	下唇		舌	尖			舌尖与面	舌	面			
		简称	双唇	齿唇	齿间	舌尖前	舌尖中	舌尖后	混合舌叶	舌面前	舌面中	舌根	小舌	
塞声	不带音	不送气	p				t	ʈ		ȶ	c	k		ʔ
		送气	pʻ				tʻ	ʈʻ		ȶʻ	cʻ	kʻ		ʔh
	带音	不送气	b				d	ɖ		ȡ	ɟ	g		
		送气	bʻ				dʻ	ɖʻ		ȡʻ	ɟʻ	gʻ		
塞擦声	不带音	不送气		pf		ts		tʂ	tʃ	tɕ				
		送气		pfʻ		tsʻ		tʂʻ	tʃʻ	tɕʻ				
	带音	不送气		bv		dz		dʐ	dʒ	dʑ				
		送气		bvʻ		dzʻ		dʐʻ	dʒʻ	dʑʻ				
鼻声	带音		m	ɱ			n	ɳ		ȵ	ɲ	ŋ		
颤声	带音						r						ʀ	
边声	带音						l	ɭ			ʎ	ɫ		
擦声	不带音		ɸ	f	θ	s	ɬ	ʂ	ʃ	ɕ	ç	x	χ	h
	带音		β	v	ð	z	ɮ	ʐ	ʒ	ʑ	j	ɣ	ʁ	ɦ
半元音	带音		w ɥ {ŭ	ʋ y̆}			ɹ				j(ɥ) {ĭ y̆}	(w)		○

第三讲　韵类之分析

3.1　韵母之成素

汉字之韵母由韵头、韵腹、韵尾三部组成，韵头为介音，韵腹为元音，韵尾则有元音与辅音两类。因此，三者一部或全部之变异，而韵母之差别以生。故类别韵母宜自分析元音、介音及韵尾始。

3.2　元音之分析

气息自气管呼出时，但使声带发生颤动，引起口腔共鸣，而不受其他发音器官阻碍者，谓之元音(vowels)。然共鸣大小，系于口腔之广狭；口腔广狭，唇舌实司其关键。故元音因舌之高低前后而有弇侈洪细之殊，因唇之平展圆敛复有开齐合撮之异。近代语音学家尝就[i][a][ɑ][u]四音舌之最高点联结而成一不等边四角形，以其间之经线表示舌之高低，以其间之纬线表示舌之前后，因而部署元音之舌位如第194页之图：

图中[i][y][ɨ][ʉ][u][ɯ]为最高元音，[ɪ][ʏ][ʊ]为次高元音，[e][ø][ɘ][θ][o][ɤ]为高中元音，[ᴇ][ə]为正中元音，[ɛ][œ][ɜ][ɵ][ʌ][ɔ]为低中元音，[æ][ɐ][ɒ]为次低元音，[a][ᴀ][ɑ]为最低元音，此横的分类也。又[i][y][ɪ][ʏ][e][ø][ᴇ][ɛ][œ][æ][a]为前元音，

国际音标元音图

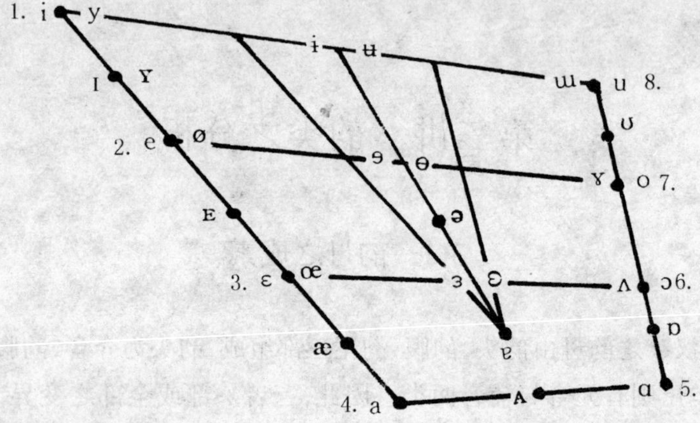

[ɨ][ʉ][ɘ][ɵ][ə][ɜ][ɞ][ɐ][ᴀ]为央元音,[u][ɯ][ʊ][o][ɤ][ɔ][ʌ][ɒ][ɑ]为后元音,此纵的分类也。大抵舌前者音细,舌后者音洪;舌高者音弇,舌低者音侈。此据舌之部位以类别元音者也。

元音图中列举之韵,如[i]与[y]、[e]与[ø]、[u]与[ɯ]、[o]与[ɤ]、[ɔ]与[ʌ]等,舌位相同,而音值迥异,则由唇之变化使然。唇之形状大别有二:突敛而成圆形者谓之"圆唇"(rounded lip);舒展而成扁平形或保持自然状态者,谓之"不圆唇"(unrounded lip)。若详细区分,更可判为五级:一曰"特开",[i][ɪ][e][ᴇ][ɛ][æ][a]等音属之;二曰"中性",[ɨ][ɘ][ə][ɜ][ɐ][ɯ][ɤ][ʌ][ɑ]等音属之;三曰"略圆",[œ][ɞ][ɔ]等音属之;四曰"圆",[ø][ɵ][o]等音属之;五曰"最圆",[u][y]二音属之。至于[ᴀ]音则介乎"特开"与"中性"之间,[ɒ]音则介乎"中性"与"略圆"之间,[ʏ][ʊ]两音则介乎"圆"与"最圆"之间,皆不专属一级,此据唇之形状以类别元音者也。案明清等韵家所分之"开""齐""合""撮"四呼,亦指唇之形状而言。惟除以[i]类为齐齿、

[u]类为合口、[y]类为撮口外，其余均属开口，所分等级略较上说含混耳。

唇之作用大抵随舌之运动为转移，舌愈后升则唇愈圆，舌愈前升则唇愈开。故后元音以圆唇为原则，前元音及央元音以不圆唇为原则。循兹轨者谓之正则元音，如[i][ɪ][e][ᴇ][ɛ][æ][a][ɑ][ɔ][o][ʊ][u]等音是；违兹轨者谓之非正则元音，如[y][ʏ][ø][œ][ʌ][ɤ][ɯ]等音是。凡练习元音时，前元音必先使不圆唇者发音正确，而后不变更舌势撮敛其唇，即成相对之圆唇元音；后元音必先使圆唇发音正确，而后不变更舌势展放其唇，即成相对之不圆唇元音。琼斯(Daniel Jones)所以定[i][e][ɛ][a][ɑ][ɔ][o][u]八音为“标准元音”(cardinal vowels)者，盖以其合符正则，足为初学审音圭臬故也。

舌之部位及唇之形状为类别元音之主要条件。此外或因肌肉弛(lax)、张(tense)而有宽音(wide vowels)、窄音(narrow vowels)之分(如[ɪ][ʊ]为宽元音，[i][u]为窄元音)，或因时间久、暂而有长音(long vowels)、短音(short vowels)之别(如[iː][eː][ɛː][aː]为长元音，[ĭ][ĕ][ɛ̆][ă]为短元音)，或因鼻腔通、塞而有口音(oral vowels)、鼻音(nasal vowels)之异(如[ɛ][a][ɔ][œ]为口元音，[ɛ̃][ã][ɔ̃][œ̃]为鼻元音)，凡此种种，亦并辨析元音时所不可忽略者也。

3.3　声化元音与韵化辅音

元音为构成韵母之要素，故一切韵母缺头尾犹可成音，去韵腹则哑而无响。然我国方言中亦有非元音而有韵母之功用者，则“声化元音”与“韵化辅音”是也。

[i][u]等高元音在舌尖前音[ts][tsʻ][s]及舌尖后音[tʂ][tʂʻ][ʂ][ʐ]之后，往往受声母之类化而消变其本有之音值。此种声音在欧

洲语音中颇不习见,故西人转译我国“资”“疵”“私”及“知”“池”“尸”内所含之韵母,每易发生困难。明末金尼阁(Nicolas Trigault)作《西儒耳目资》,于u摄特创“甚”“次”“中”之分,以“租”“粗”“苏”为甚音u,以“资”“疵”“私”为次音ú,以“主”“除”“书”为中音ụ。自谓:“甚者,自鸣字之完声也;次者,自鸣字之半声也。减甚之完即成次之半。……中者甚于次、次于甚之谓也。……开唇而出者为甚,略闭唇而出者为次。是甚次者,开闭之别名也。”① 然则金氏虽知“资”等、“主”等之音变,而无适当之音标、正确之解释,致使方以智以甚、次、中与发、送、收相拟②,《四库提要》谓甚次即中国之轻重等子③,皆不免望文生训,附会滋疑。后此西人对于此音之转译,亦仍似是而非,漫无准则。例如:

	“资”等	“知”等
Vissiére 及 B.E.F.E.O. ……………	eu	e
Couvreur …………………………	eu	eu
四川之传教士 ……………………	e	e
俄文式写法 ………………………	ы	ы
Mateer ……………………………	ï	ï
Parker ……………………………	z	ï
Kühnert …………………………	y	i
Wade ……………………………	ŭ	ih

惟高本汉谓:读声母[z]时,若将舌与齿龈间之通路略微放宽,适减去其摩擦作用,即可得“资”等之韵。读声母[ʐ]时,若将舌与齿槽间之

① 《西儒耳目资·译引首谱》第53~55页。

② 《通雅·切韵声原》第7页。

③ 《四库全书总目提要》经部小学类存目二。

通路作同样之放宽，即可得“知”等之韵。因造[ʅ]韵以标“资”，[ʅ]韵以标“知”。中国方音有读“主”等为[ɿ]之圆唇，“书”等为[ʅ]之圆唇者，则别造[ʮ][ʯ]两韵以标之。① 如高氏所说，则非特金尼阁所谓“次”“中”二音可得的解，即《切韵指掌图》第十八图所以改列支韵四等“兹”“雌”“慈”“思”“词”为一等，与夫周德清《中原音韵》所以别支思于齐微者，亦皆可涣然冰释矣。

又止摄日母“儿”“耳”“二”等字之韵母，现代注音字母特造儿韵以标之。此种音变自《中原音韵》收“儿”“耳”“二”等入支思部，已可略见其端。更以辽、金、元三史译名中“儿”等之对音证之，则其转变当在宋元之际。② 盖由日母自[nʑ]变[ʐ]，于是高元音[i][iː][iĕ]等韵母乃受其类化而变为[ɹ]之下降音[ɹ˕]，亦即[ɵ]音同时加卷舌作用之音[ə]③，其理与[ɿ][ʅ][ʮ][ʯ]之演变适同。若此之类皆所谓声化元音也。

鼻音[m][n][ŋ]等俱为带音之久声，气流在鼻孔中仍甚自由，在听感上辅音性之噪音特少，故稍延长之即可自成音缀(syllable)。如苏州之“呒”[m̩]、“鱼”[ŋ̩]，崇明之“你”[n̩]，广州之“唔”[m̩]、“五”[ŋ̩]，福州之“伓别”[m̩-mai]、“伓通”[n̩-nøyŋ]、“伓去”[ŋ̩ŋɒ]等皆是也。然此等方音中，[m][n][ŋ]虽可自成音节，尚鲜有与其他声母拼合者，而厦门方音则于独立之“姆”[m̩]、“黄”[ŋ̩]等字外，尚有“媒”[hm](或[m̥])、“方”[pŋ]、“当”[tŋ]、“光”[kŋ]、“庄”[tsŋ]等字直接与其他声母拼合，则与元音之性质益为相近；若此之类，皆所谓韵化辅音也。

兹综汇前说，列为第五表。

---

① 参阅 B. Karlgren *Phonologie Chinoise* pp. 294 ~ 297(中译本《中国音韵学研究》第 197 ~ 199 页)。

② 参阅唐虞《儿(ɚ)音的演变》，见历史语言研究所《集刊》第二本第四分。

③ 参阅赵元任《国语审音调查报告》。

第五表　国际音标元音表

类别 / 前后 / 唇圆度 / 高低		舌面元音															声化元音				韵化辅音		
		前					央					后					前		央或后		前		后
		特开	中性	略圆	圆	最圆	特开	中性	略圆	圆	最圆	特开	中性	略圆	圆	最圆	不圆	圆	不圆	圆	闭	中性	中性
高	最高	i				y		ɨ			ʉ		ɯ			u	ɿ	ʮ	ʅ	ʯ		n	
	次高	I			Y										ʊ								
中	高中	e			ø			ɘ		ɵ			ɤ		o								
	正中	E						ə									ɚ		m				
	低中	ɛ		œ				ɜ	ɞ				ʌ	ɔ									
低	次低	æ						ɐ						ɒ									
	最低	a						A					ɑ										ŋ

3.4　《广韵》与注音字母中之元音

《广韵》各韵所含之主要元音，据近人构拟之结果，歌、戈、泰、豪、谈、寒、桓、唐为[ɑ]，咍、灰、覃为[ɑ̣]，麻、佳、央、肴、衔、删、阳为[a]，皆、咸、山为[ạ]，废、严、凡、元、庚为[ɐ]，耕为[æ]，祭、宵、盐、仙、清为[ɛ]，齐、萧、添、先、青为[e]，东、虞、侯、尤、幽为[u]，冬、钟、模、鱼为[o]，江为[ɔ]，侵、痕、魂、欣、文、登、蒸为[ə]，脂、之、支、微、臻、真、谆为[i]。① 上、去、入可据此类推。故二百零六韵中实际只有主要元音十三，若[ɑ]之与[ɑ̣]，[a]之与[ạ]，犹不过为长短之异而已。至于现代注音字母韵母则ㄚ为[A]，ㄛ为[o]，ㄜ为[ɤ]或[ə]，ㄝ为[ɛ]，ㄧ为[i]，ㄨ为[u]，ㄩ为[y]，ㄭ为[ɿ]或[ʅ]，ㄦ为[ɚ]，ㄞ、ㄢ所含者为[a]，ㄠ、ㄤ所含者为[ɑ]，ㄟ所含者为[e]，ㄡ所含者为[o]，ㄣ所含者为

① 据高本汉《中国音韵学研究》所拟之读音。

[ə],ㄥ所含者为[ʌ][1],除[ɿ][ʅ][y][ɚ]四音为近代演变外,[ᴀ][ɑ][a],[ə][ɤ][ʌ]与[ɛ][e]三组各可并为一“音位”(phoneme),以视《广韵》韵系益趋简单矣。

3.5　介音之分析

位于声母与韵腹间之高元音,发音略短,且或有辅音性之倾向者,谓之“介音”(medial)。汉字之介音,依宋元等韵系统推求,应有[i][u]两种,每种又各有元音性([i][u])与辅音性([ĭ][w])之异,其由[iu](或[iw])两音结合者,后代演变为[y],故现代多数方言中仍有[i][u][y]三介音。至如咸阳等处方言读“捉”[tʂɥɒ]、“弱”[ʐɥɔ]、“拙”[tʂɥᴇ]、“吹”[tʂʻɥei]等字含有[ɥ]介音,读“娑”[sɥɔ]、“全”[tsʻɥæ̃]、“村”[tsʻɥẽ]、“宗”[tsɥõ]等字含有[ɥ]介音[2],则由声母之类化使然,不可以正则论也。

3.6　释等呼

宋元等韵“转”“摄”图,如《韵镜》《七音略》《四声等子》《切韵指掌图》《切韵指南》之类,每图各分韵为四“等”,今所传敦煌写本守温《韵学》残卷中亦有“四等重轻例”,其分等悉与此类韵图相合[3],可知四等之分在守温以前即已流行矣。至宋代以“等”名书者,则有《四声等子》及《四声等第图》,等韵之名,盖始于此。晁公武《郡斋读书志》:

① 据国语统一筹备委员会制《中国国音字母表》。

② 据刘文锦《记咸阳方音》,历史语言研究所《集刊》第三本第三分。

③ 参看刘复《敦煌掇琐》下辑,及罗常培《敦煌写本〈守温韵学残卷〉跋》,历史语言研究所《集刊》第三本第二分;又收入《罗常培文集》第八卷。

"《四声等第图》一卷,皇朝僧宗彦撰,切韵之诀也。"其书久佚,内容无可覆按。陈澧谓与《四声等子》即为一书[①],殆亦臆测之词,难于信从。又《四声等子》序云:"《切韵》之作,始乎陆氏;关键之设,肇自智公。……其指玄之论,以三十六字母约三百八十四声,别为二十图,画为四类。"但言"画为四类",并未诠释等名。于是后之治斯学者,或则矜为"秘钥""玄关",或则病其支离缴绕。其实所谓"等"者,即指介音[i]之有无及元音之弇侈而已。旧来论分等之义者,惟江永、陈澧之说最精。江氏曰"一等洪大,二等次大,三四皆细,而四尤细"[②]。陈氏曰"等之云者,当主乎韵,不当主乎声"[③],并能斩绝纠纷,烛见等韵本法。今试以语音学术语释之,则一、二等皆无[i]介音,故其音"大";三、四等皆有[i]介音,故其音"细"。同属"大"音,而一等之元音较二等之元音略后略低,故有"洪大"与"次大"之别,如歌之与麻、咍之与皆、泰之与佳、豪之与肴、寒之与删、覃之与咸、谈之与衔,皆以元音之后[ɑ]、前[a]而异等。同属"细"音,而三等之元音较四等之元音略后略低,故有"细"与"尤细"之别,如祭之与齐、宵之与萧、仙之与先、盐之与添,皆以元音之低[ɛ]、高[e]而异等;然则四等之洪细,盖指发元音时,口腔共鸣之大小而言也。惟冬之与钟、登之与蒸以及东韵之分公、弓两类,戈韵之分科、瘸两类,麻韵之分家、遮两类,庚韵之分庚、京两类,则以有无[i]介音分;又反切下字同在三等韵中,而正齿音之二、三等以声母之刚、柔分(二等为舌尖后音,三等为舌面前音);喻母及唇音、牙音之三、四等以声母有无附腭作用分(三等有 j,四等无 j);他如正齿与齿头不能并列一行,而降精、清、从、心、邪于四

① 《切韵考外篇》卷三,第 14 页。

② 《音学辨微》第 19 页《辨等列》。

③ 《东塾集》卷三,第 17 页,《等韵通序》。

等,亦由等韵立法未善使然。斯并宜分别观之,未可概以元音之弇侈论也。

今据假定之《广韵》读音而归纳之,则一等韵之主要元音为[ɑ][ə][o][u];二等韵之主要元音为[ɔ][a][æ][ɐ];三等韵之主要元音为[ɛ][i];四等韵之主要元音为[e]。至一、三等(或二、三等)同在一韵者,则三等之主要元音与一等(或二等)同,惟元音前有[i]介音;自三等韵中因声母差别而分出之二、四等,其主要元音仍以三等论;准此以求,庶于分等之义,思过半矣。①

宋元等韵只分"开口""合口"二"呼"②,又《七音略》所谓"重""轻",若衡以《四声等子》序中"审四声开阖以权其轻重"二语,实亦开合之义。③ 案吕维祺《同文铎》云:"七音虽同,而有开口合口之不同:开者其声单而朗,合者其声骈而浑。"江永《音学辨微》云:"音呼有开口合口:合口者吻聚,开口者吻不聚也。"吕说含混,远不及江说之明晰。若以今语释之,则介音或主要元音有[u]者,谓之合口,反之,则谓之开口,实即"圆唇"与"不圆唇"之异而已。"开口""合口"之称,《广韵》末所附《辩十四声例法》已采用之。所谓"十四声"者:

一、开口声　阿哥河等,并开口声;

二、合口声　庵甘堪谙等,并是合口声;

三、蹴口声　忧丘鸠休等,能所俱重也;

四、撮唇声　乌姑乎枯,能所俱重;

① 参阅罗常培《〈通志·七音略〉研究》,历史语言研究所《集刊》第五本第四分,又收入《罗常培文集》第八卷;别有《释等呼》稿,未刊,又收入《罗常培文集》第七卷。

② 《韵镜》以"开合"并称者四见,《切韵指掌图》称"独韵"者六见,《四声等子》称"启口呼"者一见,此皆独立为一类也。

③ 参阅罗常培《释重轻》,历史语言研究所《集刊》第二本第四分;又收入《罗常培文集》第七卷。

五、开唇声　波坡摩婆，能所俱轻；

六、随鼻声　灼（或谓为炮字之讹）蒿考好（原作"姑"，此从元刻本《玉篇》改）等，能所俱重也；

七、舌根声　奚鸡溪等，能所俱重；

八、蹴舌下卷声　伊酌等，能所重；

九、垂舌声　遮车奢者，能所俱轻；

十、齿声　止其始等，能所俱轻也；

十一、牙声　迦佉俄等，能所俱轻；

十二、腭声　鹗器等，能所轻；

十三、喉声　鸦加瘕等，能所俱轻；

十四、牙齿齐呼开口送声　吒沙拿茶，能所俱轻。

其中，或指声母，或指韵母，或指尾音，虽有"开口""合口"之名，实与音呼之法无涉，有人谓即"六朝时等韵字母之胚胎也"①。然四等之辨，明人即已混淆，袁子让《字学元元·读上下等法辩》云："等子虽列为四，细玩之，上二等开发相近，下二等收闭相近，须分上下等读之。"叶秉敬《韵表》凡例六《辩二等》云："《韵表》之设，大都述而不作，未有无所因而辄创自愚臆者，中间惟一表二等之法，乃千古未泄之秘。愚每翻覆于唇舌，往来于心口，灼见二等之外毫不可增，二等之内毫不可减。"吕维祺《同文铎·四等说》云："上二等其声粗而洪，下二等其声细而敛。"此三说者，皆有并四等为二等之趋向。及梅膺祚《字汇》所附《韵法直图》遂废弃四等，增立十呼，于"开口""合口"之外，益以"齐齿""撮口""闭口""齐齿卷舌""齐卷而闭""舌向上""咬齿""混呼"八目。李嘉绍《韵法横图》亦沿用其法，而删去"舌向上"及"咬齿"两呼。宋元等韵旧制，于是丕变。然其所谓"呼"者，或指唇之形态，或指舌

① 见方毅《国音沿革序》。

所抵触,或状韵头性质,或辨韵尾差别,甚至牵涉声母发音,兼及元音声化,观点不一,涵义参差,以视《广韵》末所附《辩十四声例法》,盖同一驳杂也。降至清初,马自援、林本裕、释宗常等虽有所删并,而犹未能彻底廓清。及潘耒作《类音》,始汰其繁复,祛其驳杂,专以唇之形态为准则,定为"开口""齐齿""合口""撮口"四呼,并释其义曰:"初出于喉,平舌舒唇,谓之开口;举舌对齿,声在舌腭之间,谓之齐齿;敛唇而蓄之,声满颐辅之间,谓之合口;蹙唇而成声,谓之撮口。"又谓:"四呼非他,一音之变也。音之由中达外,在牙腭间则为开口,历舌端则为齐齿,畜于颐中则为合口,聚于唇端则为撮口。开与合相应,齐与撮相应,有则俱有,无则俱无,一几四隅,一马四蹄,不可增减者也。"① 于是宋元等韵之四等二呼,遂演变为清代等韵之开齐合撮四呼。若以今语释之,则韵母之不含[i][u][y]三音素者,统谓之开口;以[i]作介音或主要元音者,谓之齐齿;以[u]作介音或主要元音者,谓之合口;以[y]作介音或主要元音者,谓之撮口;并指韵头或韵腹之唇态而言,与韵尾或声母完全无涉。又《字母切韵要法》以开合正副为四呼之称,其后李元《音切谱》释之曰"四等者,开合正副也。正音近喉,副音近齿;正音缩舌,副音伸舌;正音重浊,副音轻清。开口正音俗称开口音;开口副音俗称齐齿音;合口正韵俗称合口音;合口副音俗称撮口音"②,遂致"等"与"呼"复混而不辨,且渐泛称为"等呼"矣。今将宋元等韵家与明清等韵家关于等呼观念之异同列为下表,以明其递变之迹(参看第六表)。

---

① 《声音元本论》下。

② 《音切谱》卷一,第11页。

第六表　等呼观念演变表

宋元（呼／等） 明清（等呼）	开口呼 一	开口呼 二	开口呼 三	开口呼 四	合口呼 一	合口呼 二	合口呼 三	合口呼 四
字汇所附韵法直图	开口呼 闭口呼(甘)	舌向上呼(拿) 齐齿卷舌呼(艰) 齐卷而闭呼(监) 混呼(江)	齐齿呼 咬齿呼(资)	闭。口。呼。(兼)		合口呼 混。呼。(扁)	撮口呼	
李嘉绍韵法横图	开口呼 闭口呼(甘)	齐齿卷舌呼(间) 齐卷而闭呼(监) 混呼(姜)	齐齿呼	闭。口。呼。(兼)		合口呼 混。呼。(肱)	撮口呼	
释宗常切韵正音经纬图	开口呼 开口旋闭呼(甘)	齐齿卷舌呼(兼) 齐齿旋闭呼(监) 开合混呼(江)	启口齐齿呼			合口呼	撮口呼	
林本裕声位	开口呼 闭口卷舌混呼(甘)	卷舌闭口混呼(邹)	启口齐齿呼			合口呼 闭。口。卷。舌。混。呼。(觥)	撮口呼	
马自援等音	开口呼		齐齿呼		合口呼		撮口呼	
潘耒类音	开口呼		齐齿呼		合口呼		撮口呼	
字母切韵要法	开口		开口		合口		合口	
李元音切谱	正韵		副韵		正韵		副韵	

表中加圈号者为重见之呼名，在括弧中者为非正则各呼之例字，又“牙音”各母古开口二等字近代尽变齐齿而古合口三等字近代不全变

撮口,明清人所定奇异各呼除“舌向上”、“咬齿”、“闭口”及“卷舌闭口混呼”外,大抵因此而致缴绕,实不如《类音》以下以之分隶齐齿、合口两呼较为简当。表中直线分划之参差,即所以略示其分合状况也。

3.7 尾音之分析

韵母最末之成素是为“尾音”(auslaut)。汉字之韵母,以元音为尾者二,[-i][-u]是也;以鼻音为尾者三,[-m][-n][-ŋ]是也;以塞音为尾者亦三,[-p][-t][-k]是也。鼻尾与塞尾,在现代方言中,惟闽南、广州、客家全部保持,其余则福州舒声有[-ŋ],促声有[-k],吴语舒声有[-n]或[-ŋ],促声变[-ʔ],官话舒声有[-n]及[-ŋ],促声变[-ʔ]或失落。至于朝鲜译音(Sino-Korean)及湖北、江西一部分方言由[-t]变来之[-l]尾,则与唐末西北方言中之-r尾相近①,盖古代方音歧异之遗迹也。

3.8 释曲韵之六部

词曲家旧分韵部为六条:一曰“穿鼻”,二曰“展辅”,三曰“敛唇”,四曰“抵腭”,五曰“直喉”,六曰“闭口”。戈载《词林正韵》发凡九云:“穿鼻之韵,东冬钟,江阳唐,庚耕清青蒸登三部是也;其字必从喉间反入穿鼻而出作收韵,谓之穿鼻。展辅之韵,支脂之微,齐灰佳半皆哈二部是也;其字出口之后,必展两辅如笑状作收韵,谓之展辅。敛唇之韵,鱼虞模,萧宵肴豪,尤侯幽三部是也;其字在口半启半闭,敛其唇以作收韵,谓之敛唇。抵腭之韵,真谆臻文欣魂痕,元寒桓删山

① 参阅《罗常培文集》第二卷《唐五代西北方音》第97~98页。

先仙二部是也；其字将终之际，以舌抵着上腭作收韵，谓之抵腭。直喉之韵，歌戈，佳半麻二部是也；其字直出本音以作收韵，谓之直喉。闭口之韵，侵，覃谈盐沾严咸衔凡二部是也；其字闭其口以作收韵，谓之闭口。"其形容六部收声之状，可谓辨析毫芒，工于体会。然若以语音学术语释之，则凡开口无尾者，即所谓"直喉"；以[-i]为尾者，即所谓"展辅"；以[-u]为尾者，即所谓"敛唇"；以[-m]为尾者，即所谓"闭口"；以[-n]为尾者，即所谓"抵腭"；以[-ŋ]为尾者，即所谓"穿鼻"。执此以印证戈氏之说，益可了无疑滞。惟入声之以[-t]或[-p]为尾者，固可分隶抵腭或闭口，而收[-k]者则不得谓之穿鼻。今人唐钺别立"碍喉"一词以称之①，庶可弥补戈氏之缺漏矣。

3.9　释"转"、"摄"及"阴"、"阳"

《四声等子》及《切韵指南》统括韵部为16摄：以通、止、遇、果、宕、曾、流、深为"内转"，以江、蟹、臻、山、效、假、梗、咸为"外转"。所谓"摄"者，盖即聚集尾音相同、元音相近之各韵为一类也。意大利人武尔披齐利（Z. Volpicelli）作《中国音韵学》（*Chinese Phonology*）译"摄"字为termination②，荷兰人商克（S. H. Schaank）作《古汉语发音学》（*Ancient Chinese Phonetics*）译"摄"字为classifier③，虽未能尽赅"摄"字涵义，然较高本汉译为group者④，犹能重视尾音也。

清代治古韵学者，又分韵部为"阴""阳"两类。案《广韵》入声各

---

① 见《国故新探》（补订版）第111页。

② 参阅Z. Volpicelli's *Chinese Phonology* p.20。

③ 参阅罗常培《域外中国声韵论著述评》（收入《罗常培文集》第六卷）第58页；《通报》第八卷第458页注4，第九卷第28页。

④ B. Karlgren's *Phonologie Chinoise* p.603, etc.（中译本《中国音韵学研究》第454页。）

部，凡收[-p]尾者皆配闭口韵，收[-t]尾者皆配抵腭韵，收[-k]尾者皆配穿鼻韵，清人所谓“阴”“阳”即以“无入”“有入”为区分之标准。故戴震《答段若膺论韵书》中云：“有入者如气之阳，如物之雄，如衣之表；无入者如气之阴，如物之雌，如衣之里。”① 其弟子孔广森作《诗声类》乃以“阴”“阳”相配，上下“对转”。② 而“阴声”“阳声”之定义则至章炳麟氏始炳焉大明。其言曰：“孔氏《诗声类》列上下两行，为阳声、阴声。其阳声即收鼻音，阴声非收鼻音也。然鼻音有三孔道。”其一曰撮唇鼻音，“印度以西皆以半摩字收之”；其一曰上舌鼻音，“印度以西皆以半那字收之”；其一曰独发鼻音，“印度以姎字收之”。③ 由今论之，凡尾音有[-m][-n][-ŋ]者，即所谓“阳声”；开口无尾或以[-i][-u]为尾者，即所谓“阴声”。直喉、展辅、敛唇三类皆为“阴声”，闭口、抵腭、穿鼻三类则“阳声”也。今为避免牵混声调之“阴”“阳”，改称孔、章所谓“阳声”为“阳韵”，或径名之曰“附声韵”；改称“阴声”为“阴韵”，或径名之曰“不附声韵”；而于声调则别立“阴调”“阳调”二名④，以免眩惑。

兹更综括上文，列为下表：

① 《声类表》卷首第 4 页。

② 《诗声类序》。

③ 《国故论衡》上《成韵图》第 6 页。

④ 王国维《五声说》，即由不能分别“阴韵”、“阳韵”与“阴调”、“阳调”之不同，而致陷于错误；参阅《观堂集林》卷八，第 1～4 页。

第七表 古今尾音分类异同表

古韵阴阳	阴韵			阳韵		
曲韵六类	直喉	展辅	敛唇	闭口	抵腭	穿鼻
尾音	-○	-i	-u	-m(-p)	-n(-t)	-ŋ
等韵韵摄	果 假	止 蟹	遇流效	深 咸	臻 山	江宕梗曾通
广韵平声	歌戈 麻	脂之支微 哈灰泰·佳皆夬·祭·废齐	模鱼虞 侯尤幽 豪肴宵萧	侵 覃谈咸衔盐添严凡	痕魂臻真谆欣文 寒桓删山元仙先	江 唐阳 庚耕清青 登蒸 东冬钟
附广韵入声		(上古音*-g或*-d)	(上古音*-g)	缉 合盍洽狎叶怗业乏	没栉质术迄物 曷末黠辖月薛屑	(附"碍喉"-k) 觉 铎药 陌麦昔锡 德职 屋沃烛

依本讲分析之结果,则《广韵》虽多至二百零六韵,而除声调差别外,实际所含之音素不过[i][u]二介音,[ɑ][o][u][ə][ɔ][a][æ][ɐ][ɛ][i][e]十一元音,[i][u][m][n][ŋ][p][t][k]八尾音而已。执简驭繁,固不难得其鰓理也。

第四讲　调类之分析

4.1　声调之定义

声音之构成由于弹性物体之颤动(vibration)。在一定时间内,颤动次数(frequency)多者,则其音"高";反之,则其音"低"。此种"高""低"之差别,在物理学及乐律学中谓之"音高"(pitch),在语言学及音韵学中则谓之"声调"(tone or intonation)。汉字之分"四声",即由"声调"有高低抑扬之异也。①

4.2　论平上去入

以"平上去入"为四声,自齐梁之际始。《南史·陆厥传》云:"(永明)时盛为文章。吴兴沈约、陈郡谢朓、琅玡王融以气类相推毂。汝南周颙善识声韵。约等文皆用宫商,将平上去入为四声,以此制韵,有平头、上尾、蜂腰、鹤膝。五字之中,音韵悉异,两句之内,角徵不同,不可增减,世呼为永明体。……时有王斌者,不知何许人,著《四声论》行于时。斌初为道人,博涉经籍,雅有才辩,善属文,能唱导而

① 刘复《四声实验录》,中文本,第4~6页,第19~20页。

不修容仪。”[①]《梁书·沈约传》云：“（约）又撰《四声谱》，以为在昔词人，累千载而不寤，而独得胸衿，穷其妙旨，自谓入神之作，高祖雅不好焉。帝问周舍曰：‘何谓四声？’舍曰：‘天子圣哲是也’，然帝竟不遵用。”[②] 又《庾肩吾传》云：“齐永明中，文士王融、谢朓、沈约文章始用四声，以为新变，至是转拘声韵，弥尚丽靡，复逾于往时。”[③] 究其功用，惟在错综字调之低昂，以和谐文辞之节律而已。陈寅恪近作《四声三问》，其一谓四声之数与转读佛经之声调有关。盖以天竺《围陀》之《声明论》，依声之高低，分“声”svara 为三，一曰 udātta，二曰 svarita，三曰 anudātta。其所谓声者，适与中国四声之所谓声者相类似。佛经输入中国，其教徒转读经典时，此三声之分别当亦随之输入。其时中国文士依据及摹拟当日转读佛经之声，分别定为平上去之三声，合入声共计之，适成四声。于是创为四声之说，并撰作声谱，借转读佛经之声调以应用于中国之美化文。其二谓四声说所以成于南齐永明之世，创自周颙、沈约之徒者，盖由南齐武帝永明七年二月二十日竟陵王子良大集善声沙门于京邸，造经呗新声；而萧衍、沈约、谢朓、王融、萧琛、范云、任昉、陆倕等又同在“竟陵八友”之列。于是善声沙门与审音文士交互影响，遂创为声调新说。其三谓宫商角徵羽五声关于声之本体，平上去入四声关于声之实用。论理则指本体以立说，举五声而为言，属文则依实用以遣词，分四声而撰谱，盖犹同光朝士所谓“中学为体，西学为用”之意也。[④] 其持论之精辟，实足以发千余年未睹之秘，释文化史上久蓄之疑。然以声调判别义类，乃汉语之一特质，平上去入之名虽定于周、沈，而声调之实则非肇自齐梁。当魏晋

① 《南史》卷四十八，《南齐书》卷五十二同。

② 《梁书》卷十三，《南史》卷五十七同。

③ 《梁书》卷四十九，《南史》卷五十同。

④ 《清华学报》第九卷第二期，第 275 ~ 287 页。

之际,李登《声类》既以“五声命字”,吕静《韵集》复分“宫商角徵羽各为一篇”[①]。他如陆机明“音声之迭代”[②],范晔别宫商之重轻[③],并与四声之论,异名同实。日释空海《文镜秘府论·调声》节下引元氏(兢)曰:“声有五声,角徵宫商羽也。分于文字四声,平上去入也。宫商为平声,徵为上声,羽为去声,角为入声。”又引刘善经《四声论》(《隋书·经籍志》及《文学传》作《四声指归》)云:“齐太子舍人李季(原脱)节知音之士,撰《音韵(原作谱)决疑》,其序云:‘案《周礼》,凡乐圜钟为宫,黄钟为角,太簇为徵,姑洗为羽,商不合律,盖与宫同声也。五行则火土同位,五音则宫商同律,暗与理合,不其然乎?吕静之撰《韵集》,分取无方;王微(原作徵)之制《鸿宝》,咏歌少验。平上去入,出行闾里,沈约取以和声,[之](衍文)律吕相合。窃谓宫商徵羽角即四声也,羽读括羽之羽。以(原作亦)之和同,以推(原作拉)群音,无所不尽。岂其藏埋万古而未启(原作改)于先悟者乎?’往每见当此文人论四声者众矣,然其以五音配偶,多不能谐;李氏忽以《周礼》证明商不合律,与四声相配,便[合](衍文)恰然悬同。愚谓钟、蔡以还斯人而已。”[④]然则,以“平上去入”与“宫商徵羽角”相配者,固不自段安节《琵琶录》、徐景安《乐书》始也。[⑤]故齐梁以前虽未必适有“四”声,

---

① 见封演《闻见记》及《魏书·江式传》。

② 陆机《文赋》云:“暨音声之迭代,若五色之相宣。”

③ 范晔《狱中与诸甥侄书》云:“性别宫商,识清浊,斯自然也。观古今文人,多不全了此处,纵有会此者,不必从根本中来。……吾思乃无定方,特能济难适轻重。”

④ 原文多讹,从储皖峰、魏建功两君说校改,增“季”删“合”、易“改”为“启”则个人意见也。魏君于所作《论切韵系的韵书》中亦引此文,但所见不同,读者可参阅之。魏文载《国学季刊》第五卷第三期及《十韵汇编》卷首。

⑤ 陈澧《切韵考内篇·通论》第5页云:“若段安节《琵琶录》以平声为羽,上声为角,去声为宫,入声为商,上平声为徵;《玉海》载徐景安《乐书》以上平声为宫,下平声为商,上声为徵,去声为羽,入声为角。凌次仲《燕乐考原》谓其任意分配,不可为典要。是也。”

声调之用亦不必专谐文律，而字音之早有高低抑扬，则固无容否认。且至四声之风气既成，文人编制韵书遂依其体系分类，较诸“声”“韵”尤为重要，盖已成为汉语声音之元素矣。陈氏所以斤斤于“体”“用”之分，但申“四声之说专主属文”一义者，亦恐引起读者之误会耳。

4.3 古今声调之异

上古有无四声，说者尚无定论。陈第《毛诗古音考》倡古无四声之说。[①] 顾炎武《音论》更演其旨曰：“古人之诗……上或转为平，去或转为平上，入或转为平上去……故四声可以并用。”又谓“入为闰声”。[②] 江永附和顾说，称为“善之尤者”。[③] 特两君于古今声调之异，犹未能明确言之耳。厥后段玉裁则谓：“周、秦、汉初之文，有平上入而无去。洎乎魏晋，上入声多转而为去声，平声多转为仄声，于是乎四声大备，而与古不侔。”[④] 孔广森则谓：“自缉合等闭口音外，悉当分隶自支至之七部，而转为去声。盖入声创自江左，非中原旧读。”[⑤] 立说虽殊，而明古四声与今不同则一也。江有诰初亦从古无四声之说[⑥]，后作《唐韵四声正》，乃谓：“古人实有四声，特古人所读之声与

① 参阅《毛诗古音考》卷一，第 27 页，《谷风》“怒”字注；卷二，第 33 页，《绸缪》“隅”字注。

② 《音论》卷中，第 10～14 页。

③ 《古韵标准·例言》第 6 页。

④ 《六书音均表》卷一《古四声说》。

⑤ 《诗声类》卷一，第 2 页。

⑥ 初刻《音学十书·凡例》。

后人不同。"[①] 当时王念孙亦赞同其说。[②] 近人陈汉章复作《古声无去入辨》以驳段、孔。[③] 是古四声真相何若，犹聚讼未决也。蕲春黄季刚先生承诸家之后，撷众说之华，由所考古韵部居，断定古无上去，"惟有平入"[④]。钱玄同先生初亦遵用之，继又采取段氏《古四声说》分出上声五部[⑤]。余近读牟应震《毛诗古韵考》亦信古有上声之说[⑥]，其理论别于各论详之。至德人孔好古(Augustus Conrady)谓汉语及傣语(Tai)之声调乃由音组递减或消失而变成，非原始所有[⑦]，则须汉藏语比较研究进展后始克证明，今可存而不论也。

4.4　四声之性质

关于四声之性质，旧来说者每以"长短、轻重、缓急、疾徐"为言，笼统模糊，迄无的解。如唐释处忠《元和韵谱》曰："平声哀而安，上声厉而举，去声清而远，入声直而促。"明释真空《玉钥匙歌诀》曰："平声平道莫低昂，上声高呼猛烈强，去声分明哀远道，入声短促急收藏。"顾炎武《音论》曰："其重其疾则为入为去为上，其轻其迟则为平。"清江永《音学辨微》曰："平声音长，仄声音短，平声音空，仄声音实；平声如击钟鼓，仄声如击土木石。"张成孙《说文谐声谱》曰："平声长言，上

---

① 见《再寄王石臞先生书》。

② 见《王石臞先生遗文》卷四，第18页，《与江晋三书》。

③ 《缀学斋初稿》卷三，第16页。

④ 《音略·略例》。

⑤ 见所印《古韵三十三部表》。

⑥ 参阅罗常培《读牟应震毛诗古韵考》，天津《益世报·读书周刊》第四十二期；又收入《罗常培文集》第七卷。

⑦ 见 Augustus Conrady *Eine Indochinesische Causativ-Denominativ Bildung und ihre Zusammensetzung mit den Ton-Accenten*，Leipzig，(1896)。

声短言,去声重言,入声急言。”段玉裁《与江有诰书》曰:“平稍扬之则为上,入稍重之则为去。”或则望文生训,或则取譬玄虚,从兹探求,转滋迷惘!至于王鸣盛《十七史商榷》谓“同一声也,以舌头言之为平,以舌腹言之为上,急气言之即为去,闭口言之即为入”[①],牵混声母,昧于调值,益谬误不足道矣!近人能确指四声之性质者,当首推刘复、赵元任两氏。刘氏以为:声音之断定不外“高低”“强弱”“长短”“音质”四端。四声与强弱绝不相干;与长短、音质间有关系,亦不重要。其重要元素惟高低一项而已。然此种高低是复合的而非简单的,且复合音中两音彼此之移动,是滑的,而非跳的,此即构成四声之基本条件也。[②] 赵氏以为:一字声调之构成,可以此字之音高与时间之函数关系为完全适度之准确定义,如画成曲线,即为此字调之准确代表。[③] 自此两说出,而后千余年来之积疑,乃得一旦豁然,诚审音之大快事也。

4.5 辨识声调之困难

然声调所以不易辨识者,犹有二因:一曰调值纷错,自古已然;二曰清浊演变为阴阳,每因方言而异类。案陆法言《切韵序》曰:“古今声调既自有别,诸家取舍亦复不同。吴楚则时伤轻浅,燕赵则多涉重浊。秦陇则去声为入,梁益则平声似去。”所谓“吴楚轻浅,燕赵重浊”者,如《颜氏家训·音辞篇》云:“南方水土和柔,其音清举而切诣,失在浮浅;北方山川深厚,其音沉浊而铫钝,得其质直。”又《经典释文·叙

① 《十七史商榷》卷十,《汉书》四“内言”条。

② 《四声实验录》,中文本,第19~20页,第48~53页。

③ 《中国言语字调底实验研究法》,《科学》七卷九期。

录》云:“方言差别固自不同,河北江南最为巨异,或失在浮清,或滞于沉浊。”两家之言,并可与法言所论相互发明。所谓“秦陇则去声为入,梁益则平声似去”者,劳乃宣《等韵一得·外篇》云:“盖以异方之人听之耳,使其本方人听之,必不尔也。彼方之去似此方之入,则彼必别有其入,且谓此方之入似其去;彼方之平似此方之去,则彼必别有其去,且谓此方之去似其平。以一方之音言之,必自成其一方之平上去入,无稍缪戾者。故四声之辨,可各以方音求之。其音不必强同,其理自无不同也。”此说精切,深得法言微旨。试以现代方音证之:例如,北京读阴平“衣”字为高平调,关中人闻之必谓与其去声“意”字相近,其实京音读“意”字为全降调,适与秦音上声“椅”字相近,且可谓秦音之去声似其平,上声似其去也。又北京读阴平“天”字为高平调,天津人闻之必谓与其阳平“田”字相近,其实京音读“田”字为中升调,适与津音上声“忝”字近似,且可谓津音之阳平似其阴平,上声似其阳平也。诸如此类,不胜备举。然则各方言之调类虽自成系统,而方言间之调值则参差不齐,若以一地之调值强律他方之四声,徒见其龃龉难谐而已。此声调不易辨识之因一也。

又孙愐《唐韵序后论》云:“切韵者,本乎四声……引字调音,各自有清浊。”是清浊各有四声,由来已久。然清浊声何时演变为阴阳调,则文献无征,未可臆断。惟周德清《中原音韵自序》云:“字别阴阳者,阴阳字平声有之,上去俱无。上去各止一声,平声独有二声,有上平声,有下平声。上平声非指一东至二十八山而言,下平声非指一先至二十七咸而言。前辈为《广韵》平声多,分为上下卷,非分其音也。殊不知平声字字俱有上平、下平之分,但有有音无字之别,非一东至山皆上平,一先至咸皆下平声也。如东、红二字之类,东字下平声属阴,红字上平声属阳,阴者即下平声,阳者即上平声。试以东字调平仄,又以红字调平仄,便可知平声阴阳字音,又可知上去二声各止一声俱无阴阳之别矣。”又日本沙门了尊撰《悉昙轮略图抄》卷一论“八声事”云：“右先明四声轻重者，《私颂》云：平声重初后俱低，平声轻初昂后低；上声重初低后昂，上声轻初后俱昂；去声重初低后偃，去声轻初昂后偃；入声重初后俱低，入声轻初后俱昂。……四声各轻重八声。……一音低昂名平上，低昂互前后成八，是故八音各相通”①。周韵成于元泰定元年甲子（1324），《图抄》写于日本贞和二年，与元顺帝至正六年丙戌（1346）相当，则平声之分阴阳与夫四声之演化为八声，至晚亦当实现于元朝末叶也。降至明世，范善溱《中州全韵》及王鵕《中州音韵辑要》平、去两声遂各分阴阳，而周昂《增订中州全韵》更于阳平、阳去之外分立阳上，于是八声系统乃渐臻完备。

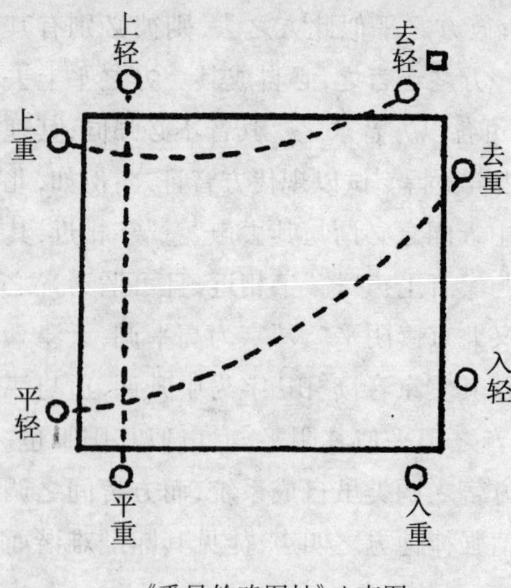

《悉昙轮略图抄》八声图

然四声之分化在方言中约有三途：其一，清浊声与阴阳调并存，吴语是也；其二，平仄皆分阴阳而声母之清浊不辨，闽、粤、客家是也；其三，全浊声母平声变同次清而声调之阴阳尚分，仄声变同全清而声调之阴阳亦混，“官话”是也。以故方言调类至为参差。今就所知方言24种列为下表，以明古今调类分合之迹：

① 《大正新修藏》第二七〇九，高野山遍照光院藏贞和二年写本。

第八表　古今调类分合异同表

<table>
<tr><td rowspan="2">古声母
古调类
今调类
方言</td><td>清</td><td>浊</td><td>清</td><td>次浊</td><td>全浊</td><td>浊</td><td>清</td><td>清</td><td>浊</td></tr>
<tr><td colspan="2">平</td><td colspan="3">上</td><td colspan="2">去</td><td colspan="2">入</td></tr>
<tr><td>广州</td><td>阴平</td><td>阳平</td><td>阴上</td><td>阳上</td><td colspan="2">阳去</td><td>阴去</td><td>上阴入
中阴入</td><td>阳入</td></tr>
<tr><td>上海、温州</td><td>阴平</td><td>阳平</td><td>阴上</td><td colspan="2">阳上</td><td>阳去</td><td>阴去</td><td>阴入</td><td>阳入</td></tr>
<tr><td>汕头</td><td>阴平</td><td>阳平</td><td colspan="2">上</td><td>阳去</td><td>去</td><td>阴去</td><td>阴入</td><td>阳入</td></tr>
<tr><td>厦门、福州</td><td>阴平</td><td>阳平</td><td colspan="2">上</td><td colspan="2">阳去</td><td>阴去</td><td>阴入</td><td>阳入</td></tr>
<tr><td>临川</td><td>阴平</td><td>阳平</td><td colspan="2">上</td><td colspan="2">阳去</td><td>阴去</td><td>阴入</td><td>阳入</td></tr>
<tr><td>苏州</td><td>阴平</td><td>阳平</td><td colspan="2">上</td><td colspan="2">阳去</td><td>阴去</td><td>阴入</td><td>阳入</td></tr>
<tr><td>休宁城内</td><td>阴平</td><td>阳平</td><td>阴上</td><td colspan="2">阳上</td><td>阳去</td><td>变阳平</td><td>阴入</td><td>阳入</td></tr>
<tr><td>休宁蓝田</td><td>阴平</td><td>阳平</td><td colspan="2">上</td><td>变阳平</td><td>阳去</td><td>阴去</td><td>阴入</td><td>阳入</td></tr>
<tr><td>客家</td><td>阴平</td><td>阳平</td><td colspan="2">上</td><td colspan="3">去①</td><td>阴入</td><td>阳入②</td></tr>
<tr><td>歙县</td><td>阴平</td><td>阳平</td><td colspan="2">上</td><td colspan="2">阳去</td><td>阴去</td><td>阴入</td><td>变阳去</td></tr>
<tr><td>绩溪</td><td>阴平</td><td>阳平</td><td colspan="3">上</td><td>阳去</td><td>阴去</td><td colspan="2">入</td></tr>
<tr><td>婺源</td><td>阴平</td><td>阳平</td><td colspan="2">阴上</td><td>阳上</td><td>阳去</td><td>阴去</td><td colspan="2">（变阳去）</td></tr>
<tr><td>祁门</td><td>阴平</td><td>阳平</td><td colspan="3">上</td><td>阳去</td><td>阴去</td><td>入</td><td>变阳去</td></tr>
<tr><td>黟县</td><td>阴平</td><td>阳平</td><td colspan="3">上</td><td>变阴入</td><td>去</td><td>入</td><td>变阴平</td></tr>
<tr><td>南京、扬州</td><td>阴平</td><td>阳平</td><td colspan="2">上</td><td colspan="3">去</td><td colspan="2">入</td></tr>
<tr><td>获鹿</td><td>阴平</td><td>阳平</td><td colspan="2">上</td><td colspan="3">去</td><td colspan="2">入</td></tr>
<tr><td>汉口、四川</td><td>阴平</td><td>阳平</td><td colspan="2">上</td><td colspan="3">去</td><td colspan="2">（变阳平）</td></tr>
<tr><td>分宜</td><td>阴平</td><td>阳平</td><td colspan="2">上</td><td colspan="2">去</td><td>变阳平</td><td colspan="2">（变阴平）</td></tr>
<tr><td>咸阳</td><td>阴平</td><td>阳平</td><td colspan="2">上</td><td colspan="3">去</td><td colspan="2">清声及次浊变阴
平，全浊变阳平</td></tr>
<tr><td>北京</td><td>阴平</td><td>阳平</td><td colspan="2">上</td><td colspan="3">去</td><td colspan="2">全清全浊变阳平
次清次浊变去声</td></tr>
</table>

①客家话古全浊上声文言变去声，白话变阴平；古次浊上声亦有一部分变阴平。

②客家话古次浊入声一部分变阴入。

观前表所列，平去二声尚较整齐，上入二声殊为纷错。绎其演变所由，要皆系于声母。盖古四声既因清浊而分阴阳，浊上复以“全浊”“次浊”之异而分入阳去、阴上两类，至于入声演变，尤须于声母类别寻其条理也。全浊上声之演变，自唐时即已发生。李涪《刊误》尝诋《切韵》曰：“吴音乖舛，不亦甚乎？上声为去，去声为上……恨怨之恨则在去声，很戾之很则在上声；又言辩之辩则在上声，冠弁之弁则在去声；又舅甥之舅则在上声，故旧之旧则在去声；又皓白之皓则在上声，号令之号则在去声；又以恐字、恨字俱去声；今士君子于上声呼恨，去声呼恐，得不为有知之所笑乎？……凡中华音切莫过东都，盖居天地之中，禀气特正，予尝以其音证之，必大哂而异焉。……予今别白去上，各归本音；详较重轻，以符古义；理尽于此，岂无知音。”今案《广韵》“很”胡恳切，匣母很韵，“辩”符蹇切，並母猕韵，“舅”其九切，群母有韵，“皓”胡老切，匣母皓韵，皆属全浊上声；而“恨”胡艮切，匣母恨韵，“弁”皮变切，並母线韵，“旧”巨救切，群母宥韵，“号”胡到切，匣母号韵，皆属全浊去声；李涪既以《切韵》所分为非，则在其方音中必已不分全浊上去也。据陆游《渭南集·刊误跋》云：“王行瑜作乱，宗正卿李涪盛陈其忠，谓必悔过。及行瑜传首京师，涪亦放死岭南。”案王行瑜传首京师，事在唐昭宗乾宁二年(895)十一月，《刊误》之成必当早于是年，则陆法言《切韵》成书(隋仁寿元年，601)后未满三百年，即已有人不辨全浊上去，复何怪张麟之《韵镜序例》谓“逐韵上声浊位并当呼为去声”耶？迨及清季，周赟能辨六声，遽自矜为独得胸臆，穷妙入神，欲与其家彦伦之分四声，挺斋之分五声，先后媲美[①]，亦足觇举世茫昧，难觅解人矣。夫调类演变既如是悠久，其分合复如是纷歧，若囿于一地方音，不审异同之故，乌能心知其意，口拟其声？此声调不易辨识之因二也。

4.6　辨识声调之方法

然则辨识声调之法将若何？曰：宜分辨“类”与辨“值”两端言之：

---

① 参阅《山门新语》卷一，《周氏琴律切音序》及《六声图说》。

韵书之根据在反切,韵书之规模在四声,自陆法言《切韵》以迄《佩文斋诗韵》,无不以平上去入为分类之标准。故调值及阴阳虽因方言互殊,而四声之系统悉与韵书相应。倘能时常披览韵书,佐以《广韵通检》、《初学检韵》及《四声易知录》诸索引,则于辨识调类当不至过感困难。且江永《音学辨微》曰:"前人以宫商角徵羽五字,状五音之大小高下,后人以平上去入四字,状四声之阴阳流转,皆随类偶举一字。知其意者,易以他字,各依四声之次,未尝不可。梁武帝问周舍曰:'何为平上去入?'对曰:'天子圣哲是也。'可谓敏捷而切当矣。'天子圣哲'又可曰'王道正直',学者从此隅反。"案《旧唐书·杨绾传》:"绾生聪惠……尝夜宴,亲宾各举坐中物以四声呼之。诸宾未言,绾应声指铁灯树曰:'灯盏柄曲'。众咸异之。"此亦与"天子圣哲"例同。其后王鉴作《四声纂句》,即仿"天子圣哲""灯盏柄曲"之例,纂辑四声成语以便初学。例如:

风洒露沐	民喜岁熟	为善最乐	乡里叹伏
欹满器覆	诒子燕翼	文武是式	先本后末
河海静谧	泾以渭浊	情好甚笃	杯酒自适
兄弟既翕	情感意浃	兰桨桂楫	轻艇坐盍[①]

又赵元任于北京之阴阳上去四声,亦拟有成语三十余句。其文为:

中华语调	高扬起降	开门请坐	分别长幼
灾情很重	要求免税	修桥补路	生财有道
诸承指教	非常感谢	说完好话	偏来打岔
张王李赵	专门捣乱	荤油炒肉	偷尝两块
酸甜苦辣	希奇古怪	七侠五义	青龙宝剑
三国演义	英雄好汉	爹拿椅坐	缺乏笔墨

① 参阅朝邑刘际清所刊之《青照堂丛书》第三编。

偏旁写错　　斯文扫地　　登楼远望　　天晴雨过
山明水秀　　非常好看　　阴阳上去　　诸如此类[①]

学者熟诵而涵咏之,均有助于辨识调类也。

阴阳之辨较四声为难。吴瞿安先生曰:“韵之阴阳,在平声、入声至易辨别,所难者上、去二声耳。上声之阳类乎去声,而去声之阴又类乎上声,此周挺斋《中原音韵》但分平声阴阳,不及上去者,盖亦畏其难也。迨后明范善溱撰《中州全韵》,清初王鵕撰《音韵辑要》,始将上去二声分别阴阳,而度曲家乃有所准绳矣。”[②] 此犹就操吴语者言也,若生为北人,则除平声外皆不辨阴阳,度曲倚声,鲜不偭规越矩。且四声悉分阴阳,实自清周昂之《重订中州全韵》[③] 始,范善溱、王鵕二家只能分辨平去入之阴阳而已。倘使广州、上海、温州以外之人而欲辨识仄声之阴阳,则除依据周昂之书,惟有借镜于古声母之清浊,舍是以求,殆无捷诀也。

以平声对上去入言则谓之“平”“仄”,以平上去对入声言则谓之“舒”“促”。平仄易辨而舒促常混,盖入声之尾音在官话区域已多数消失,且依声母之类别而分化于其他三声。据亡友白涤洲《北音入声演变考》云:六百年来北音入声之演变,第一期为全浊读阳平,次浊读去声,清纽读上声;第二期全浊、次浊仍旧,清纽依送气、不送气或擦声之关系,改读阳平与去声,间有仍读上声者,乃历史之遗迹;第三期仍与第二期同,惟此后之变化恐渐演成完全不规则。[④] 故北人欲调平仄,宜先认清入声,始可避免“失粘”之弊。

自《中原音韵》始分五声,作者相沿,每异标目:桑绍良《文韵考衷

---

① 《新国语留声机片课本》第 7 ~ 8 页。
② 《顾曲麈谈》卷上,第 24 页。
③ 有此宜阁刻本,二十二卷。
④ 《女师大学术季刊》第二卷第二期。

六声会编》分“浮平、沉平、上仄、去仄、浅入、深入”六声，林本裕《声位》分“开、承、转、纵、合”五声；至于“阴平”“阳平”两类，则金尼阁《西儒耳目资》谓之“清”“浊”，方以智《切韵声原》谓之“啌”“嘡”，马自援之《等音》谓之“平”“全”，樊腾凤之《五方元音》谓之“上平”“下平”；其名虽异，其实则同。今对照列表，以免眩惑：

第九表　五声异名表

调名＼分类	周德清之四声	桑绍良之六声	金尼阁之五声	方以智之五声	马自援之五声	林本裕之五声	樊腾凤之五声
阴平	阴平	浮平	清	啌	平	开	上平
阳平	阳平	沉平	浊	嘡	全	承	下平
上	上	上仄	上	上	上	转	上
去	去	去仄	去	去	去	纵	去
入	全浊读阳平 次浊读去声 清纽读上声	浅入 深入	入	入	入	合	入

综上所论，可知辨四声应以《广韵》为准，辨八声应以《重订中州全韵》为准，若更纂句以资娴习，分纽以免混淆，尤有裨于审辨调类也。然审辨调值之难，固有倍蓰于此者。

审辨调值有实验与耳听两法。用浪纹计（kymograph）记录声调浪纹于烟熏纸，然后以刘复创制之“乙一声调推断尺”（Liugraph）或“乙二声调推断尺”（Apocket tone-graph）测定其音高曲线（pitch curve）者，是为实验法。[①] 经过相当之听音训练后，但借渐变音高管（sliding pitch-pipe）之辅助，即可由耳听以估定声调之高低抑扬者，是为耳听法。[②] 刘复之《四声实验录》应用前法作成，赵元任之《现代吴语的研究》中关于声调部分则用后法作成，持术虽殊，而有贡献于中国音韵

① 参阅《四声实验录》及《声调之推断及声调推断尺之制造与用法》，历史语言研究所《集刊》第一本第二分；《乙二声调推断尺》，历史语言研究所《集刊》第四本第四分。

② 《现代吴语的研究》第3~4页，第73~75页。

学则一也。赵氏为初学辨调之便利，又拟有“字母式声调符号”(tone letters)一种。其法以竖标代表高低，以横标代表长短及曲直抑扬。每一竖标分为五度，以自 5 至 1 之数码称之。平直而长者示以相同之两数，短者示以单数；上扬者两数先小而后大，下抑者两数先大而后小，均以两数下有无横线相连为短长之分别；至于曲折之声调则以三数表之，有数码大小当以起落之高低及抑扬之先后为断。兹录其基本调符 30 种以资隅反[①]：

˩˩	11	˩˧˩	131	˩	1
˩˧	13	˩˥˧	153	˨	2
˩˥	15	˨˦˨	242	˨˧	$\underline{23}$
˨˨	22	˧˩˧	313	˧	3
˨˦	24	˧˩˥	315	˦˧	$\underline{43}$
˧˩	31	˧˥˩	351	˦	4
˧˧	33	˧˥˧	353	˥	5
˧˥	35	˦˨˦	424		
˦˨	42	˥˩˧	513		
˦˦	44	˥˧˥	535		
˥˩	51				
˥˧	53				
˥˥	55				

关于调值之精密研究，属于语音学范围。治音韵学者如欲明了声调之性质，则宜自省察己身所操方言之调类与调值始。凡已能辨识调类者，但取各类之例字反复诵读，体味其高低抑扬，即可略辨调值之型式而识以调符。如其调类分合尚待判定，则须先就下列辨调

① *Le Maitre Phonétique*, Troisiéme Sèrie, No.30, pp.24～27.

例字表(参看第十表)依次诵读确定其大类,然后审辨其调值,识以调符;欲求精密,更须参用实验法以勘究其同异。例如,北京语读次浊上声“五女惹老暖买武有”等字与清母上声“古展口丑好手”等字调值相同,读全浊上声“近柱市坐蟹社似妇”等字与清母去声“盖帐正醉怕唱放送”及浊母去声“共助备饭大谢望用”声调均同,则知北京阳上分化为阴上及去声,且去声亦不能分别阴阳也。又读入声“急竹得职即识福责局宅食杂读白合舌俗服”等字与阳平无别,读“敕黑各百却彻额聂入六纳麦物药”等字与去声无别,而“一出七秃惜接搭约切拍歇说削”与“笔劄曲匹尺铁法”等字又分别变入阴平及上声两类,是北京声调已无舒促之分,入声又因声母之差异而演变为平上去三声也。倘使广州人读此表,则非特八类均能辨别,且可自阴入中分出“各劄责接搭百约却彻尺切铁拍歇说削法”等别立“中入”一类(参看第十一表)。繁简悬殊,从可概见。学者苟能确认自己所操方言之调值,然后推己及人,由近而远,以衡量一切方言之调值,庶不致十分讹误矣。今举汉语方言内最简单之京语四声及最复杂之粤语九声示例,以为本节之殿:

第十表　辨调例字表①

阴平	刚知专尊丁边安 开超初粗天偏 蒿　商三　飞 　　(拉妈)	阳平	穷陈床才唐平 寒　时详　扶 鹅娘人龙难麻文云
阴上	古展纸走短比袄 口丑楚草体普 好　手死　粉	阳上	五女惹老暖买武有 近柱市坐断倍 蟹　社似　妇
阴去	盖帐正醉对变爱 亢趁唱菜　怕 汉　世送　放	阳去	共阵助暂大备 害　树谢　饭 岸酿闰漏怒帽望用
阴入	急竹职即得笔一 曲敕出七秃匹 黑　识惜　福 各劄责接搭百约 却彻尺切铁拍 歇　说削　法	阳入	局宅食杂读白 合　舌俗　服 额聂入六纳麦物药

第十一表　京粤调值异同表②

调　类	阴平	阳平	阴上	阳上	阴去	阳去	上阴入	中阴入	阳入
调类符号	꜀□	꜁□	꜂□	꜃□	□꜄	□꜅	□꜆		□꜇
例　字	衣	移	椅	矣	意	异	一	谒	亦
粤语九声	˥˧	˨˩	˧˥	˩˧	˧	˨	˥	˧	˨
京语四声	˥	˧˥	˨˩˦	˥˩			全清全浊˧˥，次清次浊˥˩，例外˥或˨˩˦		

① 历史语言研究所《方言调查表格》252，第2页。

② 节录赵元任《方言调值异同表》。

第五讲　汉字标音方法之演进

5.1　汉字音之结构

欲明汉字标音方法之演进，当先知汉字音结构之方式。本编第一讲云："构成汉字之音素曰'声'、曰'韵'、曰'调'：声者专指字首之'辅音'，韵者兼赅'介音'、'元音'及'尾音'，调者则谓全字之'高低'或'升降'。"关于声、韵、调之分析，上文业已明之，汉字音之结构，要不外此诸元素之错综配合而已。近人唐钺分汉字音素为"起""舒""纵""收"四种①，刘复则分为"头""颈""腹""尾""神"五种②，一不赅调言，一赅调言，余则异名同实耳。兹与本编名称对列如下：

唐氏定名	起	舒	纵	收	
刘氏定名	头	颈	腹	尾	神
本编定名	声母	介音	元音	韵尾	声调

试用刘氏所定之名称，据《切韵》拟音以类别汉字音结构之方式，则有头、颈、腹、尾、神俱备者，如：

忠 ꜀ȶiuŋ　　广 ꜂kuɑŋ　　尊 ꜀tsuən　　天 ꜀tʻien

---

① 见《国故新探》初印本。

② 《北京方音析数表》，见《国学季刊》第三卷第三号。案刘氏原以发音部位相同之一声组为"头"，以每声母为"面"，今为省文计，合"头""面"为一，而以"头"标之。

锦 ꜂kĭəm　帆 ꜁bʻĭwɐm　杯 ꜀puɑ̣i　逝 ʑĭɛi꜅

牛 ꜁ŋĭəu　庙 mĭɛu꜅　福 pĭuk꜆　狄 dʻiek꜇

术 dʑʻĭuĕt꜆　必 pĭĕt꜆　接 tsĭɛp꜆　法 pĭwɐp꜆

有缺头者，如：

融 ꜁ĭuŋ　蝇 ꜁ĭəŋ　尹 ꜃ĭuĕn　延 ꜁ĭɛn

淫 ꜁ĭĕm　艳 ĭɛm꜅　曳 ĭɛi꜅　由 ꜁ĭəu

耀 ĭɛu꜅　育 ĭuk꜇　翼 ĭək꜇　聿 ĭuĕt꜇

悦 ĭuɛt꜇　熠 ĭəp꜇　葉 ĭɛp꜇

有缺颈者，如：

公 ꜀kuŋ　耕 ꜀kæŋ　丹 ꜀tɑn　山 ꜀ʂạn

蚕 ꜁dzʻɑ̣m　蓝 ꜁lɑm　猜 ꜀tsʻɑ̣i　蟹 ɣʻai꜅

头 ꜁dʻəu　刀 ꜀tɑu　縠 kuk꜆　德 tək꜆

割 kɑt꜆　八 pat꜆　杂 dzʻɑ̣p꜇　盍 ɣɑp꜇

有缺尾者，如：

果 ꜂kuɑ　蔗 tɕĭa꜄　瓜 ꜀kua　兔 tʻuo꜄

鱼 ꜁ŋĭo　芋 ɣĭu꜅

有只具头、腹、神者，如：

我 ꜃ŋɑ　歌 ꜀kɑ　假 ꜂ka　牙 ꜁ŋa

饥 ꜀ki　脂 ꜀tɕi　兹 ꜀tsiː　思 ꜀siː

有只具颈、腹、神者，如：

惟 ꜁wi　夜 ĭa꜅

有只具腹、神者，如：

夷 ꜁i　肄 i꜅　怡 ꜁iː　以 ꜃iː

就以上七式观察,可知惟“腹”与“神”为构成汉字音必不可少之成素;又第一、第四两式绝无开口呼,第三式绝无齐、合、撮呼,第二、第六、第七三式只限喻纽四等,第五式惟有歌、麻、脂、之四韵;字音结构,变化虽繁,絜其纲维,要不能轶此七式之外也。

准此七式,以衡汉字之标音方术,即反切下字惟第二、第六、第七三式可免声母为碍,反切上字各式均有韵母作梗。然喻纽既非各韵所俱备,存声去韵,又为汉字所绝无,故反切方法虽迭经改良,而终不免演进为注音字母者,固势所必至也。兹就往迹以明之。

5.2 反切以前之标音法

郑樵《通志·六书略·论华梵下》云:“梵人长于音所得从闻入……华人长于文所得从见入。”故汉字体系本属“意标”,而非“音标”,宜于目治而不宜于耳治。当造字之始,谐声、假借盖皆象音,先有“工”“可”“公”“白”之名,乃有“江”“河”“松”“柏”之字;先有“车渠”“夫容”之声,乃有“砗磲”“芙蓉”之形。其后“飞禽安鸟,水族著鱼”,形声相益,孳乳寖多。溯其原始,实不外乎“依声托事”而已。廖平尝谓:“象声、假借一也:加偏旁为象声,不加偏旁为假借。取象声而去偏旁便是假借,取假借而加偏旁便为象声。”① 按诸事实,其言不为无见。然谐声、假借只居六书之二,其他各类仍难据形知音,而声音递变,古今不同,所谐所借者,亦难尽协唇吻。弥补其弊,乃有“譬况发音”“读若”“直音”之法。

① 《六书旧义》第5页。

(甲)譬况发音

《颜氏家训·音辞篇》云:"郑玄注六经,高诱解《吕览》《淮南》,许慎造《说文》,刘熙制《释名》,始有譬况、假借以证音字耳。而古语与今殊别,其间轻重清浊犹未可晓。加以外言、内言、急言、徐言、读若之类,益使人疑。"今就诸家音注求之,有以"急气""缓气"譬况者,例如:

《淮南子·地形训》"其地宜黍,多旄犀"。高注:"旄读近绸缪之缪,急气言乃得之。"

《修务训》"啳睽哆吻"。注:"啳读权衡之权,急气言之。"

《俶真训》"牛蹏之涔"。注:"涔读延祜曷问,急气闭口言也。"

《吕氏春秋·慎行篇》"崔杼之子相与私閧"。注:"閧读近鸿,缓气言之。"

有以"长言""短言"譬况者,例如:

《公羊·庄公二十八年》传曰:"春秋伐者为客,伐者为主。"何休注于"伐者为客"下曰:"伐人者为客,读伐长言之,齐人语也";于"伐者为主"下曰:"见伐者为主,读伐短言之,齐人语也"。

有以"笼口""闭口""横口""踧口"譬况者,例如:

《淮南子·地形训》"黑色主肾,其人惷愚"。注:"惷读人谓惷然无知之惷也,笼口言乃得。"

《俶真训》"牛蹏之涔"。注:"涔读延祜曷问,急气闭口言也。"

《释名·释天》:"风,豫、司、兖、冀横口合唇言之,风,泛也……青、徐言风,踧口开唇推气言之,风,放也。"

有以"舌头""舌腹"譬况者,例如:

《释名·释天》:"天,豫、司、兖、冀以舌腹言之,天,显也……

青、徐以舌头言之,天,坦也。"

或指声位之前后,或指韵势之弇侈,或指调之长短,或指尾之闭开,得其仿佛,益使人疑。以此注音,殆难望其精切矣。

(乙)读若

顾炎武《音论》云:"汉时人未有反切,故于字之难知者多注云读若,赵宧光《说文长笺》凡例云:古无音切之法,音声之道无边,而同音者甚少,故许氏但有读若,若者犹言相似而已,可口传而不可笔传也。"① 关于《说文》中之读若,清代洪颐煊、金谷元、张行孚、王咏霓、桑宣、陶有铭及近人方勇、刘秀生等均有释例或疏证;而汉人经注中所谓"声近""声同""读如""读若""读与某同"之类,段玉裁、俞樾等亦有所考证。然读若于释音之外,或训其义(如纛"读若春麦为纛之纛"),或通其字(如肤"读与跌同"),而释其音者亦有本声(如肤"决省声,读若决水之决")、转声(如蛇"从虫仑声,读若戾")之异,有汉音、唐音之殊。(赵宧光《说文长笺》云:"本文读若与徐氏切韵不合者,汉唐音声稍变。")准是以言,读若之不适于标音甚固显然矣。

(丙)直音

以一字譬况作音谓之"直音"。李邺《切韵考》云:"今人直音与古人读若不同:古人读若取其近似,今人直音非确不可。音各有类,定音必从其类,如本类有音可取,而取别类则非。"就汉字音之结构言,两字之"头""颈""腹""尾""神"各部悉同者始可互相注音。然字形有限而音变无方,故"或无同音之字,则其法穷;虽有同音之字,而隐僻

① 《音论》下,第11页。

难识,则其法又穷"[1]。《康熙字典》心部"心"字下云:"心,《唐韵》息林切,《集韵》《韵会》《正韵》思林切。……按《字汇》《正字通》心俱音辛,误。辛在真韵,齐齿音也(案'齐齿'应作'抵腭');心在侵韵,闭口音也。如心字去声音近信,然不得竟以信字音之者,盖信字为真韵内辛字之去声,乃齐齿音也,若侵韵内心字之去声乃闭口音,有音而无字矣。字有不可下直音者,此类是也。"且末流之弊尚有两字循环互注,徒增迷惘者,如《康熙字典》隹部"集,《集韵》《类篇》籍入切,并音箿",竹部"箿,《广韵》子立切,《集韵》藉入切,并音集";又辵部"遥,余招切,音谣",言部"谣,余招切,音遥",若斯之类,与不音何异?故直音虽较譬况、读若略为准确,而终不得不演进为反切者,殆即所谓穷则变、变则通而已。

譬况、读若、直音在标音方术上既各有缺陷,于是"反切"乃代之而兴起。

5.3 反切

反切者合二字以为一字之音,所以济直音之穷也。顾炎武《音论》云:"《礼部韵略》曰:'音韵展转相协谓之反,亦作翻;两字相摩以成声韵谓之切。'其实一也。反切之名,自南北朝以上皆谓之反,孙愐《唐韵》则谓之切,盖当时讳反字。……唐玄度《九经字样》序曰'避以反言,但纽四声,定其音旨',其卷内之字,'盖'字下云'公害翻',代反以翻;'受'字下云'平表纽',代反以纽。是则反也,翻也,切也,纽也,一也。然张参《五经文字》并不讳反,则知凡此之类,必起于大历以后

[1] 语本陈澧《切韵考》卷六。

矣。”[①] 今案敦煌所发现之唐写本《唐韵》概作“反”而不作“切”，即宋槧《尚书释文》等书，亦尚“反”与“切”参用，则唐玄度所言，殆亦一时之避忌而已。

反切创自何人，说者尚无定论。《颜氏家训·音辞篇》云：“孙叔然创《尔雅音义》，是汉末人独知反语。至于魏世，此事大行，高贵乡公不解反语，以为怪异。”陆德明《经典释文·叙录》云：“古人音书，止为譬况之说，孙炎始为反语，魏朝以降，蔓衍实繁。”张守节《史记正义·论字例》云：“先儒音字，比方为音，至魏秘书孙炎始作反音。”以上三说皆谓反切创自孙炎。然证之故记，尚未悉合。章炳麟曰：“《经典释文·序例》谓汉人不作音，而王肃《周易音》则序例无疑辞，所录肃音用反语者十余条。寻《魏志》肃传云：肃‘不好郑氏……时乐安孙叔然受学郑玄之门人……肃集《圣证论》以讥短玄，叔然驳而释之。’假令反语始于叔然，子雍岂肯承用其术乎？又寻《汉地理志》广汉郡梓潼下，应劭注‘潼水所出，南入垫江，垫音徒浃反’；辽东郡沓氏下，应劭注‘沓水也，音长答反’，是应劭时已有反语，则起于汉末也。”[②] 据此所论，则东汉之世，已有切语，特由叔然创《尔雅音义》此事乃大行耳。且古语中合二字以切一词者为例至夥，如“终葵”为“椎”、“勃鞮”为“披”、“不可”为“叵”、“蒺藜”为“茨”之类，列举难终。是古人虽未用切语标音，而于切语原理固已知之审矣。

前人之论反切方法者，江永云反切上一字不论四声，下一字不论清浊，“清浊定于上一字，不论下一字也”[③]。陈澧云：“切语之法以二字为一字之音，上字与所切之字双声，下字与所切之字叠韵；上字定

① 《音论》下，第10页。

② 章炳麟《国故论衡》上，第17页《音理论》注。

③ 参阅《音学辨微》九“辨翻切”，第22页。

其清浊，下字定其平上去入；上字定清浊而不论平上去入……下字定平上去入而不论清浊。”[①] 精密而言，上字既与所切之字双声，则部位音势皆由之而定，并不限于清浊；下字既与所切之字叠韵，则开合洪细皆由之而定，并不限于四声。试就《广韵》切语证之，例如：

刚，古郎切。“古”“刚”同属见纽，牙音，戛类，清声，其声母为 k；“郎”“刚”同属唐韵，开口，一等，平声，其韵母为꜀ɑŋ。

柔，耳由切。“耳”“柔”同属日纽，齿音，揉类，浊声，其声母为 ȵʑ；“由”“柔”同属尤韵，开口，三等，平声，其韵母为꜁ĭə̆u。

祸，胡果切。“胡”“祸”同属匣纽，喉音，拂类，浊声，其声母为 ɣ；“果”“祸”同属果韵，合口，一等，上声，其韵母为꜃uɑ。

福，方六切。“方”“福”同属非纽，唇音，戛类，清声，其声母为 pf，后变 f；“六”“福”同属屋韵，合口，三等，入声，其韵母为 ĭuk꜇。

精于审音者，但须辨析上字之纽位音势，下字之韵呼等调，而后取上字之“头”，下字之“颈”“腹”“尾”“神”合并连读，则所切之音无不准确。顾韵书中之切语亦偶有乖忤者，试就《广韵》考之，如：

支韵：为，薳支切。“为”属合口三等，“支”属开口三等，此以开切合者也。

废韵：刈，鱼肺切。“刈”属开口三等，“肺”属合口三等，此以合切开者也。

过韵：缚，符卧切。“缚”属三等，“卧”属一等，此以洪切细也。

没韵：麧，下没切。“麧”本为痕韵入声，因本韵只此一纽，故借没韵作切，此以邻韵切本韵也。

若此之类，或由用字偶疏，或由无同韵同呼之字，不得不假借他类以作切。至于唇音开合之混乱，尤属数见不鲜，例如：

① 《切韵考》卷一，第2页。

阳韵:方,府良切。“方”属合口,“良”属开口。

宕韵:谤,补旷切。“谤”属开口,“旷”属合口。

缓韵:满,莫旱切。“满”属合口,“旱”在开口旱韵。

先韵:边,布玄切。“边”属开口,“玄”属合口。

果韵:爸,捕可切。“爸”属合口,“可”在开口哿韵。

怪韵:拜,博怪切。“拜”属开口,“怪”属合口。

此并由声母之类化使然,更有所谓“类隔切”者,谓舌音“端透定泥”与“知彻澄娘”、唇音“帮滂並明”与“非敷奉微”交互相切也,例如:

江韵:桩,都江切。“桩”知纽,“都”端纽。

映韵:瞠,他孟切。“瞠”彻纽,“他”透纽。

皆韵:膗,杜怀切。“膗”澄纽,“杜”定纽。

效韵:桡,奴教切。“桡”娘纽,“奴”泥纽。

脂韵:悲,府眉切。“悲”帮纽,“府”非纽。

仙韵:篇,芳连切。“篇”滂纽,“芳”敷纽。

真韵:频,符真切。“频”並纽,“符”奉纽。

清韵:名,武并切。“名”明纽,“武”微纽。

此则由古今音变使然也。

等韵摄图,规模仿自悉昙,故释子以参禅为“大悟门”,以唱韵为“小悟门”,展转相传,因有“切韵射标”之法。《韵镜序例·归字例》云:“归释音字,一如检《礼部韵》。且如得‘芳弓反’,先就十阳韵求‘芳’字,知属唇音次清第三位,却归一东韵寻下‘弓’字,便就唇音次清第三位取之,乃知为‘丰’字。盖‘芳’字是同音之定位,‘弓’字是同韵之对映,归字之诀,大概如是。”李嘉绍《切韵射标》释“射标法”云:“经史切脚并以两字切一字,今以两字内上一字定标,下一字作箭。假如‘德红切’,‘德’字先标,‘红’字作箭,得‘东’字法例,先审‘德’字在入声谱内与‘革’字同韵,便在‘革’字横列内寻见,看顶上是‘端’字,即定为标，既得'端'字为标，即舍却'德'字不用可也。次审'红'字在平声谱内与'公'字同韵，便在'公'字横列内寻见，即用为箭，不须复看顶上何标也。然后将'红'字箭望本声内端字标下平衡射去，至标而止，止处恰是'东'字，即为所切之音。余并仿此。"又《字母切韵要法·切字样法》亦云："切字之法如箭射标。切脚二字，上字为标，下字为箭，出切定音在那母下，定在那母下取字为之立标，以脚为箭。定韵寻标，中者便是。亦定四声：行韵于平声，定取平声字；行韵于上声，定取上声字；行韵于去声，定取去声字；行韵于入声，定取入声字。所言平声者为之平韵，仄声者上去入三声为之仄韵。如同'佉'字是'康茶切'，出切于冈摄开口正韵溪母下，行韵于迦摄开口正韵彻母下，依韵寻标，定取溪母下'佉'字是也。注云此字在迦摄开口正韵溪母下，是牙音属次清，是平声为平韵。此之一字以为定式，余者皆同，故云此法是诸书之本，为众艺之胜。"三书所论，大致相同。"芳""德""康"即所谓标，"弓""红""茶"即所谓箭，以箭射标，切音自得。"但将一二韵只随平声五音相续横呼，至于调熟，或遇他韵，或侧声韵，竟能选音读之，无不的中。"(《韵镜序例·横呼韵》)今丛林僧侣，闾阎学究，犹有娴习此法者。然以上各例，皆就正则切法言也，至如"慈陵"反"缯"，"慈""缯"在第四位，而"陵"在第三位；"先侯"反"涑"，"侯""涑"在第一位，而"先"在第四位。又有"声虽去音，字归上韵"者，如"莫蟹""奴罪"诸反，则以宋时语音浊上已变去声，而韵书分类犹相沿未改耳。凡此诸例，已较"芳弓"反"丰"为迂曲，若遇难字，则更费周折。《韵镜·归字例》云："凡归难字，横音即就所属音四声内任意取一易字横转，便得之矣。今如'千竹'反'亍'字也。若取'嵩'字横呼，则知平声次清是为'枞'字，又以'枞'字呼下入声，则知'亍'为'促'音，但以二冬韵同音处观之，可见也。"此由"亍"字难识，故先自同转平声内寻得易识之"嵩"字，横呼至次清位，更就此位纵调四声，即可呼出"亍"之音。

惟《韵镜》第一转齿音次清平声第四位有音无字，于是又须借用二冬“枞”字依四声纵调之。姑无论屋韵三等本不与烛韵完全同音，即就此法本身言，亦未免过于迂曲矣。李氏《切韵射标》于“正法”之外，亦列有“隔标”“隔列”“浊声”三“活法”。隔标法者，“谓如箭遇端标，觉有乖张，看端标下小字乃是知字，便转却箭更射知标即中。如‘徒减’切‘湛’字、‘芳怀’切‘胚’字、‘扶基’切‘皮’字，皆此例也。”隔列法者，“谓如箭射某标，觉有乖张，邻标又无可借，虽有亦欠谛当，直须不出本标，不拘上列下列，隔一隔二，以至五六，谛审其音，一者文义通贯，二者心意安稳，即从其音读之。如‘白伽’切‘皤’字、‘渠寒’切‘乾’字、‘许戈’切‘靴’字，皆此例也。”浊声法者，谓“上声内有十标，标下字尽似去声，盖浊音也。若作去声安箭即差。今除平上入三声箭少过失外，但去声箭觉有乖张，即向上声内觅真正箭自中。如‘多动’切‘董’字、‘思兆’切‘小’字、‘奴罪’切‘馁’字之类，是也。”今案隔标法即所谓“类隔”，浊声法即由浊上变去以致牵混，惟隔列法竟可“不拘上列下列，隔一隔二，以至五六”，但以“文义通贯”“心意安稳”为审音之权衡，则未免漫无标准矣。加以古今南北，音变多方，一时一地所传之谱，难望时过境迁而仍谐，故唱韵射标之法，亦非人人可共喻者也。

由上所论，可知反切原则本与西文拼音同，然在彼则童而习之，数日可通；在此则皓首钻研，仍难尽喻。推寻其弊，约有三端：反切之用本在连读二字以成一音，故上一字必有声而无韵，下一字必有韵而无声，然后上下相切，其音始能密合。顾有韵无声者犹有喻纽四等，有声无韵者汉字绝无其文，以之作切，终嫌扞格，其弊一也。西文拼法，音符简单，声韵所需，各有限度。我国自东汉创制反切以来，作者各不相谋，用字未能画一。故陆词纂集《切韵》，于同纽同韵同等之字，反切用字多异。今考《广韵》反切用字，上一字有四百余，下一字有千余，合之约一千五百。欲明反切，非先熟记此一千五百字不可，其弊二也。反切之法，亦有韵窄而不可通者，《广韵》上声四十二拯"拯"字下云"无韵切，音蒸上声"，盖以本音之外只有"庱"丑拯切、"殑"其拯切、"殊"色庱切三音，互用则终于莫晓，故不得不变通以济其穷，其弊三也。

后代各家谋改良反切者，无非欲弥补此种缺陷而已。

5.4　改良反切运动

自明迄清，倡议改良反切者，实不乏人。兹约举五家，并评其得失如次：

（甲）吕坤《交泰韵》　是书作于明万历三十一年（1603），今所传本仅有序文、凡例、总目，尚非完帙，然全书体要则已具括于是。吕氏以为"反切旧法从等字来，得子声又寻母声，得子母又念经坚"，"心力俱费，而字才仿佛"。乃作《交泰韵》，使"平声以入子切"（如"空"酷翁切），"入声以平子切"（如"酷"空屋切），上声必用两上（如"宠"楚陇切），去声必用两去（如"送"素瓮切）（《交泰韵》凡例三"辨子声"）。且上下兼订"阴""阳"，不使"子""母"交错（如"同"字旧用徒红切，"通"字旧用他红切，吕氏以为他红仍切"同"字，不切"通"字，改"通"字为他翁切）（《交泰韵》凡例四"辨母字"）。自谓："此韵所切，即妇人孺子，田夫仆僮，南蛮北狄，才拈一字为题，彻头彻尾，一韵无不暗合。"（《交泰韵》凡例一"明本旨"）实则反切之法，上字论清浊而不论四声，下字论四声而不论清浊。纵谓阴阳是"调"非"声"，上去亦何须本调作纽？至于《交泰韵》之名，虽由平入互为终始之义而定，而以平切入，以入切平，实不能减除切字时之窒碍。且凡例"辨通用"条谓以入叶平"但可借口调声，不可落笔作韵"，尤属自乱其例，与人口实。其所革易之新法，方诸旧切，固未能多胜也。[①]

（乙）金尼阁（Nicolas Trigault）《西儒耳目资》　此书成于明天启六年（1626），为西人借镜罗马拼音以改良中国反切者，其法以"自鸣元音"（即元音 vowel）五、"同鸣元音"（即辅音 consonant）二十，展转相拼，即可"不期反而反，不期切而切……第举二十五字母才一因重摩荡，而中国文字之源，西学记载之派，毕尽于此"（王徵《西儒耳目资序》）。较诸等韵门法，实为简明易通。然其论及汉字反切，犹不免迁就旧法，未能悉符初旨。观其所谓"切字子四品法"云：

（1）本父本母切：例如以"黑"（h）、"药"（iŏ）两字切"学"（hiŏ）字，"父母相合，'黑''药'切'学'，不必减首减末，自成'学'字，见西号易明"。

（2）本父同母切：例如以"黑"（h）、"略"（liŏ）两字切"学"（hiŏ）字，必先减去同母"略"字起首之 l。

（3）同父本母切：例如以"下"（hiá）、"药"（iŏ）两字切"学"（hiŏ）字，必先减去同父"下"字末尾之 iá。

（4）同父同母切：例如以"下"（hiá）、"略"（liŏ）两字切"学"（hiŏ）字，必须减去同父"下"字末尾之 iá 及同母"略"字起首之 l。（《列音韵谱问答》）

此四品中除"本父本母切"可以"不期反而反，不期切而切"外，余仍不免有窒碍。金氏亦知"用西号切字，如有差一览非之，无差一览是之。切法首末宜减或不减，亦一览知之。……万字用本父本母之切，无不仿此。盖用西号常用本父本母可也"。但因"中原母音多半无字，不得已而再用三品切法"（《列音韵谱问答》），此则迁就汉字之过也。又于所切字起首无"同鸣字父"者，即旧属影、喻两纽者，别立"字母四品

① 参阅云南昆华图书馆刻《吕子全书》本《交泰韵》凡例，第 1～3 页。

切法”：

(1)代父代母切：“字母有二字自鸣，以首字为父，以末字为母；有三字或四字者，以首字为父，以余字为母。但代父因系自鸣，实不是父，故曰代父；后字虽是本母，但因不是本字之母，故曰代母。”例如“药”(iŏ)字以“衣”(i)为代父，以“恶”(ŏ)为代母；“埃”(iai)字以“衣”(i)为代父，以“哀”(āi)为代母；“远”(iuèn)字以“衣”(i)字为代父，以“稳”(uèn)字为代母。

(2)代父同代母切：例如以“衣”(i)、“褐”(hŏ)二字切“药”(iŏ)字，须减去用代母“褐”字起首之 h。

(3)同代父代母切：例如以“尧”(iâo)、“恶”(ŏ)两字切“药”(iŏ)字，须减去同代父“尧”字末尾之 âo。

(4)同代父同代母切：例如以“尧”(iâo)、“褐”(hŏ)两字切“药”(iŏ)字，须减去同代父“尧”字末尾之 âo 及同代母“褐”字起首之 h。(《列音韵谱问答》)

此两种切法之后三品，所以经过若许“减首减末”之周折者，无非欲使所有切法皆变成“本父本母”或“代父代母”两品，然后一读“西号”自然成音而已。故金氏曰：“切法所求本字音也。每字必先有本父有本母之同。如四品，或切子切母之法，常常首与父母。既减所当减，则所剩末与母同。所切中之字岂不同乎？若父同兄弟有一不同，自不能同矣。”(《列音韵谱问答》)观其所定之法虽不及等韵门法之纠缠，而委曲宛转，“减首减末”，不谙西文拼音者，殆难豁然贯通也。[①]

(丙)杨选杞《声韵同然集》 此书作于清顺治十六年(1659)冬

① 北京大学出版组影印本《西儒耳目资译引首谱》第 58、69 页；罗常培《耶稣会士在音韵学上的贡献》，见历史语言研究所《集刊》第一本第三分，第 282 ~ 283 页，全文又收入《罗常培文集》第八卷。

季，平入二声初稿甫就，上去二声尚待续成。予所藏稿本，平声完整，入声泰半残缺，韵目前后多参差不治，殆非杨氏刊定之稿。卷首《同然集纪事》云："余成童时见字之有切而疑之。询之季兄，兄为举一二隅以示，三四日恍然有得。间与季兄私论其拗者难者，爰揆度二字以易之。其所切之音仍与彼同，而反视彼原切较顺而易。辛卯（1651）糊口旧金吾吴期翁家，其犹子芸章一日出《西儒耳目资》以示予。予阅未终卷，顿悟切字有一定之理，因可为一定之法。为集胼肢外数章，以存其书之大指，并志予观书之有得。癸巳（1653）李子秩南授粲梅轩，笔墨六载。风雨篝灯之夜，亦未尝不详为辨论。戊戌（1658）从李子游都，李子下第归，强予成一韵谱。予多病，成而不克终卷。今己亥（1659）以特恩制开科目，李子则已迥隔云泥矣，寓书促成其事。时又以夏秋剧病之后，勉力应之。自己亥仲冬初三日始厥事，至月之末旬，平韵尚未成帙。乃置上与去，先求入声北韵之别于南者，而丽之南韵之下。且为之以南切北，以上去韵切入声。至于上去二韵，更俟续成。"其著书缘起具详于此。书中共分"大韵"二十有五，每韵各别"宏""中""细"三声，都为75韵。所定31"字祖"并"知彻澄娘"于"照穿床泥"，并"非"于"敷"，与《洪武正韵》之声类相合。至所谓"宏""中""细"三声实即"合""开""齐撮"之异名而已。杨氏以"宏""中""细"三声分配于31"字祖"及25"大韵"，于是"立为字父以该声"，"立为字母以该韵"。"宏声"常用之声十有五，常用之韵十有三，因立"孤、枯、狂、吾、逋、铺、蒲、模、呼、胡、乌、王、敷、扶、无"15字为"宏声之父"，"红、黄、魂、横、回、怀、胡、禾、华、桓、还、毛、浮"13字为"宏声之母"。"中声"常用之声二十有一，常用之韵十九有半，因立"庚、坑、皑、登、鼟、滕、能、兹、雌、慈、斯、词、菑、差、橙、师、亨、衡、哀、楞、而"21字为"中声之父"，"隆、航、论、痕、衡、而、雷、孩、卢、何、瓮、爷、鸾、寒、斓、含、蓝、森、豪、侯"20字为"中声之母"。"细声"音较完备，31

“字祖”既皆有音，25“大韵”，亦惟一韵无字，因立“基、欺、奇、宜、低、梯、题、尼、卑、披、皮、迷、赍、妻、齐、西、饧、知、痴、迟、诗、时、希、奚、衣、移、非、肥、微、离、而”31字为“细声之父”，“容、王、降、羊、云、寅、盈、移、谁、孩、挨、俞、何、牙、肥、耶、袁、延、闲、盐、咸、淫、遥、尤”24字为“细声之母”。欲各求其不易之字，以定不易之切。并师《西儒耳目资·音韵活图》之法，“列字祖字类字母为一同然总盘，更立宏、中、细三盘，盘各分天地”，“以便旋转”。故“字父”“字母”统计不过124，而“父母递相摩荡，则靡音不备”，“声韵之理，已和盘托出”。较诸治《广韵》反切，须熟记上字452、下字1195，犹不免有难有拗者，繁简难易，诚不可同日而语矣。然杨氏虽力求“字父”“字母”有定，以矫旧韵之失，而终不免例外纷出，展转假借者，则汉字实为之梗。故“宏声”各韵既定孤韵为“正父”，孤韵本身则不得不以公韵为“代父”；孤韵群、喻两位，有音无字，又不得不以“狂”“王”为“借父”；而公韵缺疑、微两位，复须借“顽”“文”二字代之。“中声”各韵既定赀韵为“正父”，而赀韵“兹”“雌”“斯”九字以前无音，无音难以立切，则不得不借庚韵，“以代父作正父”；而庚韵本身及用庚韵不切者，又须另求该韵及歌韵代之。“细声”各韵既定基韵为“正父”，基韵本身及撮口数韵则不得不以京韵及居韵为“代父”。似此“借”“代”频仍，为例已繁，而“字母”用字益为纷纭无定。“宏”“中”二声字母以用匣声为本，而切本字则借影声，影声无字则用晓声；影、晓皆无字，“不得已”而来次之，审、禅又次之；甚至用並、明，用敷、奉，则又“不得已中之不得已也”！“细声”字母以用喻声为本，喻声无字间用匣声作喻声读；切本母字则用影声，影声无字，“不得已”而借审、晓二声作“假如”。“至于通韵无字者，更不得不借字邻韵，以存其仿佛”。是杨氏虽悟切字有一定之理，实未能确立一定之法也。即金尼阁所定“四品切法”，亦惟“本父本母切”自然音和，其他各品则须参酌“西号”“减首减末”始免难拗。杨氏籀读金书，会心不远，初欲“字父”分收于孤、赀、基三韵，“字母”尽起于匣、影、喻三声，俾所作各切，声后减除韵障，韵前无复声隔，上下调融，怡然理顺。徒以囿于汉字，动辄拘牵，复无“西号”对照，以效金氏“减首减末”之法，于汉字所不能状者，非勉强假借，乖戾初旨，即譬况拟象，使人默会其意。故全书凡言“假如”者七；言“勉借”者五；言“仿佛”及“不得已”者四；言“勉求”者三；言“勉而又勉”及“无可举似”者二；言“强借”，言“终觉勉然，于心不惬”，言“宛转旁求”“宛转设法”，言“渺茫难辨”，言“实不能出诸口，惟善悟者默会而得之”及“不能为之拈出，恨恨”者各一。按其所论，于声音之道未尝不略有所窥，惜为工具所限，自得于心者终不能宣诸楮墨。尝自恐其苦心湮没，“欲更译以清字及西儒元音字，以俟海内及后世淹雅通敏之士，推而广之，考而正之”，而迄未克完成。以余残稿，三百年来未随其人以没，亦不幸之幸已。①

(丁)李光地、王兰生《音韵阐微》　此书纂辑于清康熙五十四年(1715)，完成于雍正四年(1726)，其凡例第一条云：“从来考文之典不外形、声二端，形象存乎点画，声音在于翻切。世传切韵之书，其法繁而取音难，今依本朝字书合声切法，则用字简而取音易。如‘公’字旧用‘古红切’，今拟‘姑翁切’；‘巾’字旧用‘居银切’，今拟‘基因切’；‘牵’字旧用‘苦坚切’，今拟‘欺烟切’；‘萧’字旧用‘苏彫切’，今拟‘西腰切’。盖翻切上一字定母，下一字定韵，今于上一字择其能生本音者，下一字择其能生本韵者，缓读之为二字，急读之即成一音。此法启自国书十二字头，括音韵之源流，握翻切之窍妙，简明易晓，前古所未有也。”据此可知此书所用“合声”反切之法，盖由满文十二字头所

---

① 北京罗氏未济斋藏《声韵同然集》原稿；又罗常培《〈声韵同然集〉残稿跋》，见历史语言研究所《集刊》第一本第三分，第339~343页，全文又收入《罗常培文集》第八卷。

启发。其论上一字生本音之法云:“凡字之同母者,其韵部虽异,而呼法开合相同,则翻切但换下一字而上一字不换。如‘姑翁’切‘公’字,‘姑威’切‘归’字,‘姑弯’切‘关’字,‘姑汪’切‘光’字,此四字皆见母合口呼,俱生声于‘姑’字。又如‘基因’切‘巾’字,‘基烟’切‘坚’字,‘基腰’切‘骄’字,‘基优’切‘鸠’字,此四字皆见母齐齿呼,俱生声于‘基’字。由此以推,凡翻切之上一字皆取支、微、鱼、虞、歌、麻数韵中字,辨其等母呼法,其音自合。以此数韵能生诸部之音,在国书十二字头与支、微、鱼、虞、歌、麻数韵对音者,原为第一部也。”(凡例二)又论下一字生本韵之法云:“凡字之同韵者其字母虽异,平仄清浊相同,则翻切但换上一字而下一字不换。如‘基烟’切‘坚’字,‘欺烟’切‘牵’字,‘梯烟’切‘天’字,‘卑烟’切‘边’字,此四字皆先韵之清声,俱收声于‘烟’字。又如‘奇延’切‘虔’字,‘池延’切‘缠’字,‘弥延’切‘绵’字,‘齐延’切‘钱’字,此四字乃先韵之浊声,俱收声于‘延’字。由此以推,凡各韵清声之字皆收声于本韵之影母,各韵浊声之字皆收声于本韵之喻母。盖影、喻二母声有清、浊,乃本韵之喉音。天下之声皆出于喉而收于喉,故翻切之下一字用影、喻二母中字收归喉音,其声自合也。”(凡例三)此法果能贯彻,诚可矫正旧切窒碍难拗之弊,无如本母本呼之字未必在支、微、鱼、虞、歌、麻数韵中皆可寻得,影、喻两纽亦未必皆见于本韵,如遇“本母本呼在支、微、鱼、虞、歌、麻数韵中无字者,则借仄声或别部之字以代之,但开、齐、合、撮之类,不使相淆”;遇“本韵影、喻两纽无字者,则借本韵旁近之字以代之,其清母、浊母之分,不使或紊”;凡类此之反切皆系以“今用”二字。若借邻韵影、喻两母中字以协其声者,则系以“协用”二字;借邻韵非影、喻两母中字者则系以“借用”二字。其所以于“合声”之外另立“今用”“协用”“借用”三例者,则以“汉文之有音无字者多,又支、微、鱼、虞数韵并各韵影、喻二母,皆单音之字不能合声,欲得正音,必婉转以求其相近”而已。今以全书所用切语考之,“合声”反切,只占12%强,而“今用”反切则占60%以上。例外多于原则,足征其法之不适用矣。[①] 潘耒《类音》所用反切,略与此法相近,特切语用字尤为隐僻难识耳。

(戊)刘熙载《四音定切》 此书成于清光绪四年(1878),亦自称其所改良之反切为“合声法”。其言曰:“合声法切开口字用开口韵,并用开口母;切合口字用合口韵并用合口母;切清声字不惟母清,韵亦用清,切浊声字不惟母浊,韵亦用浊。且字母必取字头,字头亦名出音,如‘萧’出于‘西’、‘尤’出于‘移’之类(‘萧’必作西腰切,‘尤’必作移由切)。取韵必直取收声之字,如以‘翁’字为韵切‘东’字、以‘焉’字为韵切‘先’字之类(‘东’必作都翁切,‘先’必作西焉切)。此合声法也。”审其原理与《音韵阐微》若合符节。然于合声之外,亦有不可避免之变例四项:一曰“切音直韵直母”,谓韵之开合,母之清浊,切不须转也,如“古烘”切“公”、“苦通”切“倥”之类;二曰“切音转韵”,谓转韵之清浊以从母也,如“既欺”切“基”、“户公”切“红”之类;三曰“切音转母”,谓转母之开合以从韵也,如“徒了”切“窕”、“钩须”切“驹”之类;四曰“切音转母转韵”,谓转韵之清浊以从母,转母之开合以从韵也,如“怡均”切“匀”、“安回”切“隈”之类。此四例者,亦犹《音韵阐微》之有“今用”“协用”“借用”而已。[②]

以上诸家虽各竭其智虑以谋改良反切旧法,徒以汉字本身不适标音,故终不免窒碍难通。观其所改新法,每顾及切语下字之清浊,此由清浊声演变为阴阳调后,昧于其理者,认为与平上去入之性质相同耳。江永曰:“后人有嫌其清浊不类,难于转纽者,下一字必须以清切清,以浊切浊,固为亲切,然明者观之,正不必如此。倘讥前人之切

① 参阅《音韵阐微》凡例第1~4页,及李光地《榕村韵书》、王兰生《交河集》。

② 参阅刘融斋《四音定切》卷首图说,第6~8页。

为误,则不知切法者矣。”[①] 又陈澧尝评合声之法云:“切语之法,非连读二字而成一音也,连读二字成一音,诚为直捷,然上字必用支、鱼、歌、麻诸韵字,下字必用喉音字。支、鱼、歌、麻韵无收音,而喉音直出,其上不收,其下直接,故可相连而成一音,否则中有窒碍不能相连矣。然必拘此法,或所当用者有音无字,或虽有字而隐僻,此亦必穷之术也。而吕新吾《交泰韵》、潘稼堂《类音》必欲为之,于是以‘埅翁’切‘终’字,以‘竹硧’切‘中’字,夫字有不识乃为切语,以‘终’‘中’易识之字而用‘埅’‘硧’难识之字为切,不亦颠乎?孰若古人但取双声叠韵之为坦途哉(原注:西洋人金尼阁《西儒耳目资》亦以二字连读为一音,此则用其本国之法耳)。”[②] 要之陈氏所谓“坦途”,仍不免为上乘说法,而合声反切之难贯彻,实由汉字本身之缺陷使然。故反切之不得不演进为拼音,正犹读若、直音不得不演进为反切也。

5.5　注音字母与国语罗马字

以拼音改良反切或代替汉文之运动,肇端于明末,盛倡于清季,至 1913 年开读音统一会时乃臻其极。“读音统一会开会的时节,征集及调查来的音符,有西洋字母的、偏旁的、缩写的、图画的,各种花样都有,而且都具匠心。或依据经典,依据韵学,依据万国发音学,依据科学,无非个个想做仓颉,人人自算佉卢,终着意在音字,几乎也无从轩轾,无从偏采哪一种。”[③] 嗣经商榷递演之结果,乃产生现行注音字母之二式。第一式“注音字母”公布于 1918 年 11 月 23 日;第二

① 《音学辨微》第 22 页。
② 《切韵考》卷一,第 8 页。
③ 参看《三十五年来之音符运动》,见商务印书馆印行之《最近三十五年之中国教育》卷下,第 35 页。

式“国语罗马字”公布于1928年9月26日，与前式并行，以便推广。其演进史实别详下编及《国音字母演进史》[①] 中，兹但论其拼法之特点于此。

注音字母40文，皆取笔画最简之汉字，而用双声叠韵法变读其原来之字音。如ㄍ原音“桧”，今读如“哥”；ㄒ原音“夏”，今读如“希”；ㄗ原音“节”，今读如“兹”之类；此声符用原字之双声而变其音读者也。ㄛ原音“诃”，今读如“阿”；ㄤ原音“汪”，今读如“鞅”；ㄞ原音“亥”，今读如“哀”之类；此韵符用原字之叠韵而变其音读者也。[②]

然声符之名称与其功用不可混而无别。例如ㄏ之名称为“喝”，而其拼字时之功用只若喘气所发之声势，欲拼“喝”字全音，仍须另加ㄜ韵。声势不能单独成音，故称述时呼之为“喝”；辅音不宜夹杂韵母，故拼音时但发其势（如“寒”字拼作ㄏㄢ，只应读作[xɑn]，而不读作[xəɑn]）。注意声符24文之名称皆于辅音声势之下附加元音，而其所加之种类亦不一致：如ㄍ、ㄎ、ㄫ、ㄏ、ㄉ、ㄊ、ㄌ、ㄋ、ㄅ、ㄆ、ㄇ、ㄈ、ㄪ 13符加ㄜ音，ㄐ、ㄑ、ㄬ、ㄒ4符附加ㄧ音，ㄗ、ㄘ、ㄙ、ㄓ、ㄔ、ㄕ、ㄖ7符附加ㄭ音。但实际拼音时除属于ㄓ等7符之“资、雌、私、知、吃、师、日”等字可省略ㄭ韵外，其余遇“哥”“德”“拨”等字仍拼为ㄍㄜ、ㄉㄜ、ㄅㄜ；遇“基”“欺”“希”等字仍拼为ㄐㄧ、ㄑㄧ、ㄒㄧ，并不能省略ㄜ、ㄧ韵母独立成音也。

韵母本可独立成音，故韵符16文皆可不拼声符，单独注音，名称

---

① 编者注：《国音字母演进史》，1934年上海商务印书馆出版，1959年作者修订改题《汉语拼音字母演进史》，由文字改革出版社出版，又收入《罗常培文集》第三卷。

② 制定注音字母之基本原则为马裕藻、朱希祖等所提议，原文为：“母韵符号，取有声有韵有意义之偏旁（即最简单之独体汉字）。作母用取其双声，作韵用取其叠韵（用古双声叠韵假借法，不必读如本字）。”于1913年3月12日以45人之出席，得29人之赞成，议决通过。参看《国音字母演进史》第79页。

功用无须分别。其中丨、ㄨ、ㄩ三符又可代表“齐齿”“合口”“撮口”三呼，故名“介音”。凡冠有介音之韵母谓之“结合韵母”。

四声符号，阴平不加，如ㄚ；阳平作ˊ，如ㄚˊ；上声作ˇ，如ㄚˇ；去声作ˋ，如ㄚˋ。

综上所述，可括注音字母之拼法为下列五种：

(1)单用声符者：如以ㄓ、ㄔ、ㄕ、ㄖ注“知”“吃”“师”“日”之类。

(2)单用韵符者：如以ㄞ、ㄠ、ㄡ、ㄢ注“哀”“熬”“欧”“安”之类。

(3)用声符韵符相拼者：如以ㄏㄨˇ、ㄌㄤˊ、ㄍㄡˇ、ㄇㄚˇ注“虎”“狼”“狗”“马”之类。

(4)用结合韵母者：如以丨ㄢ、ㄨㄢ、ㄩㄢ注“烟”“湾”“渊”之类。

(5)用声符与结合韵母相拼者：如以ㄐ丨ㄢ、ㄍㄨㄢ、ㄐㄩㄢ注“坚”“官”“涓”之类。

以上五种，(1)(2)皆以一符注音，(3)(4)皆以二符注音，惟(5)独用三符。倘能分辨声符之名称与功用不同，更详审上述五种拼法之区别，则见号知音，不费周折，与反切相较，其难易自不可同日而语矣。然注音字母犹有不能代表单纯音素之弊：如ㄣ原读如[ən]，而丨ㄣ则应读[in]不应读[iən]，ㄩㄣ则应读[yn]不应读[yən]，ㄥ原读如[əŋ]，而丨ㄥ则应读[iŋ]不应读[iəŋ]。① 罗马字母即可免除斯弊，而以音素为单位，不以声母、韵母为单位。故国音字母于第一式外，遂有第二式之诞生。

国语罗马字之拼法与西文原则相同，稍谙西文缀音者，即可就字拼读不生困难。惟有九点，须加声明：

(1)以b、d、g代表不送气清塞声[p][t][k]（或半浊声[b̥][d̥][g̊]），以p、t、k代表送气清塞声[p‘][t‘][k‘]。

① 参看赵元任《新国语留声机片课本》甲种。

(2)以 j、j(i)、dz 代表不送气清塞擦声[tʂ][tɕ][ts],以 ch、ch(i)、ts 代表送气清塞擦声[tʂʻ][tɕʻ][tsʻ]。

(3)j、ch、sh 在开、合口呼前读[tʂ][tʂʻ][ʂ],在齐、撮口呼前读[tɕ][tɕʻ][ɕ]。

(4)r 代表[ʐ]音,无滚舌作用。

(5)y 作声母时代表[j]音,作韵母时代表[ɿ][ʅ]音。

(6)e 代表[ə]音,但在 ie、iue 韵中读作[ɛ]。

(7)el 代表注音字母之ㄦ韵。

(8)iu 代表[y]音。

(9)分拼声符之ㄧㄨㄥ与不拼声符之ㄨㄥ为-ong、-ueng 两韵。

然其显著之特征仍在避免附加符号及"字各有调,以字母注"两点。旧来流传之罗马拼音因附加符号过多(如 p'、t'、k'、é、éʻ、u̇、u̥、ü、ŭ、ï、ĭ、ĕ、è、ê、êr、êrh、êng、ö、örh、örl 之类),尝有"满脸都是麻子,满头都是帽子"之讥。今国语罗马字皆能避免,此其特点一也。标注声调之法旧来或加符号,或用数码,国语罗马字则以字母表示。其例为:

阴平:(1)用基本形式,如 hua"花"、shan"山",本式包括轻声、象声字、助词,如 ma"吗"、aia"阿呀"。

(2)但声母为 m、n、l、r 者加 h,如 mhau"猫"、lha"拉"。

阳平:(3)开口韵在元音后加 r 如 char"茶"、torng"同"、parng"旁"。

(4)韵母第一字母为 i、u 者改为 y、w,如 chyn"琴"、hwang"黄"、yuan"元";但 i、u 两字母为全韵时,改为 yi、wu,如 pyi"皮"、hwu"胡"、wu"吴"。

(5)声母为 m、n、l、r 者用基本形式,如 ren"人"、min"民"、lian"连"。

上声:(6)单元音双写,如 chii"起"、faan"反"、eel"耳"。

(7)复韵母首末字母为 i、u 者,改为 e、o,如 jea"假"、goan

"管"、sheu"许"、hae"海"、hao"好"。但既改头,则不再改尾,如 neau"鸟"、goai"拐"。

(8)ei、ou、ie、uo 四韵准第(6)条,如 meei"美"、koou"口"、jiee"解"、guoo"果"。

去声:(9)韵尾为-i、-u、-n、-ng、-l 或无尾者,各改为-y、-w、-nn、-nq、-ll 或-h,如 tzay"在"、yaw"要"、bann"半"、jenq"正"、ell"二"、chih"器"。

拼成形式之美丑,及拼法之繁简,论者意见虽不一致,而其便于打字、印刷,实为旧式所不及,此其特点二也。

要之,国音字母之二式为自然演进之结果,而非人为之强求。盖一切文化之演进,其机既动,常有不可遏止之势。汉字标音方法演进至于反切,已可救济"直音""读若"之穷,及其弊也,亦或有难有拗,非尽人可解。故吕坤、金尼阁、杨选杞、李光地、王兰生、潘耒、刘熙载等,各拟改良旧切之术,徒以"汉文之有音无字者多……欲得正音,必婉转以求其相近",终不免存其仿佛,不惬于心。然则反切之必进于拼音,实非势所得已。故就考证音变言,则幸赖读若、直音、反切之保存,藉以窥见古今沿革之迹;就范正音读言,则注音字母之拼音实较旧来诸法为谐调;此固后出转精,不容贵远贱近者也。兹举"干""坚""关"、"涓"四字,列注各式拼法,以觇其异同,藉作本讲之结束。至于各式说明,别于各论详之。

	干	坚	关	涓
《广韵》	古寒	古贤	古远	古玄
《集韵》	居寒	经天	姑还	圭悬
《交泰韵》	葛安	结姻	刮庵	厥烟
《同然集》	庚寒	基延	姑桓	居员
《音韵阐微》	歌安	基烟	姑弯	居渊

《四音定切》	格安	记烟	古弯	俱渊
《标准反切》	古寒	居言	古关	居玄
《传音快字》	[illegible]	[illegible]	[illegible]	[illegible]
官话字母	[illegible]	[illegible]	[illegible]	[illegible]
章氏纽韵	[illegible]	[illegible]	[illegible]	[illegible]
注音字母	ㄍㄢ	ㄐㄧㄢ	ㄍㄨㄢ	ㄐㄩㄢ
Wade	kan	chien	kuan	chüan
Mateer	kan	chien	kwan	chüan
B.E.F.E.O.	kan	kien	kouan	kiuan
Lessing	gan	djiän	guan	djüan
Russian	ганъ	цзянъ	гуанъ	цзюанъ
Karlgren	kan	tɕiɛn	kuan	tɕyan
国语罗马字	gan	jian	guan	jiuan
北方话拉丁化	gan	gian	guan	gyan

唐诗百首拟音

编印说明

本书是作者1943年在昆明和邢公畹合著的，原题《唐诗拟音百首》，没有正式出版过。1949年国立北京大学出版部出版《中国音韵学导论》，作者曾选用30首作为附录，题为《唐诗拟音举例》。本书据1943年昆明西南联合大学油印本进行整理，并据《中国音韵学导论》自序，改题为《唐诗百首拟音》。本书由尉迟治平负责编校。

壹　五言古诗

月下独酌

李　白

花	间	一	壶	酒，
꜀xwa	꜀ka̤n	ʔi̯ĕt꜄	꜀ɣuo	ᶜtsi̯ə̆u
独	酌	无	相	亲。
d‘uk꜄	tɕi̯ak꜄	꜀mji̯u	꜀si̯aŋ	꜀ts‘i̯ĕn
举	杯	邀	明	月，
ᶜkji̯wo	꜀pua̤i	꜀ʔi̯ɛu	꜀mji̯wɐŋ	ŋji̯wɐt꜄
对	影	成	三	人。
tṳɑiᵓ	ᶜʔi̯ɐŋ	꜀ʑi̯ɛŋ	꜀sɑm	꜀ȵʑi̯ĕn
月	既	不	解	饮，
ŋji̯wɐt꜄	kjĕiᵓ	pji̯uət꜄	ᶜkai	ᶜʔi̯əm
影	徒	随	我	身。
ᶜʔi̯ɐŋ	꜀d‘uo	꜀zwi̯ĕ	ᶜŋɑ	꜀ɕi̯ĕn
暂	伴	月	将	影，
dz‘ɑmᵓ	ᶜb‘uɑn	ŋji̯wɐt꜄	꜀tsi̯aŋ	ᶜʔi̯ɐŋ
行	乐	须	及	春。
꜀ɣɐŋ	lɑk꜄	꜀si̯u	g‘ji̯əp꜄	꜀tɕ‘i̯uĕn

我 歌 月 徘 徊，
꜂ŋɑ ꜀kɑ ŋji̯wɐt꜆ ꜀bʻuɑ̣i ꜀ɣuɑ̣i

我 舞 影 零 乱。
꜂ŋɑ ꜂mji̯u ꜂ʔi̯ɐŋ ꜀lieŋ luɑn꜄

醒 时 同 交 欢，
꜂sieŋ ꜀ʑiː ꜀dʻuŋ ꜀kau ꜀xuɑn

醉 後 各 分 散。
tswi꜄ ꜂ɣə̆u kɑk꜆ ꜀pji̯uən sɑn꜄

永 结 无 情 游，
꜂ji̯wɐŋ kiet꜆ ꜀mji̯u ꜀dzʻi̯ɛŋ ꜀i̯ə̆u

相 期 邈 雲 汉。
꜀si̯aŋ ꜀gʻjiː mɔk꜆ ꜀ji̯uən xɑn꜄

寄东鲁二稚子 李 白

吴 地 桑 叶 绿，
꜀ŋuo dʻi꜄ ꜀sɑŋ i̯ɛp꜆ lji̯wok꜆

吴 蚕 已 三 眠。
꜀ŋuo ꜀dzʻɑ̣m ꜂iː ꜀sɑm ꜀mien

我 家 寄 东 鲁，
꜂ŋɑ ꜀ka kjiĕ꜄ ꜀tuŋ ꜂luo

谁 种 龟 阴 田？
꜀ʑwi tɕi̯woŋ꜄ ꜀kjwi ꜀ʔi̯əm ꜀dʻien

春 事 已 不 及，
꜀tɕʻi̯uĕn dʐʻiː꜄ ꜂iː pji̯uət꜆ gʻji̯əp꜆

江　行　复　茫　然。
꜀kɔŋ　꜀ɣɐŋ　b‘ji̯uk꜆　꜀mɑŋ　꜀ȵʑi̯ɛn

南　风　吹　归　心，
꜀nɑm　꜀pji̯uŋ　꜀tɕ‘wiĕ　꜀kjwĕi　꜀si̯əm

飞　堕　酒　楼　前。
꜀pjwĕi　꜂d‘uɑ　꜂tsi̯ə̆u　꜀lə̆u　꜀dz‘ien

楼　东　一　株　桃，
꜀lə̆u　꜀tuŋ　ʔi̯ĕt꜆　꜀ȶi̯u　꜀d‘ɑu

枝　叶　拂　青　烟。
꜀tɕiĕ　i̯ɛp꜆　p‘ji̯uət꜆　꜀ts‘ieŋ　꜀ʔien

此　树　我　所　种，
꜂ts‘iĕ　ʑi̯u꜄　꜂ŋɑ　꜂ʂi̯wo　tɕi̯woŋ꜄

别　我　向　三　年。
b‘ji̯ɛt꜆　꜂ŋɑ　xji̯aŋ꜄　꜀sɑm　꜀nien

桃　今　与　楼　齐，
꜀d‘ɑu　꜀kji̯əm　꜂i̯wo　꜀lə̆u　꜀dz‘iei

我　行　尚　未　旋。
꜂ŋɑ　꜀ɣɐŋ　ʑi̯aŋ꜄　mjwĕi꜄　꜀zi̯wɛn

娇　女　字　平　阳，
꜀kji̯ɛu　꜂nji̯wo　dz‘iː꜄　꜀b‘ji̯wɐŋ　꜀i̯aŋ

折　花　倚　桃　边。
tɕi̯ɛt꜆　꜀xwa　꜂ʔiĕ　꜀d‘ɑu　꜀piwen

折　花　不　见　我，
tɕi̯ɛt꜆　꜀xwa　pji̯uət꜆　kien꜄　꜂ŋɑ

泪	下	如	流	泉。
ljwi꜄	꜂ɣa	꜀ȵʑi̯wo	꜀lji̯ə̆u	꜀dzʻi̯wɛn
小	儿	名	伯	禽，
꜂si̯ɛu	꜀ȵʑiě	꜀mji̯ɛŋ	pɐk꜆	꜀gʻji̯əm
与	姊	亦	齐	肩。
꜂i̯wo	꜂tsi	i̯ɛk꜆	꜀dzʻiei	꜀kien
双	行	桃	树	下，
꜀ʂ̯ɔŋ	꜀ɣɐŋ	꜀dʻɑu	ʑi̯u꜄	꜂ɣa
抚	背	复	谁	怜。
꜂pʻji̯u	puɑ̣i꜄	bʻji̯uk꜆	꜀ʑwi	꜀lien
念	此	失	次	第，
niem꜄	꜂tsʻiě	ɕi̯ět꜆	tsʻi꜄	dʻiei꜄
肝	肠	日	忧	煎。
꜀kɑn	꜀ȡʻi̯aŋ	ȵʑi̯ět꜆	꜀ʔi̯ə̆u	꜀tsi̯ɛn
裂	素	写	远	意，
lji̯ɛt꜆	suo꜄	꜂si̯a	꜂ji̯wɐn	ʔiː꜄
因	之	汶	阳	川。
꜀ʔi̯ěn	꜀tɕiː	mji̯uən꜄	꜀i̯aŋ	꜀tɕʻi̯wɛn

新安吏

杜甫

客	行	新	安	道，
kʻɐk꜆	꜀ɣɐŋ	꜀si̯ěn	꜀ʔɑn	꜂dʻɑu
喧	呼	闻	点	兵。
꜀xji̯wɐn	꜀xuo	꜀mji̯uən	꜂tiem	꜀pji̯ɐŋ

借　问　新　安　吏，
tsi̯a꜄　mjiuən꜄　꜀si̯ĕn　꜀ʔɑn　ljiː꜄

县　小　更　无　丁。
ɣiwen꜄　꜂si̯ɛu　kɐŋ꜄　꜀mji̯u　꜀tieŋ

府　帖　昨　夜　下，
꜂pji̯u　tʻiep꜆　dzʻɑk꜆　i̯a꜄　꜂ɣa

次　选　中　男　行。
tsʻi꜄　꜂si̯wɛn　꜀ȶi̯uŋ　꜀nɑ̣m　꜀ɣɐŋ

中　男　绝　短　小，
꜀ȶi̯uŋ　꜀nɑ̣m　dzʻi̯wɛt꜆　꜂tuɑn　꜂si̯ɛu

何　以　守　王　城。
꜀ɣɑ　꜂iː　꜂ɕi̯ə̆u　꜀ji̯waŋ　꜀ʑi̯ɛŋ

肥　男　有　母　送，
꜀bʻjwei　꜀nɑ̣m　꜂ji̯ə̆u　꜂mə̆u　suŋ꜄

瘦　男　独　伶　俜。
ʂi̯ə̆u꜄　꜀nɑ̣m　dʻuk꜆　꜀lieŋ　꜀pʻieŋ

白　水　暮　东　流，
bʻɐk꜆　꜂ɕwi　muo꜄　꜀tuŋ　꜀lji̯ə̆u

青　山　犹　哭　声。
꜀tsʻieŋ　꜀ʂạn　꜀i̯ə̆u　kʻuk꜆　꜀ɕi̯ɛŋ

莫　自　使　眼　枯，
mɑk꜆　dzʻi꜄　꜂ʂiː　꜂ŋạn　꜀kʻuo

收　汝　泪　纵　横。
꜀ɕi̯ə̆u　꜂ȵʑi̯wo　ljwi꜄　꜀tsi̯woŋ　꜀ɣwɐŋ

眼 枯 即 见 骨，
ᶜŋạn ꜀k'uo tsi̯ək꜄ kienᵓ kuət꜄

天 地 终 无 情。
꜀t'ien d'iᵓ ꜀tɕi̯uŋ ꜀mji̯u ꜀dz'i̯ɛŋ

我 军 取 相 州，
ᶜŋɑ ꜀kji̯uən ᶜts'i̯u ꜀si̯aŋ ꜀tɕi̯ə̆u

日 夕 望 其 平。
ȵʑi̯ĕt꜄ zi̯ɛk꜄ mji̯waŋᵓ ꜀g'jiː ꜀b'ji̯ɐŋ

岂 意 贼 难 料，
ᶜk'jĕi ʔiːᵓ dz'ək꜄ ꜀nɑn lieuᵓ

归 军 星 散 营。
꜀kjwĕi ꜀kji̯uən ꜀sieŋ sɑnᵓ ꜀i̯wɛŋ

就 粮 近 故 垒，
dz'i̯ə̆uᵓ ꜀lji̯aŋ ᶜg'ji̯ən kuoᵓ ᶜljwi

练 卒 依 旧 京。
lienᵓ tsuət꜄ ꜀ʔĕi g'ji̯ə̆uᵓ ꜀kji̯ɐŋ

掘 壕 不 到 水，
g'ji̯uət꜄ ꜀ɣɑu pji̯uət꜄ tɑuᵓ ᶜɕwi

牧 马 役 亦 轻。
mji̯uk꜄ ᶜma i̯ɛk꜄ i̯ɛk꜄ ꜀k'ji̯ɛŋ

况 乃 王 师 顺，
xji̯waŋᵓ ᶜnɑ̣i ꜀ji̯waŋ ꜀ʂi dʑ'i̯uĕnᵓ

抚 养 甚 分 明。
ᶜp'ji̯u ᶜi̯aŋ ᶜʑi̯əm ꜀pji̯uən ꜀mji̯wɐŋ

送 行 勿 泣 血，
suŋ꜄ ꜀ɣɐŋ mji̯uət꜅ k'ji̯əp꜅ xiwet꜅

仆 射 如 父 兄。
b'uk꜅ i̯a꜄ ꜀ȵʑi̯wo ꜂pji̯u ꜀xji̯wɐŋ

奉赠韦左丞丈二十二韵 杜 甫

纨 袴 不 饿 死，
꜀ɣuɑn k'uo꜄ pji̯uət꜅ ŋɑ꜄ ꜂si

儒 冠 多 误 身。
꜀ȵʑi̯u ꜀kuɑn ꜀tɑ ŋuo꜄ ꜀ɕi̯ĕn

丈 人 试 静 听，
꜂ȡi̯aŋ ꜀ȵʑi̯ĕn ɕi꜄ ꜂dz'i̯ɛŋ ꜀t'ieŋ

贱 子 请 具 陈：
꜂dz'i̯ɛn ꜂tsi ꜂ts'i̯ɛŋ g'ji̯u꜄ ꜀ȡ'i̯ĕn

甫 昔 少 年 日，
꜂pji̯u si̯ɛk꜅ ɕi̯ɛu꜄ ꜀nien ȵʑi̯ĕt꜅

早 充 观 国 宾。
꜂tsɑu ꜀tɕ'i̯uŋ ꜀kuɑn kwək꜅ ꜀pji̯ĕn

读 书 破 万 卷，
d'uk꜅ ꜀ɕi̯wo p'uɑ꜄ mji̯wɐn꜄ kji̯wɛn꜄

下 笔 如 有 神。
꜂ɣa pji̯ĕt꜅ ꜀ȵʑi̯wo ꜂ji̯ə̆u ꜀dʑ'i̯ĕn

赋 料 扬 雄 敌，
pji̯u꜄ lieu꜄ ꜀i̯aŋ ꜀ji̯uŋ d'iek꜅

诗　看　子　建　亲。
꜀ɕiː　k‘ɑnᵓ　ᶜtsiː　kji̯ɐnᵓ　꜀ts‘i̯ĕn

李　邕　求　识　面，
ᶜljiː　꜀ʔi̯woŋ　꜀g‘ji̯ə̆u　ɕi̯ək꜆　mji̯ɛnᵓ

王　翰　愿　卜　邻，
꜀ji̯waŋ　ɣɑnᵓ　ŋji̯wɐnᵓ　puk꜆　꜀lji̯ĕn

自　谓　颇　挺　出，
dz‘iᵓ　jwĕiᵓ　ᶜp‘uɑ　ᶜd‘ieŋ　tɕ‘i̯uĕt꜆

立　登　要　路　津。
lji̯əp꜆　꜀təŋ　ʔi̯ɛuᵓ　luoᵓ　꜀tsi̯ĕn

致　君　尧　舜　上，
ʈiᵓ　꜀kji̯uən　꜀ŋieu　ɕi̯uĕnᵓ　ʑi̯aŋᵓ

再　使　风　俗　淳。
tsɑ̣iᵓ　ᶜʂiː　꜀pji̯uŋ　zi̯wok꜆　꜀ʑi̯uĕn

此　意　竟　萧　条，
ᶜts‘iĕ　ʔiːᵓ　kji̯ɐŋᵓ　꜀sieu　꜀d‘ieu

行　歌　非　隐　沦！
꜀ɣɐŋ　꜀kɑ　꜀pjwĕi　ᶜʔi̯ən　꜀lji̯uĕn

骑　驴　三　十　载，
꜀g‘jiĕ　꜀lji̯wo　꜀sɑm　ʑi̯əp꜆　ᶜtsɑ̣i

旅　食　京　华　春。
ᶜlji̯wo　dʑ‘i̯ək꜆　꜀kji̯ɐŋ　꜀ɣwa　꜀tɕ‘i̯uĕn

朝　叩　富　儿　门，
꜀ʈi̯ɛu　ᶜk‘ə̆u　pji̯ə̆uᵓ　꜀ȵʑiĕ　꜀muən

暮　随　肥　马　尘。
muoᵓ　꜀zwiĕ　꜀bʻjwĕi　ᶜma　꜀ḍʻi̯ĕn

残　杯　与　冷　炙，
꜀dzʻɑn　꜀puặi　ᶜi̯wo　ᶜlɐŋ　tɕi̯ɛk꜆

到　处　潜　悲　辛。
tɑuᵓ　tɕʻi̯woᵓ　꜀dzʻi̯ɛm　꜀pjwi　꜀si̯ĕn

主　上　顷　见　徵，
ᶜtɕi̯u　ʑi̯aŋᵓ　ᶜkʻji̯wɛŋ　kienᵓ　꜀ʈi̯əŋ

欻　然　欲　求　伸。
xjiuət꜆　꜀ȵʑi̯ɛn　i̯wok꜆　꜀gʻji̯ə̆u　꜀ɕi̯ĕn

青　冥　却　垂　翅，
꜀tsʻieŋ　꜀mieŋ　kʻji̯ak꜆　꜀ʑwiĕ　ɕiĕᵓ

蹭　蹬　无　纵　鳞。
tsʻəŋᵓ　dʻəŋᵓ　꜀mji̯u　꜀tsi̯woŋ　꜀lji̯ĕn

甚　愧　丈　人　厚，
ʑi̯əmᵓ　kʻjwiᵓ　ᶜḍʻi̯aŋ　꜀ȵʑi̯ĕn　ᶜɣə̆u

甚　知　丈　人　真。
ʑi̯əmᵓ　꜀ʈiĕ　ᶜḍʻi̯aŋ　꜀ȵʑi̯ĕn　꜀tɕi̯ĕn

每　於　百　寮　上，
ᶜmuɑ̣i　꜀ʔi̯wo　pɐk꜆　꜀lieu　ʑi̯aŋᵓ

猥　诵　佳　句　新。
ᶜʔuɑ̣i　zi̯woŋᵓ　꜀kai　kji̯uᵓ　꜀si̯ĕn

窃　效　贡　公　喜，
tsʻiet꜆　ɣauᵓ　kuŋᵓ　꜀kuŋ　ᶜxjiː

难 甘 原 宪 贫，
꜀nɑn ꜀kɑm ꜀ŋji̯wɐn xji̯ɐn꜄ ꜀bʻji̯ĕn

焉 能 心 怏 怏，
꜀ʔi̯ɛn ꜀nəŋ ꜀si̯əm ʔi̯aŋ꜄ ʔi̯aŋ꜄

祇 是 走 踆 踆。
꜀gʻjiĕ ꜂ʑiĕ ꜂tsə̆u ꜀tsʻi̯uĕn ꜀tsʻi̯uĕn

今 欲 东 入 海，
꜀kji̯əm i̯wok꜆ ꜀tuŋ ȵʑi̯əp꜆ ꜂xɑ̣i

即 将 西 去 秦，
tsi̯ək꜆ ꜀tsi̯aŋ ꜀siei kʻji̯wo꜄ ꜀dzʻi̯ĕn

尚 怜 终 南 山，
ʑi̯aŋ꜄ ꜀lien ꜀tɕi̯uŋ ꜀nɑ̣m ꜀ʂạn

回 首 清 渭 滨。
꜀ɣuɑ̣i ꜂ɕi̯ə̆u ꜀tsʻi̯ɛŋ jwĕi꜄ ꜀pji̯ĕn

常 拟 报 一 饭，
꜀ʑi̯aŋ ꜂ŋjiː pɑu꜄ ʔi̯ĕt꜆ bʻji̯wɐn꜄

况 怀 辞 大 臣。
xji̯waŋ꜄ ꜀ɣwại ꜀ziː dʻɑi꜄ ꜀ʑi̯ĕn

白 鸥 没 浩 荡，
bʻɐk꜆ ꜀ʔə̆u muət꜆ ꜂ɣɑu ꜂dʻɑŋ

万 里 谁 能 驯。
mji̯wɐn꜄ ꜂ljiː ꜀ʑwi ꜀nəŋ ꜀zi̯uĕn

登　陇　　　高　适

陇	头	远	行	客，
ᶜlji̯woŋ	꜀dʻə̆u	ᶜji̯wɐn	꜀ɣɐŋ	kʻɐk꜁
陇	上	分	流	水，
ᶜlji̯woŋ	ʑi̯aŋ꜂	꜀pji̯uən	꜀lji̯ə̆u	ᶜɕwi
流	水	无	尽	期，
꜀lji̯ə̆u	ᶜɕwi	꜀mji̯u	ᶜdzʻi̯ĕn	꜀gʻji:
行	人	未	云	已。
꜀ɣɐŋ	꜀ȵʑi̯ĕn	mjwĕi꜂	꜀ji̯uən	ᶜi:
浅	才	通	一	命，
ᶜtsʻi̯ɛn	꜀dzʻɑ̣i	꜀tʻuŋ	ʔi̯ĕt꜁	mji̯wɐŋ꜂
孤	剑	适	万	里，
꜀kuo	kji̯wɐm꜂	ɕi̯ɛk꜁	mji̯wɐn꜂	ᶜlji:
岂	不	思	故	乡，
ᶜkʻjĕi	pji̯uət꜁	꜀si:	kuo꜂	꜀xji̯aŋ
从	来	感	知	己。
꜀dzʻi̯woŋ	꜀lɑ̣i	ᶜkɑ̣m	꜀ȶiĕ	ᶜkji:

插　田　歌　　　刘禹锡

冈	头	花	草	齐，
꜀kɑŋ	꜀dʻə̆u	꜀xwa	ᶜtsʻɑu	꜀dzʻiei
燕	子	东	西	飞，
ʔien꜂	ᶜtsi:	꜀tuŋ	꜀siei	꜀pjwĕi

田　塍　望　如　线，
꜀dʻien　꜀dʑʻi̯əŋ　mji̯waŋ꜄　꜀ȵʑi̯wo　si̯ɛn꜄

白　水　光　参　差。
bʻɐk꜆　꜂ɕwi　꜀kwɑŋ　꜀tʂʻi̯əm　꜀tʂʻiĕ

农　妇　白　纻　裙，
꜀nuoŋ　꜂bʻji̯ə̆u　bʻɐk꜆　꜂ɖʻi̯wo　꜀gʻji̯uən

农　夫　绿　蓑　衣。
꜀nuoŋ　꜀pji̯u　lji̯wok꜆　꜀suɑ　꜀ʔĕi

齐　唱　田　中　歌，
꜀dzʻiei　tɕʻi̯aŋ꜄　꜀dʻien　꜀ȶi̯uŋ　꜀kɑ

嘤　咛　如　竹　枝。
꜀ʔæŋ　꜀njæŋ　꜀ȵʑi̯wo　ȶi̯uk꜆　꜀tɕiĕ

但　闻　怨　响　音，
dʻɑn꜄　꜀mji̯uən　ʔi̯wɐn꜄　꜂xji̯aŋ　꜀ʔi̯əm

不　辨　俚　语　辞，
pji̯uət꜆　꜂bʻji̯ɛn　꜂ljiː　꜂ŋji̯wo　꜀ziː

时　时　一　大　笑，
꜀ʑiː　꜀ʑiː　ʔi̯ĕt꜆　dʻɑi꜄　si̯ɛu꜄

此　必　相　嘲　嗤。
꜂tsʻiĕ　pji̯ĕt꜆　꜀si̯aŋ　꜀ȶau　꜀tɕʻiː

水　平　苗　漠　漠，
꜂ɕwi　꜀bʻji̯ɐŋ　꜀mji̯ɛu　mɑk꜆　mɑk꜆

烟　火　生　墟　落，
꜀ʔien　꜂xuɑ　꜀ʂɐŋ　꜀kʻji̯wo　lɑk꜆

黄 犬 往 复 还，

꜀ɣwɑŋ ꜂k'iwen ꜂ji̭waŋ b'ji̭uk꜆ ꜀ɣwan

赤 鸡 鸣 且 啄。

tɕ'i̭ɛk꜆ ꜀kiei ꜀mji̭wɐŋ ꜂ts'i̭a ȶɔk꜆

路 旁 谁 家 郎，

luo꜄ ꜀b'wɑŋ ꜀ʑwi ꜀ka ꜀lɑŋ

乌 帽 衫 袖 长，

꜀ʔuo mɑu꜄ ꜀ʂam zi̭ə̆u꜄ ꜀ȡ'i̭aŋ

自 言 上 计 吏，

dz'i꜄ ꜀ŋji̭ɐn ʑi̭aŋ꜄ kiei꜄ ljiː꜄

年 幼 离 帝 乡。

꜀nien ʔi̭ə̆u꜄ ꜀ljiĕ tiei꜄ ꜀xji̭aŋ

田 夫 语 计 吏，

꜀d'ien ꜀pji̭u ŋji̭wo꜄ kiei꜄ ljiː꜄

君 家 侬 定 记，

꜀kji̭uən ꜀ka ꜀nuoŋ d'ieŋ꜄ kjiː꜄

一 来 长 安 道，

ʔi̭ĕt꜆ ꜀lɑ̣i ꜀ȡ'i̭aŋ ꜀ʔɑn ꜂d'ɑu

眼 大 不 相 觑。

꜂ŋa̩n d'ɑi꜄ pji̭uət꜆ ꜀si̭aŋ ts'i̭wo꜄

计 吏 笑 致 辞：

kiei꜄ ljiː꜄ si̭ɛu꜄ ȶi꜄ ꜀ziː

长 安 真 大 处，

꜀ȡ'i̭aŋ ꜀ʔɑn ꜀tɕi̭ĕn d'ɑi꜄ tɕ'i̭wo꜄

省　门　高　轲　峨，
꜂ʂi̯ɐŋ　꜀muən　꜀kɑu　꜀k'ɑ　꜀ŋɑ

依　人　无　度　数。
꜀nuoŋ　ɳʑi̯əp꜆　꜀mji̯u　d'uo꜄　ʂi̯u꜄

昨　来　补　卫　士，
dz'ɑk꜆　꜀lɑi　꜂puo　ji̯wɛi꜄　꜂dʐ'iː

唯　用　筒　竹　布，
꜀wi　ji̯woŋ꜄　꜀d'uŋ　ȶi̯uk꜆　puo꜄

君　看　二　三　年，
꜀kji̯uən　k'ɑn꜄　ɳʑi꜄　꜀sɑm　꜀nien

我　作　官　人　去。
꜂ŋɑ　tsɑk꜆　꜀kuɑn　꜀ɳʑi̯ĕn　k'ji̯wo꜄

渭川田家　王　维

斜　光　照　墟　落，
꜀zi̯a　꜀kwɑŋ　tɕi̯ɛu꜄　꜀k'ji̯wo　lɑk꜆

穷　巷　牛　羊　归。
꜀g'ji̯uŋ　ɣɔŋ꜄　꜀ŋji̯ə̆u　꜀i̯aŋ　꜀kjwĕi

野　老　念　牧　童，
꜂i̯a　꜂lɑu　niem꜄　mji̯uk꜆　꜀d'uŋ

倚　杖　候　荆　扉。
꜂ʔi̯ĕ　꜂ɖ'i̯aŋ　ɣə̆u꜄　꜀kji̯ɐŋ　꜀pjwĕi

雉　雊　麦　苗　秀，
꜂ɖ'i　꜀g'ji̯u　mwæk꜆　꜀mji̯ɛu　si̯ə̆u꜄

蚕　眠　桑　叶　稀。
꜀dzʻɑ̣m　꜀mien　꜀sɑŋ　i̯ɛp꜅　꜀xĕi

田　夫　荷　锄　至，
꜀dʻien　꜀pji̯u　꜀ɣɑ　꜀dʐʻi̯wo　tɕi꜃

相　见　语　依　依。
꜀si̯aŋ　kien꜃　꜂ŋji̯wo　꜀ʔĕi　꜀ʔĕi

即　此　羡　闲　逸，
tsi̯ək꜅　꜂tsʻiĕ　zi̯ɛn꜃　꜀ɣạn　i̯ĕt꜅

怅　然　吟　式　微。
ʈʻi̯aŋ꜃　꜀ȵʑi̯ɛn　꜀ŋji̯əm　ɕi̯ək꜅　꜀mjwĕi

芜　城

李　端

昔　人　登　此　地，
si̯ɛk꜅　꜀ȵʑi̯ĕn　꜀təŋ　꜂tsʻiĕ　dʻi꜃

丘　垄　已　前　悲。
꜀kʻji̯ə̆u　꜂lji̯woŋ　꜂iː　꜀dzʻien　꜀pjwi

今　日　又　非　昔，
꜀kji̯əm　ȵʑi̯ĕt꜅　ji̯ə̆u꜃　꜀pjwĕi　si̯ɛk꜅

春　风　能　几　时。
꜀tɕʻi̯uĕn　꜀pji̯uŋ　꜀nəŋ　꜂kjĕi　꜀ʑiː

风　吹　城　上　树，
꜀pji̯uŋ　꜀tɕʻwiĕ　꜀ʑi̯ɛŋ　ʑi̯aŋ꜃　ʑi̯u꜃

草　没　城　边　路。
꜂tsʻɑu　muət꜅　꜀ʑi̯ɛŋ　꜀piwen　luo꜃

城 裏 月 明 时，
꜀ʑi̯ɛŋ ꜂lji: ŋji̯wɐt꜆ ꜀mji̯wɐŋ ꜀ʑi:

精 灵 自 来 去。
꜀tsi̯ɛŋ ꜀lieŋ dz‘i꜄ ꜀lɑ̣i k‘ji̯wo꜄

早 行

刘 驾

马 上 续 残 梦，
꜂ma ʑi̯aŋ꜄ zi̯wok꜆ ꜀dz‘ɑn muŋ꜄

马 嘶 时 复 惊。
꜂ma ꜀siei ꜀ʑi: b‘ji̯uk꜆ ꜀kji̯ɐŋ

心 孤 多 所 虞，
꜀si̯əm ꜀kuo ꜀tɑ ꜂ʂi̯wo ꜀ŋji̯u

童 仆 近 我 行。
꜀d‘uŋ b‘uk꜆ g‘ji̯ən꜄ ꜂ŋɑ ꜀ɣɐŋ

栖 禽 未 分 散，
꜀siei ꜀g‘ji̯əm mjwĕi꜄ ꜀pji̯uən sɑn꜄

落 月 照 孤 城。
lɑk꜆ ŋji̯wɐt꜆ tɕi̯ɛu꜄ ꜀kuo ꜀ʑi̯ɛŋ

莫 羡 居 者 闲，
mɑk꜆ zi̯ɛn꜄ ꜀kji̯wo ꜂tɕi̯a ꜀ɣạn

溪 边 人 已 耕。
꜀k‘iei ꜀piwen ꜀ȵʑi̯ĕn ꜂i: ꜀kæŋ

观　回　军

李　益

行	行	上	陇	头，
꜀ɣɐŋ	꜀ɣɐŋ	ʑi̯aŋ꜄	꜂lji̯woŋ	꜀dʻə̆u
陇	月	暗	悠	悠。
꜂lji̯woŋ	ŋji̯wɐt꜆	ʔɑ̣m꜄	꜀i̯ə̆u	꜀i̯ə̆u
万	里	将	军	没，
mji̯wɐn꜄	꜂lji̯ː	꜀tsi̯aŋ	꜀kji̯uən	muət꜆
回	旌	陇	戍	秋。
꜀ɣuɑ̣i	꜀tsi̯ɛŋ	꜂lji̯woŋ	ɕi̯u꜄	꜀tsʻi̯ə̆u
谁	令	呜	咽	水，
꜀ʑwi	lji̯ɛŋ꜄	꜀ʔuo	ʔiet꜆	꜂ɕwi̯
重	入	故	营	流。
꜀ȡʻi̯woŋ	ȵʑi̯əp꜆	kuo꜄	꜀i̯wɛŋ	꜀lji̯ə̆u

贰　七言古诗

灞陵行送别　　李　白

送　君　灞　陵　亭，
suŋ꜄　꜀kji̯uən　pa꜄　꜀lji̯əŋ　꜀dʻieŋ

灞　水　流　浩　浩。
pa꜄　꜂ɕwi　꜀lji̯ə̆u　꜂ɣɑu　꜂ɣɑu

上　有　无　花　之　古　树，
ʑi̯aŋ꜄　꜂ji̯ə̆u　꜂mji̯u　꜀xwa　꜀tɕiː　꜂kuo　ʑi̯u꜄

下　有　伤　心　之　春　草。
꜂ɣa　꜂ji̯ə̆u　꜀ɕi̯aŋ　꜀si̯əm　꜀tɕiː　꜀tɕʻi̯uĕn　꜂tsʻɑu

我　向　秦　人　问　路　歧，
꜂ŋɑ　xji̯aŋ꜄　꜀dzʻi̯ĕn　꜀ȵʑi̯ĕn　mji̯uən꜄　luo꜄　꜀gʻjiĕ

云　是　王　粲　南　登　之　古　道。
꜀ji̯uən　꜂ʑiĕ　꜀ji̯waŋ　tsʻɑn꜄　꜀nɑ̣m　꜀təŋ　꜀tɕiː　꜂kuo　꜂dʻɑu

古　道　连　绵　走　西　京，
꜂kuo　꜂dʻɑu　꜀lji̯ɛn　꜀mji̯ɛn　꜂tsə̆u　꜀siei　꜀kji̯ɐŋ

紫　阙　落　日　浮　雲　生。
꜂tsiĕ　kʻji̯wɐt꜆　lɑk꜆　ȵʑi̯ĕt꜆　꜀bʻji̯ə̆u　꜀ji̯uən　꜀ʂɐŋ

正	当	今	夕	断	肠	处，
tɕiɛŋ꜄	꜀tɑŋ	꜀kjiəm	ziɛk꜆	tuɑn꜄	꜀ȡʻiaŋ	tɕʻiwo꜄

黄	鹂	愁	绝	不	忍	听。
꜀ɣwɑŋ	꜀ljiĕ	꜀dʐʻiə̆u	dzʻiwɛt꜆	pjiuət꜆	꜂ȵʑiĕn	꜀tʻieŋ

宣州谢朓楼饯别校书叔云　　李　白

弃	我	去	者，	昨	日	之
kʻji꜄	꜂ŋɑ	kʻjiwo꜄	꜂tɕia	dzʻɑk꜆	ȵʑiĕt꜆	꜀tɕiː

日	不	可	留；
ȵʑiĕt꜆	pjiuət꜆	꜂kʻɑ	꜀ljiə̆u

乱	我	心	者，	今	日	之
luɑn꜄	꜂ŋɑ	꜀siəm	꜂tɕia	꜀kjiəm	ȵʑiĕt꜆	꜀tɕiː

日	多	烦	忧！
ȵʑiĕt꜆	꜀tɑ	꜀bʻjiwɐn	꜀ʔiə̆u

长	风	万	里	送	秋	雁，
꜀ȡʻiaŋ	꜀pjiuŋ	mjiwɐn꜄	꜂ljiː	suŋ꜄	꜀tsʻiə̆u	ŋan꜄

对	此	可	以	酣	高	楼。
tuɑ̣i꜄	꜂tsʻiĕ	꜂kʻɑ	꜂iː	꜀ɣɑm	꜀kɑu	꜀lə̆u

蓬	莱	文	章	建	安	骨，
꜀bʻuŋ	꜀lɑ̣i	꜀mjiuən	꜀tɕiaŋ	kjiɐn꜄	꜀ʔɑn	kuət꜆

中	间	小	谢	又	清	發。
꜀ȶiuŋ	꜀kạn	꜂siɛu	zia꜄	jiə̆u꜄	꜀tsʻiɛŋ	pjiwɐt꜆

俱	怀	逸	兴	壮	思	飞，
꜀kjiu	꜀ɣwại	iĕt꜆	xjiəŋ꜄	tʂiaŋ꜄	꜀siː	꜀pjwĕi

欲 向 青 天 揽 明 月。
i̯wok꜆ xji̯aŋ꜄ ꜀tsʻiɛŋ ꜀tʻien ꜂lɑm ꜀mji̯wɐŋ ŋji̯wɐt꜆

抽 刀 断 水 水 更 流，
꜀ȶʻi̯ǒu ꜀tɑu tuɑn꜄ ꜂ɕwi ꜂ɕwi kɐŋ꜄ ꜀lji̯ǒu

举 杯 销 愁 愁 更 愁。
꜂kji̯wo ꜀puạ̣i ꜀si̯ɛu ꜀dʐʻi̯ǒu ꜀dʐʻi̯ǒu kɐŋ꜄ ꜀dʐʻi̯ǒu

人 生 在 世 不 称 意，
꜀ȵʑi̯ěn ꜀ʂɐŋ ꜂dzʻạ̣i ɕi̯ɛi꜄ pji̯uət꜆ tɕʻi̯əŋ꜄ ʔiː꜄

明 朝 散 髮 弄 扁 舟。
꜀mji̯wɐŋ ꜀ȶi̯ɛu ꜂sɑn pji̯wɐt꜆ luŋ꜄ ꜂pien ꜀tɕi̯ǒu

乾元中寓居同谷县作歌七首 杜 甫

其 一

有 客 有 客 字 子 美，
꜂ji̯ǒu kʻɐk꜆ ꜂ji̯ǒu kʻɐk꜆ dzʻiː꜄ ꜂tsiː ꜂mjwi

白 头 乱 髮 垂 过 耳。
bʻɐk꜆ ꜀dʻə̆u luɑn꜄ pji̯wɐt꜆ ꜀ʑwiě ꜀kuɑ ꜂ȵʑiː

岁 拾 橡 栗 随 狙 公，
si̯wɛi꜄ ʑi̯əp꜆ ꜂zi̯aŋ lji̯ět꜆ ꜀zwiě ꜀tsʻi̯wo ꜀kuŋ

天 寒 日 暮 山 谷 裹。
꜀tʻien ꜀ɣɑn ȵʑi̯ět꜆ muo꜄ ꜀ʂạn kuk꜆ ꜂ljiː

中 原 无 主 （书） 归 不 得，
꜀ȶi̯uŋ ꜀ŋji̯wɐn ꜀mji̯u ꜂tɕi̯u （꜀ɕi̯wo） ꜀kjwěi pji̯uət꜆ tək꜆

手 脚 冻 皴 皮 肉 死。
ᶜɕi̯ə̆u kji̯ak꜆ tuŋᵓ ꜀tsʻi̯uĕn ꜀bʻjiĕ ȵʑi̯uk꜆ ᶜsi

呜 呼！ 一 歌 兮 歌 已 哀，
꜀ʔuo ꜀xuo ʔi̯ĕt꜆ ꜀kɑ ꜀ɣiei ꜀kɑ ᶜiː ꜀ʔɑ̣i

悲 风 为 我 从 天 来！
꜀pjwi ꜀pji̯uŋ jwiĕᵓ ᶜŋɑ ꜀dzʻi̯woŋ ꜀tʻien ꜀lɑ̣i

其 二

长 镵 长 镵 白 木 柄，
꜀ȡʻi̯aŋ ꜀dʐʻam ꜀ȡʻi̯aŋ ꜀dʐʻam bʻɐk꜆ muk꜆ pji̯wɐŋᵓ

我 生 托 子 以 为 命。
ᶜŋɑ ꜀ʂɐŋ tʻɑk꜆ ᶜtsiː ᶜiː ꜀jwiĕ mji̯wɐŋᵓ

黄 精 （独） 无 苗 山 雪 盛，
꜀ɣwɑŋ ꜀tsi̯ɛŋ （dʻuk꜆） ꜀mji̯u ꜀mji̯ɛu ꜀ʂạn si̯wɛt꜆ ʑi̯ɛŋᵓ

短 衣 数 挽 不 掩 胫。
ᶜtuɑn ꜀ʔĕi ʂi̯uᵓ ᶜmji̯wɐn pji̯uət꜆ ᶜʔi̯ɛm ᶜɣieŋ

此 时 与 子 空 归 来，
ᶜtsʻiĕ ꜀ʑiː ᶜi̯wo ᶜtsiː ꜀kʻuŋ ꜀kjwĕi ꜀lɑ̣i

男 呻 女 吟 四 壁 静。
꜀nɑ̣m ꜀ɕi̯ĕn ᶜnji̯wo ꜀ŋji̯əm siᵓ piek꜆ ᶜdzʻi̯ɛŋ

呜 呼！ 二 歌 兮 歌 始 放，
꜀ʔuo ꜀xuo ȵʑiᵓ ꜀kɑ ꜀ɣiei ꜀kɑ ᶜɕiː pji̯wɑŋᵓ

邻 里 为 我 色 惆 怅。
꜀lji̯ĕn ᶜljiː jwiĕᵓ ᶜŋɑ ʂi̯ək꜆ ꜀ȶʻi̯ə̆u ȶʻi̯aŋᵓ

其　三

有	弟	有	弟	在	远	（各	一）	方，
꜂ji̯ə̌u	꜂dʻiei	꜂ji̯ə̌u	꜂dʻiei	꜂dzʻɑ̣i	꜀ji̯wɐn	(kɑk꜆	ʔi̯ět꜆)	꜀pji̯waŋ

三	人	各	瘦	何	人	强？
꜀sɑm	꜀ȵʑi̯ěn	kɑk꜆	ʂi̯ə̌u꜄	꜀ɣɑ	꜀ȵʑi̯ěn	꜀gʻi̯aŋ

生	别	辗	转	不	相	见，
꜀ʂɐŋ	bʻji̯ɛt꜆	꜂ȶi̯ɛn	꜂ȶi̯wɛn	pji̯uət꜆	꜀si̯aŋ	kien꜄

胡	尘	暗	天	道	路	长。
꜀ɣuo	꜀ȡʻi̯ěn	ʔɑ̣m꜄	꜀tʻien	꜂dʻɑu	luo꜄	꜀ȡʻi̯aŋ

东	飞	驾	鹅	後	鹙	鸧，
꜀tuŋ	꜀pjwěi	꜀ka	꜀ŋɑ	꜂ɣə̌u	꜀tsʻi̯ə̌u	꜀tsʻɑŋ

安	得	送	我	置	汝	旁。
꜀ʔɑn	tək꜆	suŋ꜄	꜂ŋɑ	ȶi:꜄	꜂ȵʑi̯wo	꜀bʻwɑŋ

呜	呼！	三	歌	兮	歌	三	發，
꜀ʔuo	꜀xuo	꜀sɑm	꜀kɑ	꜀ɣiei	꜀kɑ	꜀sɑm	pji̯wɐt꜆

汝	归	何	处	收	兄	骨！
꜀ȵʑi̯wo	꜀kjwěi	꜀ɣɑ	tɕʻi̯wo꜄	꜀ɕi̯ə̌u	꜀xji̯wɐŋ	kuət꜆

其　四

有	妹	有	妹	在	钟	离，
꜂ji̯ə̌u	muɑ̣i꜄	꜂ji̯ə̌u	muɑ̣i꜄	꜂dzʻɑ̣i	꜀tɕi̯woŋ	꜀lji̯ě

良　人　早　殁　诸　孤　痴。
꜀lji̯aŋ　꜀ȵʑi̯ĕn　꜂tsɑu　muət꜆　꜀tɕiwo　꜀kuo　꜀ȶʻi:

长　淮　浪　高　蛟　龙　怒，
꜀ȡʻi̯aŋ　꜀ɣwại　lɑŋ꜄　꜀kɑu　꜀kau　꜀lji̯woŋ　nuo꜄

十　年　不　见　来　何　时　（迟）。
ʑi̯əp꜆　꜀nien　pji̯uət꜆　kien꜄　꜀lại　꜀ɣɑ　꜀ʑi:　（꜀ȡʻi）

扁　舟　欲　往　泪　满　眼，
꜂pien　꜀tɕi̯ə̆u　i̯wok꜆　꜂ji̯waŋ　ljwi꜄　꜂muɑn　꜂ŋạn

杳　杳　南　国　多　旌　旗。
꜂ʔieu　꜂ʔieu　꜀nạm　kwək꜆　꜀tɑ　꜀tsi̯ɛŋ　꜀gʻji:

呜　呼！　四　歌　兮　歌　四　奏，
꜀ʔuo　꜀xuo　si꜄　꜀kɑ　꜀ɣiei　꜀kɑ　si꜄　tsə̆u꜄

林　猿　为　我　啼　清　昼！
꜀lji̯əm　꜀ji̯wɐn　jwiĕ꜄　꜂ŋɑ　꜀dʻiei　꜀tsʻi̯ɛŋ　ȶi̯ə̆u꜄

其　五

四　山　多　风　溪　水　急，
si꜄　꜀ʂạn　꜀tɑ　꜀pji̯uŋ　꜀kʻiei　꜂ɕwi　kji̯əp꜆

寒　雨　飒　飒　枯　树　湿。
꜀ɣɑn　꜂ji̯u　sạp꜆　sạp꜆　꜀kʻuo　ʑi̯u꜄　ɕi̯əp꜆

黄　蒿　古　城　雲　不　开，
꜀ɣwɑŋ　꜀xɑu　꜂kuo　꜀ʑi̯ɛŋ　꜀ji̯uən　pji̯uət꜆　꜀kʻại

白　狐　跳　梁　黄　狐　立。
bʻɐk꜆　꜀ɣuo　tʻieu꜄　꜀lji̯aŋ　꜀ɣwɑŋ　꜀ɣuo　lji̯əp꜆

我 生 何 为 在 穷 谷，
꜂ŋɑ ꜀ʂɐŋ ꜀ɣɑ ꜀jwiĕ ꜂dzʻɑ̣i ꜀gʻji̯uŋ kuk꜆

中 夜 起 坐 万 感 集。
꜀ȶi̯uŋ i̯a꜄ ꜂kʻjiː ꜂dzʻuɑ mji̯wɐn꜄ ꜂kɑ̣m dzʻi̯əp꜆

呜 呼！ 五 歌 兮 歌 正 长，
꜀ʔuo ꜀xuo ꜂ŋuo ꜀kɑ ꜀ɣiei ꜀kɑ tɕi̯ɛŋ꜄ ꜀ȡʻi̯aŋ

魂 招 不 来 归 故 乡。
꜀ɣuən ꜀tɕi̯ɛu pji̯uət꜆ ꜀lɑ̣i ꜀kjwĕi kuo꜄ ꜀xji̯aŋ

其 六

南 有 龙 兮 在 山 湫，
꜀nɑ̣m ꜂ji̯ə̆u ꜀lji̯woŋ ꜀ɣiei ꜂dzʻɑ̣i ꜀ʂạn ꜀tsʻi̯ə̆u

古 木 巃 嵸 枝 相 樛。
꜂kuo muk꜆ ꜀lji̯uŋ ꜀tsuŋ ꜀tɕiĕ ꜀si̯aŋ ꜀kji̯ə̆u

木 叶 黄 落 龙 正 蛰，
muk꜆ i̯ɛp꜆ ꜀ɣwɑŋ lɑk꜆ ꜀lji̯woŋ tɕi̯ɛŋ꜄ ȡʻi̯əp꜆

蝮 蛇 东 来 水 上 游。
bʻji̯uk꜆ ꜀dʑʻi̯a ꜀tuŋ ꜀lɑ̣i ꜂ɕwi ʑi̯aŋ꜄ ꜀i̯ə̆u

我 行 怪 此 安 敢 出，
꜂ŋɑ ꜀ɣɐŋ kwại꜄ ꜂tsʻiĕ ꜀ʔɑn ꜂kɑm tɕʻi̯uĕt꜆

拔 剑 欲 斩 且 复 休。
bʻwat꜆ kji̯wɐm꜄ i̯wok꜆ ꜂ʈʂạm ꜂tsʻi̯a bʻji̯uk꜆ ꜀xji̯ə̆u

呜 呼！ 六 歌 兮 歌 思 迟，
꜀ʔuo ꜀xuo lji̯uk꜆ ꜀kɑ ꜀ɣiei ꜀kɑ ꜀siː ꜀ȡʻi

溪 壑 为 我 回 春 姿。
꜀kʻiei xɑk꜆ jwiĕ꜄ ꜂ŋɑ ꜀ɣuɑ̣i ꜀tɕʻi̯uĕn ꜀tsi

其七

男 儿 生 不 成 名 身
꜀nɑ̣m ꜀ȵʑiĕ ꜀ʃɐŋ pji̯uət꜆ ꜀ʑi̯ɛŋ ꜀mji̯ɛŋ ꜀ɕi̯ĕn

已 老，
꜂iː ꜂lɑu

三 年 饥 走 荒 山 道。
꜀sɑm ꜀nien ꜀kjĕi tsə̆u꜄ ꜀xwɑŋ ꜀ʃạn ꜂dʻɑu

长 安 卿 相 多 少 年，
꜀ȡʻi̯aŋ ꜀ʔɑn ꜀kʻji̯ɐŋ si̯aŋ꜄ ꜀tɑ ɕi̯ɛu꜄ ꜀nien

富 贵 应 须 致 身 早。
pji̯ə̆u꜄ kjwĕi꜄ ʔi̯əŋ꜄ ꜀si̯u ȶi꜄ ꜀ɕi̯ĕn ꜂tsɑu

山 中 儒 生 旧 相 识，
꜀ʃạn ꜀ȶi̯uŋ ꜀ȵʑi̯u ꜀ʃɐŋ gʻji̯ə̆u꜄ ꜀si̯aŋ ɕi̯ək꜆

但 话 宿 昔 伤 怀 抱。
dʻɑn꜄ ɣuai꜄ si̯uk꜆ si̯ɛk꜆ ꜀ɕi̯aŋ ꜀ɣwại ꜂bʻɑu

呜 呼！七 歌 兮 悄 终 曲，
꜀ʔuo ꜀xuo tsʻi̯ĕt꜆ ꜀kɑ ꜀ɣiei ꜂tsʻi̯ɛu ꜀tɕi̯uŋ kji̯wok꜆

仰 视 皇 天 白 日 速。
꜂ŋji̯aŋ ʑi꜄ ꜀ɣwɑŋ ꜀tʻien bʻɐk꜆ ȵʑi̯ĕt꜆ suk꜆

长恨歌

白居易

汉	皇	重	色	思	倾	国，
xɑnᵓ	꜀ɣwɑŋ	ᶜȡʻi̯woŋ	ʂi̯ək꜆	꜀siː	꜀kji̯wɛŋ	kwək꜆
御	宇	多	年	求	不	得。
ŋji̯woᵓ	ᶜji̯u	꜀tɑ	꜀nien	꜀gʻji̯ə̆u	pji̯uət꜆	tək꜆
杨	家	有	女	初	长	成，
꜀i̯aŋ	꜀ka	ᶜji̯ə̆u	ᶜnji̯wo	꜀tʂʻi̯wo	ᶜȶi̯aŋ	꜀ʑi̯ɛŋ
养	在	深	闺	人	未	识。
ᶜi̯aŋ	ᶜdzʻɑ̣i	꜀ɕi̯əm	꜀kiwei	꜀ȵʑi̯ĕn	mjwĕiᵓ	ɕi̯ək꜆
天	生	丽	质	难	自	弃，
꜀tʻien	꜀ʂɐŋ	lieiᵓ	tɕi̯ĕt꜆	꜀nɑn	dzʻiᵓ	kʻjiᵓ
一	朝	选	在	君	王	侧。
ʔi̯ĕt꜆	꜀ȶi̯ɛu	ᶜsi̯wɛn	ᶜdzʻɑ̣i	꜀kji̯uən	꜀ji̯waŋ	tʂi̯ək꜆
回	眸	一	笑	百	媚	生，
꜀ɣuɑ̣i	꜀mji̯ə̆u	ʔi̯ĕt꜆	si̯ɛuᵓ	pɐk꜆	mjwiᵓ	꜀ʂɐŋ
六	宫	粉	黛	无	颜	色。
lji̯uk꜆	꜀kji̯uŋ	ᶜpji̯uən	dʻɑ̣iᵓ	꜀mji̯u	꜀ŋan	ʂi̯ək꜆
春	寒	赐	浴	华	清	池，
꜀tɕʻi̯uĕn	꜀ɣɑn	si̯ĕᵓ	i̯wok꜆	꜀ɣwa	꜀tsʻi̯ɛŋ	꜀ȡʻi̯ĕ
温	泉	水	滑	洗	凝	脂。
꜀ʔuən	꜀dzʻi̯wɛn	ᶜɕwi	ɣwat꜆	ᶜsiei	꜀ŋji̯əŋ	꜀tɕi
侍	儿	扶	起	娇	无	力，
ʑiːᵓ	꜀ȵʑi̯ĕ	꜀bʻji̯u	ᶜkʻjiː	꜀kji̯ɛu	꜀mji̯u	lji̯ək꜆

始 是 新 承 恩 泽 时。
꜂ɕiː ꜂ʑiĕ ꜀si̯ĕn ꜀ʑi̯əŋ ꜀ʔən ɖʻɐk꜆ ꜀ʑiː

雲 鬓 花 颜 金 步 摇，
꜀ji̯uən pji̯ĕn꜄ ꜀xwa ꜀ŋan ꜀kji̯əm bʻuo꜄ ꜀i̯ɛu

芙 蓉 帐 暖 度 春 宵。
꜀bʻji̯u ꜀i̯woŋ ʈi̯aŋ꜄ ꜂nuɑn dʻuo꜄ ꜀tɕʻi̯uĕn ꜀si̯ɛu

春 宵 苦 短 日 高 起，
꜀tɕʻi̯uĕn ꜀si̯ɛu ꜂kʻuo ꜂tuan ȵʑi̯ĕt꜆ ꜀kɑu ꜂kʻjiː

从 此 君 王 不 早 朝！
꜀dzʻi̯woŋ ꜂tsʻiĕ ꜀kji̯uən ꜀ji̯waŋ pji̯uət꜆ ꜂tsɑu ꜀ɖʻi̯ɛu

承 欢 侍 宴 无 闲 暇，
꜀ʑi̯əŋ ꜀xuɑn ʑiː꜄ ʔien꜄ ꜀mji̯u ꜀ɣạn ɣa꜄

春 从 春 游 夜 专 夜。
꜀tɕʻi̯uĕn ꜀dzʻi̯woŋ ꜀tɕʻi̯uĕn ꜀i̯ə̆u i̯a꜄ ꜀tɕi̯wɛn i̯a꜄

后 宫 佳 丽 三 千 人，
꜂ɣə̆u ꜀kji̯uŋ ꜀kai liei꜄ ꜀sɑm ꜀tsʻien ꜀ȵʑi̯ĕn

三 千 宠 爱 在 一 身。
꜀sɑm ꜀tsʻien ꜂ʈʻi̯woŋ ʔɑ̣i꜄ ꜂dzʻɑ̣i ʔi̯ĕt꜆ ꜀ɕi̯ĕn

金 屋 妆 成 娇 侍 夜，
꜀kji̯əm ʔuk꜆ ꜀tʂi̯aŋ ꜀ʑi̯ɛŋ ꜀kji̯ɛu ʑiː꜄ i̯a꜄

玉 楼 宴 罢 醉 和 春。
ŋji̯wok꜆ ꜀lə̆u ʔien꜄ ꜂bʻai tswi꜄ ꜀ɣuɑ ꜀tɕʻi̯uĕn

姊 妹 弟 兄 皆 列 土，
꜂tsi muɑ̣i꜄ ꜂dʻiei ꜀xji̯wɐŋ ꜀kại lji̯ɛt꜆ ꜂tʻuo

可	怜	光	彩	生	门	户。
ᶜkʻɑ	꜀lien	꜀kwɑŋ	ᶜtsʻɑ̣i	꜀ʂɐŋ	꜀muən	ᶜɣuo
遂	令	天	下	父	母	心，
zwiᵓ	lji̯ɛŋᵓ	꜀tʻien	ᶜɣɑ	ᶜpji̯u	ᶜmə̆u	꜀si̯əm
不	重	生	男	重	生	女。
pji̯uət꜀	ᶜɖʻi̯woŋ	꜀ʂɐŋ	꜀nɑ̣m	ᶜɖʻi̯woŋ	꜀ʂɐŋ	ᶜnji̯wo
骊	宫	高	处	入	青	云，
꜀liei	꜀kji̯uŋ	꜀kɑu	tɕʻi̯woᵓ	ɲʑi̯əp꜀	꜀tsʻieŋ	꜀ji̯uən
仙	乐	风	飘	处	处	闻。
꜀si̯ɛn	ŋɔk꜀	꜀pji̯uŋ	꜀pʻji̯ɛu	tɕʻi̯woᵓ	tɕʻi̯woᵓ	꜀mji̯uən
缓	歌	慢	舞	凝	丝	竹，
ᶜɣuɑn	꜀kɑ	manᵓ	ᶜmji̯u	꜀ŋji̯əŋ	꜀siː	ʈi̯uk꜀
尽	日	君	王	看	不	足。
ᶜdzʻi̯ĕn	ɲʑi̯ĕt꜀	꜀kji̯uən	꜀ji̯waŋ	kʻɑnᵓ	pji̯uət꜀	tsi̯wok꜀
渔	阳	鼙	鼓	动	地	来，
꜀ŋji̯wo	꜀i̯aŋ	꜀pji̯ĕ	ᶜkuo	ᶜdʻuŋ	dʻi̯ᵓ	꜀lɑ̣i
惊	破	霓	裳	羽	衣	曲！
꜀kji̯ɐŋ	pʻuɑᵓ	꜀ŋiei	꜀ʑi̯aŋ	ᶜji̯u	꜀ʔĕi	kʻji̯wok꜀
九	重	城	阙	烟	尘	生，
ᶜkji̯ə̆u	ᶜɖʻi̯woŋ	꜀ʑi̯ɛŋ	kʻji̯wɐt꜀	꜀ʔien	꜀ɖʻi̯ĕn	꜀ʂɐŋ
千	骑	万	骑	西	南	行。
꜀tsʻien	꜀gʻjiĕ	mji̯wɐnᵓ	꜀gʻjiĕ	꜀siei	꜀nɑ̣m	꜀ɣɐŋ
翠	华	摇	摇	行	复	止，
tsʻwiᵓ	꜀ɣwa	꜀i̯ɛu	꜀i̯ɛu	꜀ɣɐŋ	bʻji̯uk꜀	ᶜtɕiː

西	出	都	门	百	余	里。
꜀siei	tɕʻi̯uĕt꜆	꜀tuo	꜀muən	pɐk꜆	꜀i̯wo	꜂lji:
六	军	不	發	无	奈	何，
lji̯uk꜆	꜀kji̯uən	pji̯uət꜆	pji̯wɐt꜆	꜀mji̯u	nɑi꜄	꜀ɣɑ
宛	转	蛾	眉	马	前	死！
꜂ʔi̯wɐn	꜂ȶi̯wɛn	꜀ŋɑ	꜀mjwi	꜂ma	꜀dzʻien	꜂si
花	钿	委	地	无	人	收，
꜀xwa	꜀dʻien	꜂ʔwiĕ	dʻi꜄	꜀mji̯u	꜀ȵʑi̯ĕn	꜀ɕi̯əu
翠	翘	金	雀	玉	搔	头，
tsʻwi꜄	꜀gʻjiɛu	꜀kji̯əm	tsi̯ak꜆	ŋji̯wok꜆	꜀sɑu	꜀dʻəu
君	王	掩	面	救	不	得，
꜀kji̯uən	꜀ji̯waŋ	꜂ʔi̯ɛm	mji̯ɛn꜄	kji̯ə̆u꜄	pji̯uət꜆	tək꜆
回	看	血	泪	相	和	流！
꜀ɣuɑ̣i	kʻɑn꜄	xiwet꜆	ljwi꜄	꜀si̯aŋ	꜀ɣuɑ	꜀lji̯ə̆u
黄	埃	散	漫	风	萧	索，
꜀ɣwɑŋ	꜀ʔɑ̣i	sɑn꜄	muɑn꜄	꜀pji̯uŋ	꜀sieu	sɑk꜆
雲	栈	萦	纡	登	剑	阁。
꜀ji̯uən	꜂dʐʻạn	꜀ʔi̯wɛŋ	꜀ji̯u	꜀təŋ	kji̯wɐm꜄	kɑk꜆
峨	嵋	山	下	少	人	行，
꜀ŋɑ	꜀mjwi	꜀ʂạn	꜂ɣɑ	꜂ɕi̯ɛu	꜀ȵʑi̯ĕn	꜀ɣɐŋ
旌	旗	无	光	日	色	薄。
꜀tsi̯ɛŋ	꜀gʻji:	꜀mji̯u	꜀kwɑŋ	ȵʑi̯ĕt꜆	ʂi̯ək꜆	bʻɑk꜆
蜀	江	水	碧	蜀	山	青，
ʑi̯wok꜆	꜀kɔŋ	꜂ɕwi	pji̯ɛk꜆	ʑi̯wok꜆	꜀ʂạn	꜀tsʻieŋ

圣 主 朝 朝 暮 暮 情。
ɕi̯ɛŋᵓ ᶜtɕi̯u ꜀ȶi̯ɛu ꜀ȶi̯ɛu muoᵓ muoᵓ ꜀dzʻi̯ɛŋ

行 宫 见 月 伤 心 色，
꜀ɣɐŋ ꜀kji̯uŋ kienᵓ ŋji̯wɐt꜆ ꜀ɕi̯aŋ ꜀si̯əm ʂi̯ək꜆

夜 雨 闻 铃 肠 断 声。
i̯aᵓ ᶜji̯u ꜀mji̯uən ꜀lieŋ ꜀ȡʻi̯aŋ tuɑnᵓ ꜀ɕi̯ɛŋ

天 旋 地 转 回 龙 驭，
꜀tʻien ꜀zi̯wɛn dʻiᵓ ᶜȶi̯wɛn ꜀ɣuɑ̣i ꜀lji̯woŋ ŋji̯woᵓ

到 此 踌 躇 不 能 去。
tɑuᵓ ᶜtsʻi̯ĕ ꜀ȡʻi̯ə̆u ꜀ȡʻi̯wo pji̯uət꜆ ꜀nəŋ kʻji̯woᵓ

马 嵬 坡 下 泥 土 中，
ᶜma ꜀ŋuɑ̣i ꜀pʻuɑ ᶜɣɑ ꜀niei ᶜtʻuo ꜀ȶi̯uŋ

不 见 玉 颜 空 死 处。
pji̯uət꜆ kienᵓ ŋji̯wok꜆ ꜀ŋan ꜀kʻuŋ ᶜsi tɕʻi̯woᵓ

君 臣 相 顾 尽 沾 衣，
꜀kji̯uən ꜀ʑi̯ĕn ꜀si̯aŋ kuoᵓ ᶜdzʻi̯ĕn ꜀ȶi̯ɛm ꜀ʔĕi

东 望 都 门 信 马 归。
꜀tuŋ mji̯waŋᵓ ꜀tuo ꜀muən si̯ĕnᵓ ᶜma ꜀kjwĕi

归 来 池 苑 皆 依 旧，
꜀kjwĕi ꜀lɑ̣i ꜀ȡʻi̯ĕ ᶜʔi̯wɐn ꜀kạ̈i ꜀ʔĕi gʻji̯ə̆uᵓ

太 液 芙 蓉 未 央 柳。
tʻɑiᵓ i̯ɛk꜆ ꜀bʻji̯u ꜀i̯woŋ mjwĕiᵓ ꜀ʔi̯aŋ ᶜlji̯ə̆u

芙 蓉 如 面 柳 如 眉，
꜀bʻji̯u ꜀i̯woŋ ꜀ȵʑi̯wo mji̯ɛnᵓ ᶜlji̯ə̆u ꜀ȵʑi̯wo ꜀mjwi

对 此 如 何 不 泪 垂。
tuại꜄ ꜂tsʻiĕ ꜀ȵʑi̯wo ꜀ɣɑ pji̯uət꜆ ljwi꜄ ꜀ʑwiĕ

春 风 桃 李 花 开 夜，
꜀tɕʻi̯uĕn ꜀pji̯uŋ ꜀dʻɑu ꜂ljiː ꜀xwa ꜀kʻại i̯a꜄

秋 雨 梧 桐 叶 落 时。
꜀tsʻi̯ə̆u ꜂ji̯u ꜀ŋuo ꜀dʻuŋ i̯ɛp꜆ lɑk꜆ ꜀ʑiː

西 宫 南 内 多 秋 草，
꜀siei ꜀kji̯uŋ ꜀nạm nuại꜄ ꜀tɑ ꜀tsʻi̯ə̆u ꜂tsʻɑu

落 叶 满 阶 红 不 扫。
lɑk꜆ i̯ɛp꜆ ꜂muɑn ꜀kại ꜀ɣuŋ pji̯uət꜆ ꜂sɑu

梨 园 弟 子 白 发 新，
꜀lji ꜀ji̯wɐn ꜂dʻiei ꜂tsiː bʻɐk꜆ pji̯wɐt꜆ ꜀si̯ĕn

椒 房 阿 监 青 娥 老。
꜀tsi̯ɛu ꜀bʻji̯waŋ ꜀ʔɑ kam꜄ ꜀tsʻieŋ ꜀ŋɑ ꜂lɑu

夕 殿 萤 飞 思 悄 然，
zi̯ɛk꜆ dʻien꜄ ꜀ɣiweŋ ꜀pjwĕi ꜀siː ꜂tsʻi̯ɛu ꜀ȵʑi̯ɛn

孤 灯 挑 尽 未 成 眠。
꜀kuo ꜀təŋ ꜀tʻieu ꜂dzʻi̯ĕn mjwĕi꜄ ꜀ʑi̯ɛŋ ꜀mien

迟 迟 钟 鼓 初 长 夜，
꜀ȡʻi ꜀ȡʻi ꜀tɕi̯woŋ ꜂kuo ꜀tʂʻi̯wo ꜀ȡʻi̯aŋ i̯a꜄

耿 耿 星 河 欲 曙 天。
꜂kæŋ ꜂kæŋ ꜀sieŋ ꜀ɣɑ i̯wok꜆ ʑi̯wo꜄ ꜀tʻien

鸳 鸯 瓦 冷 霜 华 重，
꜀ʔi̯wɐn ꜀ʔi̯aŋ ꜂ŋwa ꜂lɐŋ ꜀ʂi̯aŋ ꜀ɣwa ꜂ȡʻi̯woŋ

翡 翠 衾 寒 谁 与 共。
bʻjwĕi꜄ tsʻwi꜄ ꜀kʻji̯əm ꜀ɣɑn ꜀ʑwi ꜂i̯wo gʻji̯woŋ꜄

悠 悠 生 死 别 经 年，
꜀i̯ə̆u ꜀i̯ə̆u ꜀ʂɐŋ ꜂si bʻji̯ɛt꜆ ꜀kieŋ ꜀nien

魂 魄 不 曾 来 入 梦。
꜀ɣuən pʻɐk꜆ pji̯uət꜆ ꜀dzʻəŋ ꜀lɑ̣i ȵʑi̯əp꜆ muŋ꜄

临 邛 道 士 鸿 都 客，
꜀lji̯əm ꜀gʻji̯woŋ ꜂dʻɑu ꜂dʐʻiː ꜀ɣuŋ ꜀tuo kʻɐk꜆

能 以 精 诚 致 魂 魄。
꜀nəŋ ꜂iː ꜀tsi̯ɛŋ ꜀ʑi̯ɛŋ ʈi꜄ ꜀ɣuən pʻɐk꜆

为 感 君 王 展 转 思，
jwiĕ꜄ ꜂kɑ̣m ꜀kji̯uən ꜀ji̯waŋ ꜂ʈi̯ɛn ꜂ʈi̯wɛn ꜀siː

遂 教 方 士 殷 勤 觅。
zwi꜄ kau꜄ ꜀pji̯waŋ ꜂dʐʻiː ꜀ʔi̯ən ꜀gʻji̯ən miek꜆

排 空 驭 气 奔 如 电，
꜀bʻại ꜀kʻuŋ ŋji̯wo꜄ kʻjĕi꜄ ꜀puən ꜀ȵʑi̯wo dʻien꜄

升 天 入 地 求 之 遍。
꜀ɕi̯əŋ ꜀tʻien ȵʑi̯əp꜆ dʻi꜄ ꜀gʻji̯ə̆u ꜀tɕiː pien꜄

上 穷 碧 落 下 黄 泉，
ʑi̯aŋ꜄ ꜀gʻji̯uŋ pji̯ɛk꜆ lɑk꜆ ꜂ɣɑ ꜀ɣwɑŋ ꜀dzʻi̯wɛn

两 处 茫 茫 皆 不 见。
꜂lji̯aŋ tɕʻi̯wo꜄ ꜀mɑŋ ꜀mɑŋ ꜀kại pji̯uət꜆ kien꜄

忽 闻 海 外 有 仙 山，
xuət꜆ ꜀mji̯uən ꜂xɑ̣i ŋuɑi꜄ ꜂ji̯ə̆u ꜀si̯ɛn ꜀ʂạn

山 在 虚 无 缥 缈 间。
꜀ʂạn ꜂dzʻɑ̣i ꜀xji̯wo ꜀mji̯u ꜂pʻji̯ɛu ꜂mji̯ɛu ꜀kạn

楼 阁 玲 珑 五 雲 起，
꜀lə̆u kɑk꜆ ꜀lieŋ ꜀luŋ ꜂ŋuo ꜀ji̯uən ꜂kʻjiː

其 中 绰 约 多 仙 子。
꜀gʻjiː ꜀ȶi̯uŋ tɕʻi̯ak꜆ ʔi̯ak꜆ ꜀tɑ ꜀si̯ɛn ꜂tsiː

中 有 一 人 字 太 真，
꜀ȶi̯uŋ ꜂ji̯ə̆u ʔi̯ĕt꜆ ꜀ȵʑi̯ĕn dzʻiː꜄ tʻɑi꜄ ꜀tɕi̯ĕn

雪 肤 花 貌 参 差 是。
si̯wɛt꜆ ꜀pji̯u ꜀xwa mau꜄ ꜀tʂʻi̯əm ꜀tʂʻiĕ ꜂ʑiĕ

金 阙 西 厢 叩 玉 扃，
꜀kji̯əm kʻji̯wɐt꜆ ꜀siei ꜀si̯aŋ ꜂kʻə̆u ŋji̯wok꜆ ꜀kiweŋ

转 教 小 玉 报 双 成。
꜂ȶi̯wɛn kau꜄ ꜂si̯ɛu ŋji̯wok꜆ pɑu꜄ ꜀ʂɔŋ ꜀ʑi̯ɛŋ

闻 道 汉 家 天 子 使，
꜀mji̯uən ꜂dʻɑu xɑn꜄ ꜀ka ꜀tʻien ꜂tsiː ꜂ʂiː

九 华 帐 裏 梦 魂 惊。
꜂kji̯ə̆u ꜀ɣwa ȶi̯aŋ꜄ ꜂ljiː muŋ꜄ ꜀ɣuən ꜀kji̯ɐŋ

揽 衣 推 枕 起 徘 徊，
꜂lɑm ꜀ʔĕi ꜀tʻuɑ̣i ꜂tɕi̯əm ꜂kʻjiː ꜀bʻuɑ̣i ꜀ɣuɑ̣i

珠 箔 银 屏（钩） 迤 逦 开。
꜀tɕi̯u bʻɑk꜆ ꜀ŋji̯ĕn ꜀bʻieŋ（꜀kə̆u） ꜂iĕ ꜂ljiĕ ꜀kʻɑ̣i

雲 鬓 半 偏 新 睡 觉，
꜀ji̯uən pji̯ĕn꜄ puɑn꜄ ꜀pʻji̯ɛn ꜀si̯ĕn ʑwiĕ꜄ kɔk꜆

花	冠	不	整	下	堂	来。
꜀xwa	꜀kuɑn	pji̯uət꜆	tɕi̯ɛŋ꜄	꜂ɣɑ	꜀dʻɑŋ	꜀lɑ̣i
风	吹	仙	袂	飘	飘	举，
꜀pji̯uŋ	꜀tɕʻwiĕ	꜀si̯ɛn	mji̯ɛi꜄	꜀pʻji̯ɛu	꜀pʻji̯ɛu	꜂kji̯wo
犹	似	霓	裳	羽	衣	舞。
꜀i̯ə̆u	꜂ziː	꜀ŋiei	꜀ʑi̯aŋ	꜂ji̯u	꜀ʔĕi	꜂mji̯u
玉	容	寂	寞	泪	阑	干，
ŋji̯wok꜆	꜀i̯woŋ	dzʻiek꜆	mɑk꜆	ljwi꜄	꜀lɑn	꜀kɑn
梨	花	一	枝	春	带	雨。
꜀lji	꜀xwa	ʔi̯ĕt꜆	꜀tɕiĕ	꜀tɕʻi̯uĕn	tɑi꜄	꜂ji̯u
含	情	凝	睇	谢	君	王，
꜀ɣɑ̣m	꜀dzʻi̯ɛŋ	꜀ŋji̯əŋ	dʻiei꜄	zi̯a꜄	꜀kji̯uən	꜀ji̯waŋ
一	别	音	容	两	渺	茫。
ʔi̯ĕt꜆	bʻji̯ɛt꜆	꜀ʔi̯əm	꜀i̯woŋ	꜂lji̯aŋ	꜂mji̯ɛu	꜀mɑŋ
昭	阳	殿	里	恩	爱	绝，
꜀tɕi̯ɛu	꜀i̯aŋ	dʻien꜄	꜂ljiː	꜀ʔən	ʔɑ̣i꜄	dzʻi̯wɛt꜆
蓬	莱	宫	中	日	月	长。
꜀bʻuŋ	꜀lɑ̣i	꜀kji̯uŋ	꜀ȶi̯uŋ	ȵʑi̯ĕt꜆	ŋji̯wɐt꜆	꜀ȡʻi̯aŋ
回	头	下	望	人	寰	处，
꜀ɣuɑ̣i	꜀dʻə̆u	꜂ɣɑ	mji̯waŋ꜄	꜀ȵʑi̯ĕn	꜀ɣwan	tɕʻi̯wo꜄
不	见	长	安	见	尘	雾。
pji̯uət꜆	kien꜄	꜀ȡʻi̯aŋ	꜀ʔɑn	kien꜄	꜀ȡʻi̯ĕn	mji̯u꜄
惟	将	旧	物	表	深	情，
꜀wi	꜀tsi̯aŋ	gʻji̯ə̆u꜄	mji̯uət꜆	꜂pji̯ɛu	꜀ɕi̯əm	꜀dzʻi̯ɛŋ

钿 盒 金 钗 寄 将 去。

꜀dʻien ɣɑ̣p꜆ ꜀kji̯əm ꜀tʂʻai kjiĕ꜄ ꜀tsi̯aŋ kʻji̯wo꜄

钗 留 一 股 盒 一 扇，

꜀tʂʻai ꜀lji̯ə̆u ʔi̯ĕt꜆ ꜂kuo ɣɑ̣p꜆ ʔi̯ĕt꜆ ɕi̯ɛn꜄

钗 擘 黄 金 盒 分 钿。

꜀tʂʻai pæk꜆ ꜀ɣwɑŋ ꜀kji̯əm ɣɑ̣p꜆ ꜀pji̯uən ꜀dʻien

但 令 心 似 金 钿 坚，

dʻɑn꜄ lji̯ɛŋ꜄ ꜀si̯əm ꜂ziː ꜀kji̯əm ꜀dʻien ꜀kien

天 上 人 间 会 相 见。

꜀tʻien ʑi̯aŋ꜄ ꜀ȵʑi̯ĕn ꜀kạn ɣuɑi꜄ ꜀si̯aŋ kien꜄

临 别 殷 勤 重 寄 词，

꜀lji̯əm bʻji̯ɛt꜆ ꜀ʔi̯ən ꜀ɡʻji̯ən ꜀ɖʻi̯woŋ kjiĕ꜄ ꜀ziː

词 中 有 誓 两 心 知。

꜀ziː ꜀ʈi̯uŋ ꜂ji̯ə̆u ʑi̯ɛi꜄ ꜂lji̯aŋ ꜀si̯əm ꜀ʈiĕ

七 月 七 日 长 生 殿，

tsʻi̯ĕt꜆ ŋji̯wɐt꜆ tsʻi̯ĕt꜆ ȵʑi̯ĕt꜆ ꜀ɖʻi̯aŋ ꜀ʂɐŋ dʻien꜄

夜 半 无 人 私 语 时。

i̯a꜄ puɑn꜄ ꜀mji̯u ꜀ȵʑi̯ĕn ꜀si ꜂ŋji̯wo ꜀ʑiː

在 天 愿 作 比 翼 鸟，

꜂dzʻɑ̣i ꜀tʻien ŋji̯wɐn꜄ tsɑk꜆ ꜂pji i̯ək꜆ ꜂tieu

在 地 愿 为 连 理 枝。

꜂dzʻɑ̣i dʻi꜄ ŋji̯wɐn꜄ jwiĕ꜄ ꜀lji̯ɛn ꜂ljiː ꜀tɕiĕ

天 长 地 久 有 时 尽，

꜀tʻien ꜀ɖʻi̯aŋ dʻi꜄ ꜂kji̯ə̆u ꜂ji̯ə̆u ꜀ʑiː ꜂dzʻi̯ĕn

此	恨	绵	绵	无	绝	期。
ᶜts'iě	ɣənᶜ	꜀mji̯ɛn	꜀mji̯ɛn	꜀mji̯u	dz'i̯wɛt꜀	꜀g'ji:

叁　五言律诗

别薛华　　王勃

送　送　多　穷　路，
suŋ꜄　suŋ꜄　꜀tɑ　꜀gʻji̯uŋ　luo꜄

遑　遑　独　问　津。
꜀ɣwɑŋ　꜀ɣwɑŋ　dʻuk꜆　mji̯uən꜄　꜀tsi̯ĕn

悲　凉　千　里　道，
꜀pjwi　꜀lji̯aŋ　꜀tsʻien　꜂ljiː　꜂dʻɑu

凄　断　百　年　身。
꜀tsʻiei　tuɑn꜄　pɐk꜆　꜀nien　꜀ɕi̯ĕn

心　事　同　飘　泊，
꜀si̯əm　dʐʻiː꜄　꜀dʻuŋ　꜀pʻji̯ɛu　bʻɑk꜆

生　涯　共　苦　辛。
꜀ʂɐŋ　꜀ŋai　gʻji̯woŋ꜄　꜂kʻuo　꜀si̯ĕn

无　论　去　与　住，
꜀mji̯u　꜀luən　kʻji̯wo꜄　꜂i̯wo　ȡʻi̯u꜄

俱　是　梦　中　人。
꜀kji̯u　꜂ʑi̯ĕ　muŋ꜄　꜀ȶi̯uŋ　꜀ȵʑi̯ĕn

铜 雀 台

沈佺期

昔	年	分	鼎	地，
si̯ɛk꜆	꜀nien	꜀pji̯uən	꜂tieŋ	d‘i꜄
今	日	望	陵	台。
꜀kji̯əm	ȵʑi̯ĕt꜆	mji̯waŋ꜄	꜀lji̯əŋ	꜀d‘ɑị
一	旦	雄	图	尽，
ʔi̯ĕt꜆	tɑn꜄	꜀ji̯uŋ	꜀d‘uo	꜂dz‘i̯ĕn
千	秋	遗	令	开。
꜀ts‘ien	꜀ts‘i̯ə̆u	꜀wi	lji̯ɛŋ꜄	꜀k‘ɑị
绮	罗	君	不	见，
꜂k‘jiĕ	꜀lɑ	꜀kji̯uən	pji̯uət꜆	kien꜄
歌	舞	妾	空	来。
꜀kɑ	꜂mji̯u	ts‘i̯ɛp꜆	꜀k‘uŋ	꜀lɑị
恩	共	漳	河	水，
꜀ʔən	g‘ji̯woŋ꜄	꜀tɕi̯aŋ	꜀ɣɑ	꜂ɕwi
东	流	无	重*	回。
꜀tuŋ	꜀lji̯ə̆u	꜀mji̯u	꜂ȡ‘i̯woŋ	꜀ɣuɑị

送刘司直至安西

王 维

绝	域	阳	关	道，
dz‘i̯wɛt꜆	ji̯wək꜆	꜀i̯aŋ	꜀kwan	꜂d‘ɑu

* 沈德潜云："古人轻重之重与重叠之重通用。"

胡 沙 与 塞 尘。
꜀ɣuo ꜀ʂa ꜂i̯wo sɑ̣i꜄ ꜀ȡi̯ĕn

三 春 时 有 雁，
꜀sɑm ꜀tɕ'i̯uĕn ꜀ʑiː ꜂ji̯ə̆u ŋan꜄

万 里 少 行 人。
mji̯wɐn꜄ ꜂ljiː ꜂ɕi̯ɛu ꜀ɣɐŋ ꜀ȵʑi̯ĕn

苜 蓿 随 天 马，
mji̯uk꜆ si̯uk꜆ ꜀zwiĕ ꜀t'ien ꜂ma

葡 萄 逐 汉 臣。
꜀b'uo ꜀d'ɑu ȡ'i̯uk꜆ xɑn꜄ ꜀ʑi̯ĕn

当 令 外 国 惧，
꜀tɑŋ ꜀lji̯ɛŋ ŋuɑi꜄ kwək꜆ g'ji̯u꜄

不 敢 觅 和 亲。
pji̯uət꜆ ꜂kɑm miek꜆ ꜀ɣuɑ ꜀ts'i̯ĕn

送 友 人 李 白

青 山 横 北 郭，
꜀ts'ieŋ ꜀ʂa̤n ꜀ɣwɐŋ pək꜆ kwɑk꜆

白 水 绕 东 城。
b'ɐk꜆ ꜂ɕwi ꜂ȵʑi̯ɛu ꜀tuŋ ꜀ʑi̯ɛŋ

此 地 一 为 别，
꜂ts'iĕ d'i꜄ ʔi̯ĕt꜆ ꜀jwiĕ b'ji̯ɛt꜆

孤 蓬 万 里 征。
꜀kuo ꜀b'uŋ mji̯wɐn꜄ ꜂ljiː ꜀tɕi̯ɛŋ

浮 雲 游 子 意，
꜀bʻji̯ə̆u ꜀ji̯uən ꜀i̯ə̆u ꜂tsiː ʔiː꜄

落 日 故 人 情。
lɑk꜆ ȵʑi̯ĕt꜆ kuo꜄ ꜀ȵʑi̯ĕn ꜀dzʻi̯ɛŋ

挥 手 自 兹 去，
꜀xwĕi ꜂ɕi̯ə̆u dzʻi꜄ ꜀tsiː kʻji̯wo꜄

萧 萧 班 马 鸣。
꜀sieu ꜀sieu ꜀pwan ꜂ma ꜀mji̯wɐŋ

天末怀李白 杜 甫

凉 风 起 天 末，
꜀lji̯aŋ ꜀pji̯uŋ ꜂kʻjiː ꜀tʻien muɑt꜆

君 子 意 如 何？
꜀kji̯uən ꜂tsiː ʔiː꜄ ꜀ȵʑi̯wo ꜀ɣɑ

鸿 雁 几 时 到，
꜀ɣuŋ ŋan꜄ ꜂kjĕi ꜀ʑiː tɑu꜄

江 湖 秋 水 多。
꜀kɔŋ ꜀ɣuo ꜀tsʻi̯ə̆u ꜂ɕwi ꜀tɑ

文 章 憎 命 达，
꜀mji̯uən ꜀tɕi̯aŋ ꜀tsəŋ mji̯wɐŋ꜄ dʻɑt꜆

魑 魅 喜 人 过。
꜀ȶʻi̯ĕ mjwi꜄ ꜂xjiː ꜀ȵʑi̯ĕn ꜀kuɑ

应 共 冤 魂 语，
ʔi̯əŋ꜄ gʻji̯woŋ꜄ ꜀ʔi̯wen ꜀ɣuən ꜂ŋji̯wo

投　诗　赠　汨　罗。
꜀d‘ǝ̆u　꜀ɕiː　dz‘ǝŋ꜄　miek꜆　꜀lɑ

移居公安山馆

杜　甫

南　国　昼　多　雾，
꜀nɑm　kwǝk꜆　ȶi̯ǝ̆u꜄　꜀tɑ　mji̯u꜄

北　风　天　正　寒。
pǝk꜆　꜀pji̯uŋ　꜀t‘ien　tɕiɛŋ꜄　꜀ɣɑn

路　危　行　木　杪，
luo꜄　꜀ŋwiĕ　꜀ɣɐŋ　muk꜆　꜂mji̯ɛu

身　远　宿　雲　端。
꜀ɕi̯ĕn　꜂ji̯wɐn　si̯uk꜆　꜀ji̯uǝn　꜀tuɑn

山　鬼　吹　灯　灭，
꜀ʂa̯n　꜂kjwĕi　꜀tɕ‘wiĕ　꜀tǝŋ　mji̯ɛt꜆

厨　人　语　夜　阑。
꜀ȡ‘i̯u　꜀ȵʑi̯ĕn　꜂ŋji̯wo　i̯a꜄　꜀lɑn

鸡　鸣　问　前　馆，
꜀kiei　꜀mji̯wɐŋ　mji̯uǝn꜄　꜀dz‘ien　kuɑn꜄

世　乱　敢　求　安？
ɕi̯ɛi꜄　luɑn꜄　꜂kɑm　꜀g‘ji̯ǝ̆u　꜀ʔɑn

寄洛中诸姊

元　淳

旧　国　经　年　别，
g‘ji̯ǝ̆u꜄　kwǝk꜆　꜀kieŋ　꜀nien　b‘ji̯ɛt꜆

关　　河　　万　　里　　思。

꜀kwan　　꜀ɣɑ　　mji̯wɐn꜄　　꜂lji:　　꜀si:

题　　书　　凭　　雁　　翼，

꜀dʻiei　　꜀ɕi̯wo　　꜀bʻji̯əŋ　　ŋan꜄　　i̯ək꜆

望　　月　　想　　蛾　　眉。

mji̯waŋ꜄　　ŋji̯wɐt꜆　　꜂si̯aŋ　　꜀ŋɑ　　꜀mjwi

白　　髮　　愁　　偏　　觉，

bʻɐk꜆　　pji̯wɐt꜆　　꜀dʐʻi̯ə̆u　　꜀pʻji̯ɛn　　kɔk꜆

归　　心　　梦　　独　　知。

꜀kjwĕi　　꜀si̯əm　　muŋ꜄　　dʻuk꜆　　꜀ȶiĕ

谁　　堪　　离　　乱　　处，

꜀ʑwi　　꜀kʻɑ̣m　　꜀ljiĕ　　luɑn꜄　　tɕʻi̯wo꜄

掩　　泪　　向　　南　　枝。

꜂ʔi̯ɛm　　ljwi꜄　　xji̯aŋ꜄　　꜀nɑ̣m　　꜀tɕiĕ

宴　散

白居易

小　　宴　　追　　凉　　散，

꜂si̯ɛu　　ʔien꜄　　꜀ȶwi　　꜀lji̯aŋ　　sɑn꜄

平　　桥　　步　　月　　回。

꜀bʻji̯wɐŋ　　꜀gʻji̯ɛu　　bʻuo꜄　　ŋji̯wɐt꜆　　꜀ɣuɑ̣i

笙　　歌　　归　　院　　落，

꜀ʂɐŋ　　꜀kɑ　　꜀kjwĕi　　ji̯wɛn꜄　　lɑk꜆

灯　　火　　下　　楼　　台。

꜀təŋ　　꜂xuɑ　　꜂ɣa　　꜀lə̆u　　꜀dʻɑ̣i

残　暑　蝉　催　尽，
꜀dzʻɑn　꜂ɕi̯wo　꜀ʑi̯ɛn　꜀tsʻuɑ̣i　꜂dzʻi̯ĕn
新　秋　雁　带　来。
꜀si̯ĕn　꜀tsʻi̯ə̆u　ŋan꜄　tɑi꜄　꜀lɑ̣i
将　何　迎　睡　兴，
꜀tsi̯aŋ　꜀ɣɑ　꜀ŋji̯ɐŋ　ʑwiĕ꜄　xji̯əŋ꜄
临　卧　举　残　杯。
꜀lji̯əm　ŋuɑ꜄　꜂kji̯wo　꜀dzʻɑn　꜀puɑ̣i

贼平后送人北归　　司空曙

世　乱　同　南　去，
ɕi̯ɛi꜄　luɑn꜄　꜀dʻuŋ　꜀nɑ̣m　kʻji̯wo꜄
时　清　独　北　还。
꜀ʑi:　꜀tsʻi̯ɛŋ　dʻuk꜆　pək꜆　꜀ɣwan
他　乡　生　白　发，
꜀tʻɑ　꜀xji̯aŋ　꜀ʂɐŋ　bʻɐk꜆　pji̯wɐt꜆
旧　国　见　青　山。
gʻji̯ə̆u꜄　kwək꜆　kien꜄　꜀tsʻieŋ　꜀ʂạn
晓　月　过　残　垒，
꜂xieu　ŋji̯wɐt꜆　kuɑ꜄　꜀dzʻɑn　꜂ljwi
繁　星　宿　故　关。
꜀bʻji̯wɐn　꜀sieŋ　si̯uk꜆　kuo꜄　꜀kwan
寒　禽　与　衰　草，
꜀ɣɑn　꜀gʻji̯əm　꜂i̯wo　꜀ʂwi　꜂tsʻɑu

处　处　伴　愁　颜。

tɕʻi̯wo꜄　tɕʻi̯wo꜄　꜂bʻuɑn　꜀dʐʻi̯ə̆u　꜀ŋan

商山早行

温庭筠

晨　起　动　征　铎，

꜀dʑʻi̯ĕn　꜂kʻjiː　꜂dʻuŋ　꜀tɕi̯ɛŋ　dʻɑk꜆

客　行　悲　故　乡。

kʻɐk꜆　꜀ɣɐŋ　꜀pjwi　kuo꜄　꜀xji̯aŋ

鸡　声　茅　店　月，

꜀kiei　꜀ɕi̯ɛŋ　꜀mau　tiem꜄　ŋji̯wɐt꜆

人　迹　板　桥　霜。

꜀ȵʑi̯ĕn　tsi̯ɛk꜆　꜂pwan　꜀gʻji̯ɛu　꜀ʂi̯aŋ

槲　叶　落　山　路，

ɣuk꜆　i̯ɛp꜆　lɑk꜆　꜀ʂạn　luo꜄

枳　花　明　驿　墙。

꜂tɕiĕ　꜀xwa　꜀mji̯ɐŋ　i̯ɛk꜆　꜀dzʻi̯aŋ

因　思　杜　陵　梦，

꜀ʔi̯ĕn　꜀siː　꜂dʻuo　꜀lji̯əŋ　muŋ꜄

凫　雁　满　回　塘。

꜀bʻji̯u　ŋan꜄　꜂muɑn　꜀ɣuɑ̣i　꜀dʻɑŋ

正月十五夜

苏味道

火　树　银　花　合，

꜂xuɑ　ʑi̯u꜄　꜀ŋji̯ĕn　꜀xwa　ɣɑ̣p꜆

星　桥　铁　锁　开。

꜀sieŋ　꜀gʻji̯ɛu　tʻiet꜆　꜂suɑ　꜀kʻɑ̣i

暗　尘　随　马　去，

ʔɑ̣m꜄　꜀ȡʻi̯ĕn　꜀zwiĕ　꜂ma　kʻji̯wo꜄

明　月　逐　人　来。

꜀mji̯wɐŋ　ŋji̯wɐt꜆　ȡʻi̯uk꜆　꜀ȵʑi̯ĕn　꜀lɑ̣i

游　妓　皆　秾　李，

꜀i̯ə̆u　꜂gʻjiĕ　꜀kại　꜀nji̯woŋ　꜂lji:

行　歌　尽　落　梅。

꜀ɣɐŋ　꜀kɑ　꜂dzʻi̯ĕn　lɑk꜆　꜀muɑ̣i

金　吾　不　禁　夜，

꜀kji̯əm　꜀ŋuo　pji̯uət꜆　kji̯əm꜄　i̯a꜄

玉　漏　莫　相　催。

ŋji̯wok꜆　lə̆u꜄　mɑk꜆　꜀si̯aŋ　꜀tsʻuɑ̣i

途中逢寒食　　宋之问

马　上　逢　寒　食，

꜂ma　ʑi̯aŋ꜄　꜀bʻji̯woŋ　꜀ɣɑn　dʑʻi̯ək꜆

愁　中　属　暮　春。

꜀dzʻi̯ə̆u　꜀ȶi̯uŋ　ʑi̯wok꜆　muo꜄　꜀tɕʻi̯uĕn

可　怜　江　浦　望，

꜂kʻɑ　꜀lien　꜀kɔŋ　꜂pʻuo　mji̯waŋ꜄

不　见　洛　阳　人。

pji̯uət꜆　kien꜄　lɑk꜆　꜀i̯aŋ　꜀ȵʑi̯ĕn

北	极	怀	明	主，
pək꜆	g‘ji̯ək꜆	꜀ɣwai̯	꜀mji̯wɐŋ	꜂tɕi̯u
南	溟	作	逐	臣。
꜀nɑm	꜀mieŋ	tsɑk꜆	ȡ‘i̯uk꜆	꜀ʑi̯ĕn
故	园	肠	断	处，
kuo꜄	꜀ji̯wɐn	꜀ȡ‘i̯aŋ	tuɑn꜄	tɕ‘i̯wo꜄
日	夜	柳	条	新。
ȵʑi̯ĕt꜆	i̯a꜄	꜂lji̯ə̆u	꜀d‘ieu	꜀si̯ĕn

次北固山下　　王湾

客	路	青	山	下，
k‘ɐk꜆	luo꜄	꜀ts‘ieŋ	꜀ʂa̯n	꜂ɣa
行	舟	绿	水	前。
꜀ɣɐŋ	꜀tɕi̯ə̆u	lji̯wok꜆	꜂ɕwi	꜀dz‘ien
潮	平	两	岸	阔，
꜀ȡ‘i̯ɛu	꜀b‘ji̯wɐŋ	꜂lji̯aŋ	ŋɑn꜄	k‘uɑt꜆
风	正	一	帆	悬。
꜀pji̯uŋ	tɕi̯ɛŋ꜄	ʔi̯ĕt꜆	꜀b‘ji̯wɐm	꜀ɣiwen
海	日	生	残	夜，
꜂xɑi	ȵʑi̯ĕt꜆	꜀ʂɐŋ	꜀dz‘ɑn	i̯a꜄
江	春	入	旧	年。
꜀kɔŋ	꜀tɕ‘i̯uĕn	ȵʑi̯əp꜆	g‘ji̯ə̆u꜄	꜀nien
乡	书	何	处	达，
꜀xji̯aŋ	꜀ɕi̯wo	꜀ɣɑ	tɕ‘i̯wo꜄	d‘ɑt꜆

归 雁 洛 阳 边。

꜀kjwĕi ŋan꜄ lɑk꜆ ꜀i̯aŋ ꜀piwen

同王徵君湘中有怀 张渭

八 月 洞 庭 秋，

pat꜆ ŋji̯wɐt꜆ dʻuŋ꜄ ꜀dʻieŋ ꜀tsʻi̯ə̆u

潇 湘 水 北 流。

꜀sieu ꜀si̯aŋ ꜂ɕwi pək꜆ ꜀lji̯ə̆u

还 家 万 里 梦，

꜀ɣwan ꜀ka mji̯wɐn꜄ ꜂ljiː muŋ꜄

为 客 五 更 愁。

꜀jwiĕ kʻɐk꜆ ꜂ŋuo ꜀kɐŋ ꜀dʐʻi̯ə̆u

不 用 开 书 帙，

pji̯uət꜆ ji̯woŋ꜄ ꜀kʻɑ̣i ꜀ɕi̯wo ɖʻi̯ĕt꜆

偏 宜 上 酒 楼。

꜀pʻji̯ɛn ꜀ŋiĕ ʑi̯aŋ꜄ ꜂tsi̯ə̆u ꜀lə̆u

故 人 京 洛 满，

kuo꜄ ꜀ȵʑi̯ĕn ꜀kji̯ɐŋ lɑk꜆ ꜂muɑn

何 日 复 同 游。

꜀ɣɑ ȵʑi̯ĕt꜆ bʻji̯uk꜆ ꜀dʻuŋ ꜀i̯ə̆u

送夏侯审校书东归 钱起

楚 乡 飞 鸟 外，

꜂tʂʻi̯wo ꜀xji̯aŋ ꜀pjwĕi ꜂tieu ŋuɑi꜄

独　与　片　帆　还。
dʻuk꜆　꜂i̯wo　pʻien꜄　꜀bʻji̯wɐm　꜀ɣwan

破　镜　催　归　客，
pʻuɑ꜄　kji̯ɐŋ꜄　꜀tsʻuɑi　꜀kjwĕi　kʻɐk꜆

残　阳　见　旧　山。
꜀dzʻɑn　꜀i̯aŋ　kien꜄　gʻji̯ə̆u꜄　꜀ʂan

诗　成　流　水　上，
꜀ɕiː　꜀ʑi̯ɛŋ　꜀lji̯ə̆u　꜂ɕwi　ʑi̯aŋ꜄

梦　尽　落　花　间。
muŋ꜄　꜂dzʻi̯ĕn　lɑk꜆　꜀xwa　꜀kan

倘　寄　相　思　字，
꜂tʻɑŋ　kjiĕ꜄　꜀si̯aŋ　꜀siː　dzʻiː꜄

愁　人　定　解　颜。
꜀dʐʻi̯ə̆u　꜀ȵʑi̯ĕn　dʻieŋ꜄　꜂kai　꜀ŋan

洛阳早春　　顾况

何　地　避　春　愁，
꜀ɣɑ　dʻi꜄　bʻjiĕ꜄　꜀tɕʻi̯uĕn　꜀dʐʻi̯ə̆u

终　年　忆　旧　游。
꜀tɕi̯uŋ　꜀nien　ʔi̯ək꜆　gʻji̯ə̆u꜄　꜀i̯ə̆u

一　家　千　里　外，
ʔiĕt꜆　꜀ka　꜀tsʻien　꜂ljiː　ŋuɑi꜄

百　舌　五　更　头。
pɐk꜆　dʑʻi̯ɛt꜆　꜂ŋuo　꜀kɐŋ　꜀dʻə̆u

客　路　偏　逢　雨，
kʻɐk꜆　luo꜄　꜀pʻji̯ɛn　꜀bʻji̯woŋ　꜂ji̯u
乡　山　不　入　楼。
꜀xji̯aŋ　꜀ʂan　pji̯uət꜆　ȵʑi̯əp꜆　꜀lə̆u
故　园　桃　李　月，
kuo꜄　꜀ji̯wɐn　꜀dʻɑu　꜂lji:　ŋji̯wɐt꜆
伊　水　向　东　流。
꜀ʔi　꜂ɕwi　xji̯aŋ꜄　꜀tuŋ　꜀lji̯ə̆u

除夜宿石头驿

戴叔伦

旅　馆　谁　相　问，
꜂lji̯wo　kuɑn꜄　꜀ʑwi　꜀si̯aŋ　mji̯uən꜄
寒　灯　独　可　亲。
꜀ɣɑn　꜀təŋ　dʻuk꜆　꜂kʻɑ　꜀tsʻi̯ĕn
一　年　将　尽　夜，
ʔi̯ĕt꜆　꜀nien　꜀tsi̯aŋ　꜂dzʻi̯ĕn　i̯a꜄
万　里　未　归　人。
mji̯wɐn꜄　꜂lji:　mjwĕi꜄　꜀kjwĕi　꜀ȵʑi̯ĕn
寥　落　悲　前　事，
꜀lieu　lɑk꜆　꜀pjwi　꜀dzʻien　dʐʻi:꜄
支　离　笑　此　身。
꜀tɕiĕ　꜀ljiĕ　siɛu꜄　꜂tsʻiĕ　꜀ɕi̯ĕn
愁　颜　与　衰　鬓，
꜀dʐʻi̯ə̆u　꜀ŋan　꜂i̯wo　꜀ʂwi　pji̯ĕn꜄

明　日　又　逢　春。
꜀mji̯wɐŋ　ȵʑi̯ĕt꜆　ji̯ə̆u꜄　꜀bʻji̯woŋ　꜀tɕʻi̯uĕn

咏谈容娘

常非月

举　手　整　花　钿，
꜂kji̯wo　꜂ɕi̯ə̆u　tɕi̯ɛŋ꜄　꜀xwa　꜀dʻien
翻　身　舞　锦　筵。
꜀pjiwɐn　꜀ɕi̯ĕn　꜂mji̯u　꜂kji̯əm　꜀i̯ɛn
马　围　行　处　匝，
꜂ma　꜀jwĕi　꜀ɣɐŋ　tɕʻi̯wo꜄　tsɑp꜆
人　压　看　场　圆。
꜀ȵʑi̯ĕn　ʔap꜆　kʻɑn꜄　꜀ɖʻi̯aŋ　꜀ji̯wɛn
歌　索　齐　声　和，
꜀kɑ　sɑk꜆　꜀dzʻiei　꜀ɕi̯ɛŋ　꜀ɣuɑ
情　教　细　语　传。
꜀dzʻi̯ɛŋ　kau꜄　siei꜄　꜂ŋji̯wo　꜀ɖʻi̯wɛn
不　知　心　大　小，
pji̯uət꜆　꜀ʈiĕ　꜀si̯əm　dʻɑi꜄　꜂si̯ɛu
容　得　许　多　怜。
꜀i̯woŋ　tək꜆　꜂xji̯wo　꜀tɑ　꜀lien

落　花

李商隐

高　阁　客　竟　去，
꜀kɑu　kɑk꜆　kʻɐk꜆　kji̯ɐŋ꜄　kʻji̯wo꜄

小 园 花 乱 飞。

ᶜsi̯ɛu ꜀ji̯wɐn ꜀xwa luɑnᵓ ꜀pjwĕi

参 差 连 曲 陌，

꜀tʂʻi̯əm ꜀tʂʻi̯ĕ ꜀lji̯ɛn kʻji̯wok꜆ mɐk꜆

迢 递 送 斜 晖。

꜀dʻieu dʻieiᵓ suŋᵓ ꜀zi̯a ꜀xjwĕi

肠 断 未 忍 扫，

꜀ɖʻi̯aŋ tuɑnᵓ mjwĕiᵓ ᶜȵʑi̯ĕn ᶜsɑu

眼 穿 仍 欲 归。

ᶜŋa̩n ꜀tɕʻi̯wɛn ꜀ȵʑi̯əŋ i̯wok꜆ ꜀kjwĕi

芳 心 向 春 尽，

꜀pji̯waŋ ꜀si̯əm xji̯aŋᵓ ꜀tɕʻi̯uĕn ᶜdzʻi̯ĕn

所 得 是 沾 衣。

ᶜʂi̯wo tək꜆ ᶜʑiĕ ꜀ʈi̯ɛm ꜀ʔĕi

楚江怀古　　马 戴

露 气 寒 光 集，

luoᵓ kʻjĕiᵓ ꜀ɣɑn ꜀kwɑŋ dzʻi̯əp꜆

微 阳 下 楚 丘。

꜀mjwĕi ꜀i̯aŋ ᶜɣɑ ᶜtʂʻi̯wo ꜀kʻji̯ə̆u

猿 啼 洞 庭 树，

꜀ji̯wɐn ꜀dʻiei dʻuŋᵓ ꜀dʻieŋ ʑi̯uᵓ

人 在 木 兰 舟。

꜀ȵʑi̯ĕn ᶜdzʻɑ̣i muk꜆ ꜀lɑn ꜀tɕi̯ə̆u

广　　泽　　生　　明　　月，

ᶜkwɑŋ　　ȡʻɐk꜆　　꜀ʂɐŋ　　꜀mji̯wɐŋ　　ŋji̯wɐt꜆

苍　　山　　夹　　岸　　流。

꜀tsʻɑŋ　　꜀ʂạn　　kạp꜆　　ŋɑnᵓ　　꜀lji̯ə̆u

雲　　中　　君　　不　　降，

꜀ji̯uən　　꜀ȶi̯uŋ　　꜀kji̯uən　　pji̯uət꜆　　kɔŋᵓ

竟　　夕　　自　　悲　　秋。

kji̯ɐŋᵓ　　zi̯ɛk꜆　　dzʻiᵓ　　꜀pjwi　　꜀tsʻi̯ə̆u

乱后途中忆张乔　　郑　谷

天　　末　　去　　程　　孤，

꜀tʻien　　muɑt꜆　　kʻji̯woᵓ　　꜀ȡʻi̯ɛŋ　　꜀kuo

沿　　淮　　复　　向　　吴。

꜀i̯wɛn　　꜀ɣwại　　bʻji̯uk꜆　　xji̯aŋᵓ　　꜀ŋuo

乱　　离　　知　　又　　甚，

luɑnᵓ　　꜀ljiĕ　　꜀ȶiĕ　　ji̯ə̆uᵓ　　ʑi̯əmᵓ

安　　稳　　到　　家　　无。

꜀ʔɑn　　ᶜʔuən　　tɑuᵓ　　꜀ka　　꜀mji̯u

树　　尽　　雲　　垂　　野，

ʑi̯uᵓ　　ᶜdzʻi̯ĕn　　꜀ji̯uən　　꜀ʑwiĕ　　ᶜi̯a

樯　　稀　　月　　满　　湖。

꜀dzʻi̯aŋ　　꜀xĕi　　ŋji̯wɐt꜆　　ᶜmuɑn　　꜀ɣuo

伤　　心　　绕　　村　　路，

꜀ɕi̯aŋ　　꜀si̯əm　　ᶜȵʑi̯ɛu　　꜀tsʻuən　　luoᵓ

应	少	旧	耕	夫。
ʔi̯əŋᶜ	ᶜɕi̯ɛu	gʻji̯ə̆uᶜ	꜀kæŋ	꜀pji̯u

肆　七言律诗

登金陵凤凰台　　李　白

凤　凰　台　上　凤　凰　游，
bʻji̯uŋ꜄　꜀ɣwɑŋ　꜀dʻɑ̣i　ʑi̯aŋ꜄　bʻji̯uŋ꜄　꜀ɣwɑŋ　꜀i̯ə̆u
凤　去　台　空　江　自　流。
bʻji̯uŋ꜄　kʻji̯wo꜄　꜀dʻɑ̣i　꜀kʻuŋ　꜀kɔŋ　dzʻi꜄　꜀lji̯ə̆u
吴　宫　花　草　埋　幽　径，
꜀ŋuo　꜀kji̯uŋ　꜀xwa　꜂tsʻɑu　꜀mại　꜀ʔi̯ə̆u　kieŋ꜄
晋　代　衣　冠　成　古　丘。
tsi̯ĕn꜄　dʻɑ̣i꜄　꜀ʔĕi　꜀kuɑn　꜀ʑi̯ɛŋ　꜂kuo　꜀kʻji̯ə̆u
三　山　半　落　青　天　外，
꜀sɑm　꜀ʂạn　puɑn꜄　lɑk꜆　꜀tsʻieŋ　꜀tʻien　ŋuɑi꜄
二　水　中　分　白　鹭　洲。
ȵʑi꜄　꜂ɕwi　꜀ȶi̯uŋ　꜀pji̯uən　bʻɐk꜆　luo꜄　꜀tɕi̯ə̆u
总　为　浮　雲　能　蔽　日，
꜂tsuŋ　jwiĕ꜄　꜀bʻji̯ə̆u　꜀ji̯uən　꜀nəŋ　bʻji̯ɛi꜄　ȵʑi̯ĕt꜆
长　安　不　见　使　人　愁。
꜀ȡʻi̯aŋ　꜀ʔɑn　pji̯uət꜆　kien꜄　꜂ʂiː　꜀ȵʑi̯ĕn　꜀dʐʻi̯ə̆u

宾　至　　杜　甫

幽　栖　地　僻　经　过　少，

꜀ʔiə̌u　꜀siei　dʻi꜄　pʻiek꜅　꜀kieŋ　꜀kuɑ　꜂ɕiɛu

老　病　人　扶　再　拜　难。

꜂lɑu　bʻjiwɐŋ꜄　꜀ȵʑiĕn　꜀bʻjiu　tsɑi꜄　pai꜄　꜀nɑn

岂　有　文　章　惊　海　内，

꜂kʻjĕi　꜂jiə̌u　꜀mjiuən　꜀tɕiaŋ　꜀kjiɐŋ　꜂xɑi　nuɑi꜄

漫　劳　车　马　驻　江　干。

muɑn꜄　꜀lɑu　꜀tɕʻia　꜂ma　ȶiu꜄　꜀kɔŋ　꜀kɑn

竟　日　淹　留　佳　客　坐，

kjiɐŋ꜄　ȵʑiĕt꜅　꜀ʔiɛm　꜀ljiə̌u　꜀kai　kʻɐk꜅　꜂dzʻuɑ

百　年　粗　粝　腐　儒　餐。

pɐk꜅　꜀nien　꜀tsʻuo　ljiɛi꜄　꜂bʻjiu　꜀ȵʑiu　꜀tsʻɑn

不　嫌　野　外　无　供　给，

pjiuət꜅　꜀ɣiem　꜂ia　ŋuɑi꜄　꜀mjiu　kjiwoŋ꜄　kjiəp꜅

乘　兴　还　来　看　药　栏。

dʑʻiəŋ꜄　xjiəŋ꜄　꜀ɣwan　꜀lɑi　kʻɑn꜄　iak꜅　꜀lɑn

闻官军收河南河北　　杜　甫

剑　外　忽　传　收　蓟　北，

kjiwɐm꜄　ŋuɑi꜄　xuət꜅　꜀ȡʻiwɛn　꜀ɕiə̌u　kiei꜄　pək꜅

初　闻　涕　泪　满　衣　裳。

꜀tʂʻiwo　꜀mjiuən　tʻiei꜄　ljwi꜄　꜂muɑn　꜀ʔĕi　꜀ʑiaŋ

却　看　妻　子　愁　何　在，
kʻji̯ak꜆　kʻɑn꜄　꜀tsʻiei　꜂tsiː　꜀dʐʻi̯ə̆u　꜀ɣɑ　꜂dzʻɑi̯
漫　卷　诗　书　喜　欲　狂。
muɑn꜄　꜂kji̯wɛn　꜀ɕiː　꜀ɕi̯wo　꜂xjiː　i̯wok꜆　꜀gʻji̯waŋ
白　日　放　歌　须　纵　酒，
bʻɐk꜆　ȵʑi̯ĕt꜆　pji̯waŋ꜄　꜀kɑ　꜀siu　tsi̯woŋ꜄　꜂tsi̯ə̆u
青　春　作　伴　好　还　乡。
꜀tsʻieŋ　꜀tɕʻi̯uĕn　tsɑk꜆　꜂bʻuɑn　꜂xɑu　꜀ɣwan　꜀xji̯aŋ
即　从　巴　峡　穿　巫　峡，
tsi̯ək꜆　꜀dzʻi̯woŋ　꜀pa　ɣap꜆　꜀tɕʻi̯wɛn　꜀mji̯u　ɣap꜆
便　下　襄　阳　向　洛　阳。
bʻji̯ɛn꜄　꜂ɣa　꜀si̯aŋ　꜀i̯aŋ　xji̯aŋ꜄　lɑk꜆　꜀i̯aŋ

秋兴八首选二　　杜　甫

其　四

闻　道　长　安　似　弈　棋，
꜀mji̯uən　꜂dʻɑu　꜀ȡʻi̯aŋ　꜀ʔɑn　꜂ziː　i̯ɛk꜆　꜀gʻjiː
百　年　世　事　不　胜　悲。
pɐk꜆　꜀nien　ɕi̯ɛi꜄　dʐʻiː꜄　pji̯uət꜆　꜀ɕi̯əŋ　꜀pjwi
王　侯　第　宅　皆　新　主，
꜀ji̯waŋ　꜀ɣə̆u　dʻiei꜄　ȡʻɐk꜆　꜀kai̯　꜀si̯ĕn　꜂tɕi̯u
文　武　衣　冠　异　昔　时。
꜀mji̯uən　꜂mji̯u　꜀ʔĕi　꜀kuɑn　iː꜄　si̯ɛk꜆　꜀ʑiː

直 北 关 山 金 鼓 震，
ȡʻi̯ək꜆ pək꜆ ꜀kwan ꜀ʂạn ꜀kji̯əm ꜂kuo tɕi̯ĕn꜄
征 西 车 马 羽 书 驰。
꜀tɕi̯ɛŋ ꜀siei ꜀tɕʻi̯a ꜂ma ꜂ji̯u ꜀ɕi̯wo ꜀ȡʻi̯ĕ
鱼 龙 寂 寞 秋 江 冷，
꜀ŋji̯wo ꜀lji̯woŋ dzʻiek꜆ mɑk꜆ ꜀tsʻi̯ə̆u ꜀kɔŋ ꜂lɐŋ
故 国 平 居 有 所 思。
kuo꜄ kwək꜆ ꜀bʻji̯wɐŋ ꜀kji̯wo ꜂ji̯ə̆u ꜂ʂi̯wo ꜀siː

其 六

瞿 塘 峡 口 曲 江 头，
꜀gʻji̯u ꜀dʻɑŋ ɣạp꜆ ꜂kʻə̆u kʻji̯wok꜆ ꜀kɔŋ ꜀dʻə̆u
万 里 风 烟 接 素 秋。
mji̯wɐn꜄ ꜂ljiː ꜀pji̯uŋ ꜀ʔien tsi̯ɛp꜆ suo꜄ ꜀tsʻi̯ə̆u
花 萼 连 城 通 御 气，
꜀xwa ŋɑk꜆ ꜀lji̯ɛn ꜀ʑi̯ɛŋ ꜀tʻuŋ ŋji̯wo꜄ kʻjĕi꜄
芙 蓉 小 苑 入 边 愁。
꜀bʻji̯u ꜀i̯woŋ ꜂si̯ɛu ꜂ʔi̯wɐn ȵʑi̯əp꜆ ꜀piwen ꜀dʐʻi̯ə̆u
珠 帘 绣 柱 围 黄 鹄，
꜀tɕi̯u ꜀lji̯ɛm si̯ə̆u꜄ ꜂ȡʻi̯u ꜀jwĕi ꜀ɣwɑŋ ɣuok꜆
锦 缆 牙 樯 起 白 鸥。
꜂kji̯əm lɑm꜄ ꜀ŋa ꜀dzʻi̯aŋ ꜂kʻjiː bʻɐk꜆ ꜀ʔə̆u
回 首 可 怜 歌 舞 地，
꜀ɣuɑ̣i ꜂ɕi̯ə̆u ꜂kʻɑ ꜀lien ꜀kɑ ꜂mji̯u dʻi꜄

秦 中 自 古 帝 王 州。

꜀dzʻi̯ĕn ꜀ȶi̯uŋ dzʻi꜄ ꜂kuo tiei꜄ ꜀ji̯waŋ ꜀tɕi̯ə̆u

咏怀古迹五首选三

杜 甫

其 一

支 离 东 北 风 尘 际，

꜀tɕiĕ ꜀ljiĕ ꜀tuŋ pək꜆ ꜀pji̯uŋ ꜀ɖʻi̯ĕn tsi̯ɛi꜄

漂 泊 西 南 天 地 间。

꜀pʻji̯ɛu bʻɑk꜆ ꜀siei ꜀nɑ̣m ꜀tʻien dʻi꜄ ꜀kạn

三 峡 楼 台 淹 日 月，

꜀sɑm ɣɑ̣p꜆ ꜀lə̆u ꜀dʻɑ̣i ꜂ʔi̯ɛm ȵʑi̯ĕt꜆ ŋji̯wɐt꜆

五 溪 衣 服 共 雲 山。

꜂ŋuo ꜀kʻiei ꜀ʔĕi bʻji̯uk꜆ gʻji̯woŋ꜄ ꜀ji̯uən ꜀ʂạn

羯 胡 事 主 终 无 赖，

kji̯ɐt꜆ ꜀ɣuo dʐʻiː꜄ ꜂tɕi̯u ꜀tɕi̯uŋ ꜀mji̯u lɑi꜄

词 客 哀 时 且 未 还。

꜀ziː kʻɐk꜆ ꜀ʔɑ̣i ꜀ʑiː ꜂tsʻi̯a mjwĕi꜄ ꜀ɣwan

庾 信 生 平 最 萧 瑟，

꜀i̯u si̯ĕn꜄ ꜀ʂɐŋ ꜀bʻji̯wɐŋ tsuɑi꜄ ꜀sieu ʂi̯ĕt꜆

暮 年 诗 赋 动 江 关。

muo꜄ ꜀nien ꜀ɕiː pji̯u꜄ ꜂dʻuŋ ꜀kɔŋ ꜀kwan

其　二

摇　落　深　知　宋　玉　悲，

꜀i̯ɛu　lɑk꜆　꜀ɕi̯əm　꜀ȶiĕ　suoŋ꜄　ŋji̯wok꜆　꜀pjwi

风　流　儒　雅　亦　吾　师。

꜀pji̯uŋ　꜀lji̯ə̆u　꜀ȵʑi̯u　꜂ŋa　i̯ɛk꜆　꜀ŋuo　꜀ʂi

怅　望　千　秋　一　洒　泪，

ȶʻi̯aŋ꜄　mji̯waŋ꜄　꜀tsʻien　꜀tsʻi̯ə̆u　ʔi̯ə̆t꜆　꜂ʂa　ljwi꜄

萧　条　异　代　不　同　时。

꜀sieu　꜀dʻieu　iː꜄　dʻɑ̣i꜄　pji̯uət꜆　꜀dʻuŋ　꜀ʑiː

江　山　故　宅　空　文　藻，

꜀kɔŋ　꜀ʂạn　kuo꜄　ȡʻɐk꜆　꜀kʻuŋ　꜀mji̯uən　꜂tsɑu

雲　雨　荒　台　岂　梦　思。

꜀ji̯uən　꜂ji̯u　꜀xwɑŋ　꜀dʻɑ̣i　꜂kʻjĕi　muŋ꜄　꜀siː

最　是　楚　宫　俱　泯　灭，

tsuɑi꜄　꜂ʑiĕ　꜂tʂʻi̯wo　꜀kji̯uŋ　꜀kji̯u　꜀mji̯ĕn　mji̯ɛt꜆

舟　人　指　点　到　今　疑。

꜀tɕi̯ə̆u　꜀ȵʑi̯ĕn　꜂tɕi　꜂tiem　tɑu꜄　꜀kji̯əm　꜀ŋiː

其　三

群　山　万　壑　赴　荆　门，

꜀gʻji̯uən　꜀ʂạn　mji̯wɐn꜄　xɑk꜆　pʻji̯u꜄　꜀kji̯ɐŋ　꜀muən

生　长　明　妃　尚　有　村。

꜀ʂɐŋ　꜂ȶi̯aŋ　꜀mji̯wɐŋ　꜀pʻjwĕi　ʑi̯aŋ꜄　꜂ji̯ə̆u　꜀tsʻuən

一　去　紫　台　连　朔　漠，
ʔiĕt꜆ kʻji̯wo꜄ ꜂tsiĕ ꜀dʻɑ̣i ꜀lji̯ɛn ʂɔk꜆ mɑk꜆

独　留　青　冢　向　黄　昏。
dʻuk꜆ ꜀lji̯ə̆u ꜀tsʻieŋ ꜂ȶi̯woŋ xji̯aŋ꜄ ꜀ɣwɑŋ ꜀xuən

画　图　省　识　春　风　面，
ɣwai꜄ ꜀dʻuo ꜂ʂi̯ɐŋ ɕi̯ək꜆ ꜀tɕʻi̯uĕn ꜀pji̯uŋ mji̯ɛn꜄

环　珮　空　归　月　夜　魂。
꜀ɣwan bʻuɑ̣i꜄ ꜀kʻuŋ ꜀kjwĕi ŋji̯wɐt꜆ i̯a꜄ ꜀ɣuən

千　载　琵　琶　作　胡　语，
꜀tsʻien ꜂tsɑ̣i ꜀bʻji ꜀bʻa tsɑk꜆ ꜀ɣuo ꜂ŋji̯wo

分　明　怨　恨　曲　中　论。
꜀pji̯uən ꜀mji̯ɐŋ ʔi̯wɐn꜄ ɣən꜄ kʻji̯wok꜆ ꜀ȶi̯uŋ ꜀luən

长沙过贾谊宅　　刘长卿

三　年　谪　宦　此　栖　迟，
꜀sɑm ꜀nien ȶæk꜆ ɣwan꜄ ꜂tsʻiĕ ꜀siei ꜀ȡʻi

万　古　惟　留　楚　客　悲。
mji̯wɐn꜄ ꜂kuo ꜀wi ꜀lji̯ə̆u ꜂tʂʻi̯wo kʻɐk꜆ ꜀pjwi

秋　草　独　寻　人　去　後，
꜀tsʻi̯ə̆u ꜂tsʻɑu dʻuk꜆ ꜀zi̯əm ꜀ȵʑi̯ĕn kʻji̯wo꜄ ꜂ɣə̆u

寒　林　空　见　日　斜　时。
꜀ɣɑn ꜀lji̯əm ꜀kʻuŋ kien꜄ ȵʑi̯ĕt꜆ ꜀zi̯a ꜀ʑiː

汉　文　有　道　恩　犹　薄，
xɑn꜄ ꜀mji̯uən ꜂ji̯ə̆u ꜂dʻɑu ꜀ʔən ꜀i̯ə̆u bʻɑk꜆

湘　水　无　情　吊　岂　知?
꜀si̯aŋ　꜂ɕwi　꜀mji̯u　꜀dzʻi̯ɛŋ　tieu꜄　꜂kʻjĕi　꜀tiĕ
寂　寞　江　山　摇　落　处,
dzʻiek꜆　mɑk꜆　꜀kɔŋ　꜀ʂan　꜀i̯ɛu　lɑk꜆　tɕʻi̯wo꜄
怜　君　何　事　到　天　涯。
꜀lien　꜀kji̯uən　꜀ɣɑ　dʐʻiː꜄　tɑu꜄　꜀tʻien　꜀ŋjiĕ

赠别严士元

刘长卿

春　风　倚　棹　阖　闾　城,
꜀tɕʻi̯uĕn　꜀pji̯uŋ　꜂ʔiĕ　ɖʻau꜄　ɣɑp꜆　꜀lji̯wo　꜀ʑi̯ɛŋ
水　国　春　寒　阴　复　晴。
꜂ɕwi　kwək꜆　꜀tɕʻi̯uĕn　꜀ɣɑn　꜀ʔi̯əm　bʻji̯uk꜆　꜀dzʻi̯ɛŋ
细　雨　湿　衣　看　不　见,
siei꜄　꜂ji̯u　ɕi̯əp꜆　꜀ʔĕi　kʻɑn꜄　pji̯uət꜆　kien꜄
闲　花　落　地　听　无　声。
꜀ɣa̤n　꜀xwa　lɑk꜆　dʻi꜄　꜀tʻieŋ　꜀mji̯u　꜀ɕi̯ɛŋ
日　斜　江　上　孤　帆　影,
ȵʑi̯ĕt꜆　꜀zi̯a　꜀kɔŋ　ʑi̯aŋ꜄　꜀kuo　꜀bʻji̯wɐm　꜂ʔi̯ɐŋ
草　绿　湖　南　万　里　情。
꜂tsʻau　lji̯wok꜆　꜀ɣuo　꜀nɑm　mji̯wɐn꜄　꜂ljiː　꜀dzʻi̯ɛŋ
东　道　若　逢　相　识　问,
꜀tuŋ　꜂dʻɑu　ȵʑi̯ak꜆　꜀bʻji̯woŋ　꜀si̯aŋ　ɕi̯ək꜆　mji̯uən꜄
青　袍　今　已　误　儒　生。
꜀tsʻieŋ　꜀bʻɑu　꜀kji̯əm　꜂iː　ŋuo꜄　꜀ȵʑi̯u　꜀ʂɐŋ

夏夜宿表兄话旧

窦叔向

夜 合 花 开 香 满 庭，

i̯a꜄ ɣɑ̣p꜆ ꜀xwa ꜀kʻɑ̣i ꜀xji̯aŋ ꜂muɑn ꜀dʻieŋ

夜 深 微 雨 醉 初 醒。

i̯a꜄ ꜀ɕi̯əm ꜀mjwĕi ꜂ji̯u tswi̯꜄ ꜀tʂʻi̯wo ꜀sieŋ

远 书 珍 重 何 曾 达，

꜂ji̯wɐn ꜀ɕi̯wo ꜀ȶi̯ĕn ꜂ȡʻi̯woŋ ꜀ɣɑ ꜀dzʻəŋ dʻɑt꜆

旧 事 凄 凉 不 可 听。

gʻji̯ə̆u꜄ dʐʻiː꜄ ꜀tsʻiei ꜀lji̯aŋ pji̯uət꜆ ꜂kʻɑ ꜀tʻieŋ

去 日 儿 童 皆 长 大，

kʻji̯wo꜄ ȵʑi̯ĕt꜆ ꜀ȵʑi̯ĕ ꜀dʻuŋ ꜀kại ꜂ȶi̯aŋ dʻɑi꜄

昔 年 亲 友 半 凋 零。

si̯ɛk꜆ ꜀nien ꜀tsʻi̯ĕn ꜂ji̯ə̆u puɑn꜄ ꜀tieu ꜀lieŋ

明 朝 又 是 孤 舟 别，

꜀mji̯wɐŋ ꜀ȶi̯ɛu ji̯ə̆u꜄ ꜂ʑi̯ĕ ꜀kuo ꜀tɕi̯ə̆u bʻji̯ɛt꜆

愁 见 河 桥 酒 幔 青。

꜀dʐʻi̯ə̆u kien꜄ ꜀ɣɑ ꜀gʻji̯ɛu ꜂tsi̯ə̆u muɑn꜄ ꜀tsʻieŋ

岭南江行

柳宗元

瘴 江 南 去 入 雲 烟，

tɕi̯aŋ꜄ ꜀kɔŋ ꜀nɑ̣m kʻji̯wo꜄ ȵʑi̯əp꜆ ꜀ji̯uən ꜀ʔien

望 尽 黄 茅 是 海 边。

mji̯wɑŋ꜄ ꜂dzʻi̯ĕn ꜀ɣwɑŋ ꜀mau ꜂ʑi̯ĕ ꜂xɑ̣i ꜀piwɐn

山 腹 雨 晴 添 象 迹，

꜀ʂan pjiuk꜆ ꜂jiu ꜀dzʻiɛŋ ꜀tʻiem ꜂ziaŋ tsiɛk꜆

潭 心 日 暖 长 蛟 涎。

꜀dʻɑm ꜀siəm ȵʑiĕt꜆ ꜂nuɑn ꜂ȶiaŋ ꜀kau ꜀ziɛn

射 工 巧 伺 游 人 影，

dʑʻia꜄ ꜀kuŋ ꜂kʻau siː꜄ ꜀iə̆u ꜀ȵʑiĕn ꜂ʔiɐŋ

飓 母 偏 惊 旅 客 船。

gʻjiu꜄ ꜂mə̆u ꜀pʻjiɛn ꜀kjiɐŋ ꜂ljiwo kʻɐk꜆ ꜀dʑʻiwɛn

从 此 忧 来 非 一 事，

꜀dzʻiwoŋ ꜂tsʻiĕ ꜀ʔiə̆u ꜀lɑi ꜀pjwĕi ʔiĕt꜆ dʐʻiː꜄

岂 容 华 髮 待 流 年。

꜂kʻjĕi ꜀iwoŋ ꜀ɣwa pjiwɐt꜆ ꜂dʻɑi ꜀ljiə̆u ꜀nien

柳州峒氓

柳宗元

郡 城 南 下 接 通 津，

gʻjiuən꜄ ꜀ʑiɛŋ ꜀nɑm ꜂ɣa tsiɛp꜆ ꜀tʻuŋ ꜀tsiĕn

异 服 殊 音 不 可 听。

iː꜄ bʻjiuk꜆ ꜀ʑiu ꜀ʔiəm pjiuət꜆ ꜂kʻɑ ꜀tʻieŋ

青 箬 裹 盐 归 峒 客，

꜀tsʻieŋ ȵʑiak꜆ ꜀kuɑ ꜀iɛm ꜀kjwĕi dʻuŋ꜄ kʻɐk꜆

绿 荷 包 饭 趁 墟 人。

ljiwok꜆ ꜀ɣɑ ꜀pau bʻjiwɐn꜄ ȶʻiĕn꜄ ꜀kʻjiwo ꜀ȵʑiĕn

鹅 毛 御 腊 缝 山 罽，

꜀ŋɑ ꜀mɑu ŋjiwo꜄ lɑp꜆ ꜀bʻjiwoŋ ꜀ʂan kjiɛi꜄

鸡 骨 占 年 拜 水 神。
꜀kiei kuət꜆ ꜀tɕi̯ɛm ꜀nien pại꜄ ꜂ɕwi ꜀dʑi̯ĕn
愁 向 公 庭 问 重 译，
꜀dʐʻi̯ə̆u xji̯aŋ꜄ ꜀kuŋ ꜀dʻieŋ mji̯uən꜄ ꜀ɖʻi̯woŋ i̯ɛk꜆
欲 投 章 甫 作 文 身。
i̯wok꜆ ꜀dʻə̆u ꜀tɕi̯aŋ ꜂pji̯u tsɑk꜆ ꜀mji̯uən ꜀ɕi̯ĕn

重过圣女祠

李商隐

白 石 岩 扉 碧 藓 滋，
bʻɐk꜆ ʑi̯ɛk꜆ ꜀ŋam ꜀pjwĕi pji̯ɛk꜆ ꜂si̯ɛn ꜀tsiː
上 清 沦 谪 得 归 迟。
ʑi̯aŋ꜄ ꜀tsʻi̯ɛŋ ꜀lji̯uĕn ʈæk꜆ tək꜆ ꜀kjwĕi ꜀ɖʻi
一 春 梦 雨 常 飘 瓦，
ʔi̯ĕt꜆ ꜀tɕʻi̯uĕn muŋ꜄ ꜂ji̯u ꜀ʑi̯aŋ ꜀pʻji̯ɛu ꜂ŋwa
尽 日 灵 风 不 满 旗。
꜂dzʻi̯ĕn ȵʑi̯ĕt꜆ ꜀lieŋ ꜀pji̯uŋ pji̯uət꜆ ꜂muɑn ꜀gʻjiː
萼 绿 花 来 无 定 所，
ŋɑk꜆ lji̯wok꜆ ꜀xwa ꜀lɑ̣i ꜀mji̯u dʻieŋ꜄ ꜂ʂi̯wo
杜 兰 香 去 未 移 时。
꜂dʻuo ꜀lɑn ꜀xji̯aŋ kʻji̯wo꜄ mjwĕi꜄ ꜀iĕ ꜀ʑiː
玉 郎 会 此 通 仙 籍，
ŋji̯wok꜆ ꜀lɑŋ ɣuɑi꜄ ꜂tsʻiĕ ꜀tʻuŋ ꜀si̯ɛn dzʻi̯ɛk꜆
忆 向 天 阶 问 紫 芝。
ʔi̯ək꜆ xji̯aŋ꜄ ꜀tʻien ꜀kại mji̯uən꜄ ꜂tsiĕ ꜀tɕiː

隋 宫

李商隐

紫 泉 宫 殿 锁 烟 霞，
꜂tsiě ꜀dzʻi̯wɛn ꜀kji̯uŋ dʻien꜄ ꜂suɑ ꜀ʔien ꜀ɣa
欲 取 芜 城 作 帝 家。
i̯wok꜆ ꜂tsʻi̯u ꜀mji̯u ꜀ʑi̯ɛŋ tsɑk꜆ tiei꜄ ꜀ka
玉 玺 不 缘 归 日 角，
ŋji̯wok꜆ ꜂siě pji̯uət꜆ ꜀i̯wɛn ꜀kjwĕi ȵʑi̯ĕt꜆ kɔk꜆
锦 帆 应 是 到 天 涯。
꜂kji̯əm ꜀bʻji̯wɐm ʔi̯əŋ꜄ ꜂ʑiě tɑu꜄ ꜀tʻien ꜀ŋai
於 今 腐 草 无 萤 火，
꜀ʔi̯wo ꜀kji̯əm ꜂bʻji̯u ꜂tsʻɑu ꜀mji̯u ꜀ɣiweŋ ꜂xuɑ
终 古 垂 杨 有 暮 鸦。
꜀tɕi̯uŋ ꜂kuo ꜀ʑwiě ꜀i̯aŋ ꜂ji̯ə̆u muo꜄ ꜀ʔa
地 下 若 逢 陈 後 主，
dʻi꜄ ꜂ɣɑ ȵʑi̯ak꜆ ꜀bʻji̯woŋ ꜀ȡʻi̯ĕn ɣə̆u꜄ ꜂tɕi̯u
岂 宜 重 问 後 庭 花。
꜂kʻjĕi ꜀ŋiě ꜀ȡʻi̯woŋ mji̯uən꜄ ꜂ɣə̆u ꜀dʻieŋ ꜀xwa

安定城楼

李商隐

迢 递 高 城 百 尺 楼，
꜀dʻieu dʻiei꜄ ꜀kɑu ꜀ʑi̯ɛŋ pɐk꜆ tɕʻi̯ɛk꜆ ꜀lə̆u
绿 杨 枝 外 尽 汀 洲。
lji̯wok꜆ ꜀i̯aŋ ꜀tɕiě ŋuɑi꜄ ꜂dzʻi̯ĕn ꜀tʻieŋ ꜀tɕi̯ə̆u

贾　生　年　少　虚　垂　泪，
꜂ka　꜀ʂɐŋ　꜀nien　ɕi̯ɛu꜄　꜀xji̯wo　꜀ʑwiĕ　ljwi꜄
王　粲　春　来　更　远　游。
꜀ji̯waŋ　ts‘ɑn꜄　꜀tɕ‘i̯uĕn　꜀lɑ̣i　kɐŋ꜄　꜂ji̯wɐn　꜀i̯ə̆u
永　忆　江　湖　归　白　发，
꜂ji̯wɐŋ　ʔi̯ək꜆　꜀kɔŋ　꜀ɣuo　꜀kjwĕi　b‘ɐk꜆　pji̯wɐt꜆
欲　回　天　地　入　扁　舟。
i̯wok꜆　꜀ɣuɑ̣i　꜀t‘ien　d‘i꜄　ȵʑi̯əp꜆　꜂pien　꜀tɕi̯ə̆u
不　知　腐　鼠　成　滋　味，
pji̯uət꜆　꜀ʈiĕ　꜂b‘ji̯u　꜂ɕi̯wo　꜀ʑi̯ɛŋ　꜀tsiː　mjwĕi꜄
猜　意　鹓　雏　竟　未　休。
꜀ts‘ɑ̣i　ʔiː꜄　꜀ʔi̯wɐn　꜀dʐ‘i̯u　kji̯ɐŋ꜄　mjwĕi꜄　꜀xji̯ə̆u

春夕旅怀　　崔　涂

水　流　花　谢　两　无　情，
꜂ɕwi　꜀lji̯ə̆u　꜀xwa　zi̯a꜄　꜂lji̯aŋ　꜀mji̯u　꜀dz‘i̯ɛŋ
送　尽　东　风　过　楚　城。
suŋ꜄　꜂dz‘i̯ĕn　꜀tuŋ　꜀pji̯uŋ　kuɑ꜄　꜂tʂ‘i̯wo　꜀ʑi̯ɛŋ
蝴　蝶　梦　中　家　万　里，
꜀ɣuo　d‘iep꜆　muŋ꜄　꜀ʈi̯uŋ　꜀ka　mji̯wɐn꜄　꜂ljiː
杜　鹃　枝　上　月　三　更。
꜂d‘uo　꜀kiwen　꜀tɕiĕ　ʑi̯aŋ꜄　ŋji̯wɐt꜆　꜀sɑm　꜀kɐŋ
故　园　书　动　经　年　纪，
kuo꜄　꜀ji̯wɐn　꜀ɕi̯wo　꜂d‘uŋ　꜀kieŋ　꜀nien　꜂kjiː

华　髮　春　催　两　鬓　生。
꜀ɣwa　pji̯wɐt꜆　꜀tɕʻi̯uěn　꜀tsʻuɑ̣i　꜂lji̯aŋ　pji̯ěn꜄　꜀ʂæŋ
自　是　不　归　归　便　得，
dzʻi꜄　꜂ʑiě　pji̯uət꜆　꜀kjwěi　꜀kjwěi　bʻji̯ɛn꜄　tək꜆
五　湖　烟　景　有　谁　争。
꜂ŋuo　꜀ɣuo　꜀ʔien　꜂kji̯ɐŋ　꜂ji̯ə̆u　꜀ʑwi　꜀tʂæŋ

绥州作　　韦庄

雕　阴　无　树　水　难　流，
꜀tieu　꜀ʔi̯əm　꜀mji̯u　ʑi̯u꜄　꜂ɕwi　꜀nɑn　꜀lji̯ə̆u
雉　堞　连　雲　古　帝　州。
꜂ḍʻi　dʻiep꜆　꜀lji̯ɛn　꜀ji̯uən　꜂kuo　tiei꜄　꜀tɕi̯ə̆u
带　雨　晚　驼　鸣　远　戍，
tɑi꜄　꜂ji̯u　꜂mji̯wɐn　꜀dʻɑ　꜀mji̯wɐŋ　꜂ji̯wɐn　ɕi̯u꜄
望　乡　孤　客　倚　高　楼。
mji̯waŋ꜄　꜀xji̯aŋ　꜀kuo　kʻɐk꜆　꜂ʔiě　꜀kɑu　꜀lə̆u
明　妃　去　日　花　应　笑，
꜀mji̯wɐŋ　꜀pʻjwěi　kʻji̯wo꜄　ȵʑi̯ět꜆　꜀xwa　ʔi̯əŋ꜄　si̯ɛu꜄
蔡　琰　归　时　鬓　已　秋。
tsʻɑi꜄　꜂i̯ɛm　꜀kjwěi　꜀ʑiː　pji̯ěn꜄　꜂iː　꜀tsʻi̯ə̆u
一　曲　单　于　暮　烽　起，
ʔi̯ět꜆　kʻji̯wok꜆　꜀ʑi̯ɛn　꜀ji̯u　muo꜄　꜀pji̯woŋ　꜂kʻjiː
扶　苏　城　上　月　如　钩。
꜀bʻji̯u　꜀suo　꜀ʑi̯ɛŋ　ʑi̯aŋ꜄　ŋji̯wɐt꜆　꜀ȵʑi̯wo　꜀kə̆u

忆　昔　　韦　庄

昔　年　曾　向　五　陵　游，

si̯ɛk꜆　꜀nien　꜀dzʻəŋ　xji̯aŋ꜄　꜂ŋuo　꜀lji̯əŋ　꜀i̯ə̆u

子　夜　清　歌　月　满　楼。

꜂tsiː　i̯a꜄　꜀tsʻi̯ɛŋ　꜀kɑ　ŋji̯wɐt꜆　꜂muɑn　꜀lə̆u

银　烛　树　前　长　似　昼，

꜀ŋji̯ĕn　tɕi̯wok꜆　ʑi̯u꜄　꜀dzʻien　꜀ȡʻi̯aŋ　꜂ziː　ȶi̯ə̆u꜄

露　桃　花　下　不　知　秋。

luo꜄　꜀dʻɑu　꜀xwa　꜂ɣɑ　pji̯uət꜆　꜀ȶiĕ　꜀tsʻi̯ə̆u

西　园　公　子　名　无　忌，

꜀siei　꜀ji̯wɐn　꜀kuŋ　꜂tsiː　꜀mji̯ɛŋ　꜀mji̯u　gʻjiː꜄

南　国　佳　人　字　莫　愁。

꜀nɑ̣m　kwək꜆　꜀kai　꜀ȵʑi̯ĕn　dzʻiː꜄　mɑk꜆　꜀dʐʻi̯ə̆u

今　日　乱　离　俱　是　梦，

꜀kji̯əm　ȵʑi̯ĕt꜆　luɑn꜄　꜀ljiĕ　꜀kji̯u　꜂ʑiĕ　muŋ꜄

夕　阳　唯　见　水　东　流。

zi̯ɛk꜆　꜀i̯aŋ　꜀wi　kien꜄　꜂ɕwi　꜀tuŋ　꜀lji̯ə̆u

贫　女　　秦韬玉

蓬　门　未　识　绮　罗　香，

꜀bʻuŋ　꜀muən　mjwĕi꜄　ɕi̯ək꜆　꜂kʻjiĕ　꜀lɑ　꜀xji̯aŋ

拟　托　良　媒　亦　自　伤。

꜂ŋjiː　tʻɑk꜆　꜀lji̯aŋ　꜀muɑ̣i　i̯ɛk꜆　dzʻi꜄　꜀ɕi̯aŋ

谁 爱 风 流 高 格 调，
꜀ʑwi ʔɑ̣i꜄ ꜀pji̯uŋ ꜀lji̯ə̆u ꜀kɑu kɐk꜆ dʻieu꜄
共 怜 时 世 俭 梳 妆。
gʻji̯woŋ꜄ ꜀lien ꜀ʑiː ɕi̯ɛi꜄ ꜂gʻji̯ɛm ꜀ʂi̯wo ꜀tʂi̯aŋ
敢 将 十 指 夸 纤 巧，
꜂kɑm ꜀tsi̯aŋ ʑi̯əp꜆ ꜂tɕi ꜀kʻwa ꜀si̯ɛm ꜂kʻau
不 把 双 眉 斗 画 长。
pji̯uət꜆ ꜂pa ꜀ʂɔŋ ꜀mjwi tə̆u꜄ ɣwai꜄ ꜀ɖʻi̯aŋ
每 恨 年 年 压 金 线，
꜂muɑ̣i ɣən꜄ ꜀nien ꜀nien ʔap꜆ ꜀kji̯əm si̯ɛn꜄
为 他 人 作 嫁 衣 裳。
jwiĕ꜄ ꜀tʻɑ ꜀ȵʑi̯ĕn tsɑk꜆ ka꜄ ꜀ʔĕi ꜀ʑi̯aŋ

伍　五言绝句

渡汉江

宋之问

岭　外　音　书　断，
꜂lji̯ɛŋ　ŋuɑi꜄　꜀ʔi̯əm　꜀ɕi̯wo　tuɑn꜄
经　冬　复　历　春。
꜀kieŋ　꜀tuoŋ　bʻji̯uk꜆　liek꜆　꜀tɕʻi̯uĕn
近　乡　情　更　怯，
꜂gʻji̯ən　꜀xji̯aŋ　꜀dzʻi̯ɛŋ　kɐŋ꜄　kʻi̯ɐp꜆
不　敢　问　来　人。
pji̯uət꜆　꜂kɑm　mji̯uən꜄　꜀lɑ̣i　꜀ȵʑi̯ĕn

息夫人

王　维

莫　以　今　时　宠，
mɑk꜆　꜂iː　꜀kji̯əm　꜀ʑiː　꜂ȶʻi̯woŋ
难　忘　旧　日　恩。
꜀nɑn　mji̯waŋ꜄　gʻji̯ə̆u꜄　ȵʑi̯ĕt꜆　꜀ʔən
看　花　满　眼　泪，
kʻɑn꜄　꜀xwa　꜂muɑn　꜂ŋạn　ljwi꜄

不　共　楚　王　言。

pji̯uət꜆　gʻji̯woŋ꜄　꜂tʂʻi̯wo　꜀ji̯waŋ　꜀ŋji̯ɐn

忆旧游

顾况

悠　悠　南　国　思，

꜀i̯ə̆u　꜀i̯ə̆u　꜀nɑm　kwək꜆　꜀si:

夜　向　江　南　泊。

i̯a꜄　xji̯aŋ꜄　꜀kɔŋ　꜀nɑm　bʻɑk꜆

楚　客　断　肠　时，

꜂tʂʻi̯wo　kʻɐk꜆　tuɑn꜄　꜀ɖʻi̯aŋ　꜀ʑi:

月　明　枫　子　落。

ŋji̯wɐt꜆　꜀mji̯wɐŋ　꜀pji̯uŋ　꜂tsi:　lɑk꜆

春怨

金昌绪

打　起　黄　莺　儿，

꜂tɐŋ　꜂kʻji:　꜀ɣwɑŋ　꜀ʔæŋ　꜀ȵʑiĕ

莫　教　枝　上　啼。

mɑk꜆　kau꜄　꜀tɕiĕ　ʑi̯aŋ꜄　꜀dʻiei

啼　时　惊　妾　梦，

꜀dʻiei　꜀ʑi:　꜀kji̯ɐŋ　tsʻi̯ɛp꜆　muŋ꜄

不　得　到　辽　西。

pji̯uət꜆　tək꜆　tɑu꜄　꜀lieu　꜀siei

视 刀 环

刘禹锡

常 恨 言 语 浅，

꜀ʑi̯aŋ ɣən꜄ ꜀ŋji̯ɐn ꜂ŋji̯wo ꜂tsʻi̯ɛn

不 如 人 意 深。

pji̯uət꜆ ꜀ȵʑi̯wo ꜀ȵʑi̯ĕn ʔiː꜄ ꜀ɕi̯əm

今 朝 两 相 视，

꜀kji̯əm ꜀ȶi̯ɛu ꜂lji̯aŋ ꜀si̯aŋ ʑi꜄

脉 脉 万 重 心。

mæk꜆ mæk꜆ mji̯wɐn꜄ ꜀ȡʻi̯woŋ ꜀si̯əm

古 别 离

孟 郊

欲 别 牵 郎 衣，

i̯wok꜆ bʻji̯ɛt꜆ ꜀kʻien ꜀lɑŋ ꜀ʔĕi

郎 今 到 何 处。

꜀lɑŋ ꜀kji̯əm tɑu꜄ ꜀ɣɑ tɕʻi̯wo꜄

不 恨 归 来 迟，

pji̯uət꜆ ɣən꜄ ꜀kjwĕi ꜀lɑi ꜀ȡʻi

莫 向 临 邛 去。

mɑk꜆ xji̯aŋ꜄ ꜀lji̯əm ꜀gʻji̯woŋ kʻji̯wo꜄

新 嫁 娘

王 建

三 日 入 厨 下，

꜀sɑm ȵʑi̯ĕt꜆ ȵʑi̯əp꜆ ꜀ȡʻi̯u ꜂ɣa

洗　手　作　羹　汤。

꜂siei　꜂ɕi̯ə̆u　tsɑk꜅　꜀kɐŋ　꜀tʻɑŋ

未　谙　姑　食　性，

mjwĕi꜄　꜀ʔɑ̣m　꜀kuo　dʑʻi̯ək꜅　si̯ɛŋ꜄

先　遣　小　姑　尝。

꜀sien　꜂kʻji̯ɛn　꜂si̯ɛu　꜀kuo　꜀ʑi̯aŋ

行　宫

王　建

寥　落　古　行　宫，

꜀lieu　lɑk꜅　꜂kuo　꜀ɣɐŋ　꜀kji̯uŋ

宫　花　寂　寞　红。

꜀kji̯uŋ　꜀xwa　dzʻiek꜅　mɑk꜅　꜀ɣuŋ

白　头　宫　女　在，

bʻɐk꜅　꜀dʻə̆u　꜀kji̯uŋ　꜂nji̯wo　꜂dzʻɑ̣i

闲　坐　说　玄　宗。

꜀ɣạn　꜂dzʻuɑ　ɕi̯wɛt꜅　꜀ɣiwen　꜀tsuoŋ

春　闺　思

张仲素

袅　袅　庭　前　柳，

꜂nieu　꜂nieu　꜀dʻieŋ　꜀dzʻien　꜂lji̯ə̆u

青　青　陌　上　桑。

꜀tsʻieŋ　꜀tsʻieŋ　mɐk꜅　ʑi̯aŋ꜄　꜀sɑŋ

提　笼　忘　采　叶，

꜀dʻiei　꜀luŋ　mji̯waŋ꜄　꜂tsʻɑ̣i　i̯ɛp꜅

昨　　夜　　梦　　渔　　阳。
dzʻɑk꜆　　i̯a꜄　　muŋ꜄　　꜀ŋji̯wo　　꜀i̯aŋ

宫　词　　　张　祜

故　　国　　三　　千　　里，
kuo꜄　　kwək꜆　　꜀sɑm　　꜀tsʻien　　꜂lji:
深　　宫　　二　　十　　年。
꜀ɕi̯əm　　꜀kji̯uŋ　　ȵʑi꜄　　ʑi̯əp꜆　　꜀nien
一　　声　　河　　满　　子，
ʔi̯ĕt꜆　　꜀ɕi̯ɛŋ　　꜀ɣɑ　　꜂muɑn　　꜂tsi:
双　　泪　　落　　君　　前。
꜀ʂɔŋ　　ljwi꜄　　lɑk꜆　　꜀kji̯uən　　꜀dzʻien

长干曲二首　　　崔　颢

其　一

君　　家　　住　　何　　处？
꜀kji̯uən　　꜀ka　　ȡʻi̯u꜄　　꜀ɣɑ　　tɕʻi̯wo꜄
妾　　住　　在　　横　　塘。
tsʻi̯ɛp꜆　　ȡʻi̯u꜄　　꜂dzʻɑ̣i　　꜀ɣweŋ　　꜀dʻɑŋ
停　　舟　　暂　　借　　问，
꜀dʻieŋ　　꜀tɕi̯ə̆u　　dzʻɑm꜄　　tsi̯a꜄　　mji̯uən꜄
或　　恐　　是　　同　　乡。
ɣwək꜆　　꜂kʻji̯woŋ　　꜂ʑiĕ　　꜀dʻuŋ　　꜀xji̯aŋ

其　二

家	临	九	江	水，
꜀ka	꜀ljiəm	꜂kjiə̆u	꜀kɔŋ	꜂ɕwi
来	去	九	江	侧。
꜀lɑi	k‘jiwo꜄	꜂kjiə̆u	꜀kɔŋ	tʂiək꜆
同	是	长	干	人，
꜀d‘uŋ	꜂ʑiĕ	꜀ȡ‘iaŋ	꜀kɑn	꜀ȵʑiĕn
生	小	不	相	识。
꜀ʂɐŋ	꜂siɛu	pjiuət꜆	꜀siaŋ	ɕiək꜆

自君之出矣　　张九龄

自	君	之	出	矣，
dz‘i꜄	꜀kjiuən	꜀tɕiː	tɕ‘iwĕt꜆	꜂jiː
不	复	理	残	机。
pjiuət꜆	b‘jiuk꜆	꜂ljiː	꜀dz‘ɑn	꜀kjĕi
思	君	如	满	月，
꜀siː	꜀kjiuən	꜀ȵʑiwo	꜂muɑn	ŋjiwɐt꜆
夜	夜	减	清	辉。
ia꜄	ia꜄	꜂kɐm	꜀ts‘iɛŋ	꜀xwĕi

吴声子夜歌　　薛奇童

净	扫	黄	金	阶，
dz‘iɛŋ꜄	꜂sɑu	꜀ɣwɑŋ	꜀kjiəm	꜀kɐi

飞　霜　皎　如　雪。
꜀pjwĕi　꜀ʂi̯aŋ　꜂kieu　꜀ȵʑi̯wo　si̯wɛt꜆
下　帘　弹　箜　篌，
꜂ɣa　꜀lji̯ɛm　꜀dʻɑn　꜀kʻuŋ　꜀ɣə̌u
不　忍　见　秋　月。
pji̯uət꜆　꜂ȵʑi̯ĕn　kien꜄　꜀tsʻi̯ə̌u　ŋji̯wɐt꜆

玉 阶 怨　李 白

玉　阶　生　白　露，
ŋji̯wok꜆　꜀kai̯　꜀ʂɐŋ　bʻɐk꜆　luo꜄
夜　久　侵　罗　袜。
i̯a꜄　꜂kji̯ə̌u　꜀tsʻi̯əm　꜀lɑ　mji̯wɐt꜆
却　下　水　晶　帘，
kʻji̯ak꜆　꜂ɣa　꜂ɕwi　꜀tsi̯ɛŋ　꜀lji̯ɛm
玲　珑　望　秋　月。
꜀lieŋ　꜀luŋ　mji̯waŋ꜄　꜀tsʻi̯ə̌u　ŋji̯wɐt꜆

劳 劳 亭　李 白

天　下　伤　心　处，
꜀tʻien　꜂ɣa　꜀ɕi̯aŋ　꜀si̯əm　tɕʻi̯wo꜄
劳　劳　送　客　亭。
꜀lɑu　꜀lɑu　suŋ꜄　kʻɐk꜆　꜀dʻieŋ
春　风　知　别　苦，
꜀tɕʻi̯uĕn　꜀pji̯uŋ　꜀ȶiĕ　bʻji̯ɛt꜆　꜂kʻuo

不　遣　柳　条　青。
pji̯uət꜆　꜂k'ji̯ɛn　꜂lji̯ə̆u　꜀d'ieu　꜀ts'ieŋ

幽恨诗　安邑坊女

卜　得　上　峡　日，
puk꜆　tək꜆　ʑi̯aŋ꜄　ɣa̯p꜆　ȵʑi̯ĕt꜆
秋　江　风　浪　多。
꜀ts'i̯ə̆u　꜀kɔŋ　꜀pji̯uŋ　lɑŋ꜄　꜀tɑ
江　陵　一　夜　雨，
꜀kɔŋ　꜀lji̯əŋ　ʔi̯ĕt꜆　i̯a꜄　꜂ji̯u
肠　断　木　兰　歌。
꜀ɖ'i̯aŋ　tuɑn꜄　muk꜆　꜀lɑn　꜀kɑ

啰唝曲三首　刘采春

其　一

不　喜　秦　淮　水，
pji̯uət꜆　꜂xji̯ː　꜀dz'i̯en　꜀ɣwa̯i　꜂ɕwi
生　憎　江　上　船。
꜀ʂɐŋ　꜀tsəŋ　꜀kɔŋ　ʑi̯aŋ꜄　꜀dʑ'i̯wɛn
载　儿　夫　婿　去，
tsɑi꜄　꜀ȵʑi̯ĕ　꜀pji̯u　siei꜄　k'ji̯wo꜄
经　岁　又　经　年。
꜀kieŋ　si̯wɛi꜄　ji̯ə̆u꜄　꜀kieŋ　꜀nien

其　二

那	年	离	别	日，
nɑ꜄	꜀nien	꜀ljiĕ	b‘ji̯ɛt꜀	ȵʑi̯ĕt꜀
只	道	住(往)	桐	庐。
꜂tɕiĕ	꜂d‘ɑu	ȡ‘i̯u꜄(꜂ji̯waŋ)	꜀d‘uŋ	꜀lji̯wo
桐	庐	人	不	见，
꜀d‘uŋ	꜀lji̯wo	꜀ȵʑi̯ĕn	pji̯uət꜀	kien꜄
今	得	广	州	书。
꜀kji̯əm	tək꜀	꜂kwɑŋ	꜀tɕi̯ə̆u	꜀ɕi̯wo

其　三

莫	作	商	人	妇，
mɑk꜀	tsɑk꜀	꜀ɕi̯aŋ	꜀ȵʑi̯ĕn	꜂b‘ji̯ə̆u
金	钗	当	卜	钱。
꜀kji̯əm	꜀tʂ‘ai	꜀tɑŋ	puk꜀	꜀dz‘i̯ɛn
朝	朝	江	上	望，
꜀ȶi̯ɛu	꜀ȶi̯ɛu	꜀kɔŋ	꜀ʑi̯aŋ꜄	mji̯waŋ꜄
错	识	几	人	船。
ts‘uo꜄	ɕi̯ək꜀	꜂kjĕi	꜀ȵʑi̯ĕn	꜀dʑ‘i̯wɛn

陆　七言绝句

巴陵与李十二裴九泛洞庭　　贾　至

枫　岸　纷　纷　落　叶　多，

꜀pji̯uŋ　ŋɑn꜄　꜀pʻji̯uən　꜀pʻji̯uən　lɑk꜆　i̯ɛp꜆　꜀tɑ

洞　庭　秋　水　晚　来　波。

dʻuŋ꜄　꜀dʻieŋ　꜀tsʻi̯ə̆u　꜂ɕwi　꜂mji̯wɐn　꜀lɑ̣i　꜀puɑ

乘　兴　轻　舟　无　近　远，

dʑʻi̯əŋ꜄　xji̯əŋ꜄　꜀kʻji̯ɛŋ　꜀tɕi̯ə̆u　꜀mji̯u　gʻji̯ən꜄　꜂ji̯wɐn

白　雲　明　月　吊　湘　娥。

bʻɐk꜆　꜀ji̯uən　꜀mji̯wɐŋ　ŋji̯wɐt꜆　tieu꜄　꜀si̯aŋ　꜀ŋɑ

逢入京使　　岑　参

故　园　东　望　路　漫　漫，

kuo꜄　꜀ji̯wɐn　꜀tuŋ　mji̯waŋ꜄　luo꜄　muɑn꜄　muɑn꜄

双　袖　龙　钟　泪　不　干。

꜀ʂɔŋ　zi̯ə̆u꜄　꜀lji̯woŋ　꜀tɕi̯woŋ　ljwi꜄　pji̯uət꜆　꜀kɑn

马　上　相　逢　无　纸　笔，

꜂ma　ʑi̯aŋ꜄　꜀si̯aŋ　꜀bʻji̯woŋ　꜀mji̯u　꜂tɕiĕ　pji̯ĕt꜆

凭 君 传 语 报 平 安。

꜀bʻji̯əŋ ꜀kji̯uən ꜀ɖʻi̯wɛn ꜂ŋji̯wo pɑu꜄ ꜀bʻji̯wɐŋ ꜀ʔɑn

越中怀古 李 白

越 王 勾 践 破 吴 归，

ji̯wɐt꜆ ꜀ji̯waŋ ꜀kə̆u ꜂dzʻi̯ɛn pʻuɑ꜄ ꜀ŋuo ꜀kjwĕi

壮 士 还 家 尽 锦 衣。

tʂi̯aŋ꜄ ꜂dʐʻiː ꜀ɣwan ꜀ka ꜂dzʻi̯ĕn ꜂kji̯əm ꜀ʔĕi

宫 女 如 花 满 春 殿，

꜀kji̯uŋ ꜂nji̯wo ꜀ȵʑi̯wo ꜀xwa ꜂muɑn ꜀tɕʻi̯uĕn dʻien꜄

祗 今 惟 有 鹧 鸪 飞。

꜀gʻjiĕ ꜀kji̯əm ꜀wi ꜂ji̯ə̆u ꜀tɕi̯a ꜀kuo ꜀pjwĕi

与贾舍人泛洞庭 李 白

洞 庭 西 望 楚 江 分，

dʻuŋ꜄ ꜀dʻieŋ ꜀siei mji̯waŋ꜄ ꜂tʂʻi̯wo ꜀kɔŋ ꜀pji̯uən

水 尽 南 天 不 见 云。

꜂ɕwi ꜂dzʻi̯ĕn ꜀nɑm ꜀tʻien pji̯uət꜆ kien꜄ ꜀ji̯uən

日 落 长 沙 秋 色 远，

ȵʑi̯ĕt꜆ lɑk꜆ ꜀ɖʻi̯aŋ ꜀ʂa ꜀tsʻi̯ə̆u ʂi̯ək꜆ ꜂ji̯wɐn

不 知 何 处 吊 湘 君。

pji̯uət꜆ ꜀ȶiĕ ꜀ɣɑ tɕʻi̯wo꜄ tieu꜄ ꜀si̯aŋ ꜀kji̯uən

江南逢李龟年 杜甫

岐 王 宅 裏 寻 常 见，
꜀gʻjiě ꜀ji̯waŋ ȡʻɐk꜆ ꜀ljiː ꜀zi̯əm ꜀ʑi̯aŋ kien꜄
崔 九 堂 前 几 度 闻。
꜀tsʻuɑ̣i ꜂kji̯ǒu ꜀dʻɑŋ ꜀dzʻien ꜂kjěi dʻuo꜄ ꜀mji̯uən
正 是 江 南 好 风 景，
tɕi̯ɛŋ꜄ ꜂ʑiě ꜀kɔŋ ꜀nɑ̣m ꜂xɑu ꜀pji̯uŋ ꜂kji̯ɐŋ
落 花 时 节 又 逢 君。
lɑk꜆ ꜀xwa ꜀ʑiː tsiet꜆ ji̯ǒu꜄ ꜀bʻji̯woŋ ꜀kji̯uən

归 雁 钱起

潇 湘 何 事 等 闲 回，
꜀sieu ꜀si̯aŋ ꜀ɣɑ dʐʻiː꜄ ꜂təŋ ꜀ɣạn ꜀ɣuɑ̣i
水 碧 沙 明 两 岸 苔。
꜂ɕwi pji̯ɛk꜆ ꜀ʂa ꜀mji̯wɐŋ ꜂lji̯aŋ ŋɑn꜄ ꜀dʻɑ̣i
二 十 五 弦 弹 夜 月，
ȵʑi꜄ ʑi̯əp꜆ ꜂ŋuo ꜀ɣien ꜀dʻɑn i̯a꜄ ŋji̯wɐt꜆
不 胜 清 怨 却 飞 来。
pji̯uət꜆ ꜀ɕi̯əŋ ꜀tsʻi̯ɛŋ ʔi̯wɐn꜄ kʻji̯ak꜆ ꜀pjwěi ꜀lɑ̣i

江 南 行 张潮

茨 菰 叶 烂 别 西 湾，
꜀dzʻi ꜀kuo i̯ɛp꜆ lɑn꜄ bʻji̯ɛt꜆ ꜀siei ꜀ʔwan

莲　子　花　开　不　见　还。

꜀lien ꜂tsiː ꜀xwa ꜀k'ɑ̣i pji̯uət꜆ kien꜄ ꜀ɣwan

妾　梦　不　离　江　上　水，

ts'i̯ɛp꜆ muŋ꜄ pji̯uət꜆ ꜀ljiĕ ꜀kɔŋ ʑi̯aŋ꜄ ꜂ɕwi

人　传　郎　在　凤　凰　山。

꜀ȵʑi̯ĕn ꜀ȡ'i̯wɛn ꜀lɑŋ ꜂dz'ɑ̣i b'ji̯uŋ꜄ ꜀ɣwɑŋ ꜀ʂạn

石头城　　刘禹锡

山　围　故　国　周　遭　在，

꜀ʂạn ꜀jwĕi kuo꜄ kwək꜆ ꜀tɕi̯ə̆u ꜀tsɑu ꜂dz'ɑ̣i

潮　打　空　城　寂　寞　回。

꜀ȡ'i̯ɛu ꜂tɐŋ ꜀k'uŋ ꜀ʑi̯ɛŋ dz'iek꜆ mɑk꜆ ꜀ɣuɑ̣i

淮　水　东　边　旧　时　月，

꜀ɣwại ꜂ɕwi ꜀tuŋ ꜀piwen g'ji̯ə̆u꜄ ꜀ʑiː ŋji̯wɐt꜆

夜　深　还　过　女　墙　来。

i̯a꜄ ꜀ɕi̯əm ꜀ɣwan kuɑ꜄ ꜂nji̯wo ꜀dz'i̯aŋ ꜀lɑ̣i

听旧宫人穆氏唱歌　　刘禹锡

曾　随　织　女　渡　天　河，

꜀dz'əŋ ꜀zwiĕ tɕi̯ək꜆ ꜂nji̯wo d'uo꜄ ꜀t'ien ꜀ɣɑ

记　得　雲　间　第　一　歌。

kjiː꜄ tək꜆ ꜀ji̯uən ꜀kạn d'iei꜄ ʔi̯ĕt꜆ ꜀kɑ

休　唱　贞　元　供　奉　曲，

꜀xji̯ə̆u tɕ'i̯aŋ꜄ ꜀ȶi̯ɛŋ ꜀ŋji̯wɐn kji̯woŋ꜄ ꜂b'ji̯woŋ k'ji̯wok꜆

当 时 朝 士 已 无 多。
꜀taŋ ꜀ʑiː ꜀ȡʻiɛu ꜂dzʻiː ꜂iː ꜀mjiu ꜀tɑ

秋 思 张 籍

洛 阳 城 裏 见 秋 风，
lɑk꜆ ꜀iaŋ ꜀ʑiɛŋ ꜂ljiː kien꜄ ꜀tsʻiə̆u ꜀pjiuŋ
欲 作 家 书 意 万 重。
iwok꜆ tsɑk꜆ ꜀ka ꜀ɕiwo ʔiː꜄ mjiwɐn꜄ ꜀ȡʻiwoŋ
复 恐 匆 匆 说 不 尽，
bʻjiuk꜆ ꜀kʻjiwoŋ ꜀tsʻuŋ ꜀tsʻuŋ ɕiwɛt꜆ pjiuət꜆ ꜂dzʻiĕn
行 人 临 發 又 开 封。
꜀ɣɐŋ ꜀ȵʑiĕn ꜀ljiəm pjiwɐt꜆ jiə̆u꜄ ꜀kʻɑi ꜀pjiwoŋ

闻乐天左降江州司马 元 稹

残 灯 无 焰 影 幢 幢，
꜀dzʻɑn ꜀təŋ ꜀mjiu ꜂iɛm ꜂ʔiɐŋ ꜂ȡʻɔŋ ꜀ȡʻɔŋ
此 夕 闻 君 谪 九 江。
꜂tsʻiĕ ziɛk꜆ ꜀mjiuən ꜀kjiuən ʈæk꜆ ꜂kjiə̆u ꜀kɔŋ
垂 死 病 中 惊 坐 起，
꜀ʑwiĕ ꜂si bʻjiwɐŋ꜄ ꜀ȶiuŋ ꜀kjiɐŋ ꜂dzʻuɑ ꜂kʻjiː
暗 风 吹 雨 入 寒 窗。
ʔɑm꜄ ꜀pjiuŋ ꜀tɕʻwiĕ ꜂jiu ȵʑiəp꜆ ꜀ɣɑn ꜀tʂʻɔŋ

重赠乐天　　元稹

莫	遣	玲	珑	唱	我	诗，
mɑk꜆	꜂kʻji̯ɛn	꜀lieŋ	꜀luŋ	tɕʻi̯aŋ꜄	꜂ŋɑ	꜀ɕiː
我	诗	多	是	别	君	词。
꜂ŋɑ	꜀ɕiː	꜀tɑ	꜂ʑiĕ	bʻji̯ɛt꜆	꜀kji̯uən	꜀ziː
明	朝	又	向	江	头	别，
꜀mji̯wɐŋ	꜀ȶi̯ɛu	ji̯ə̆u꜄	xji̯aŋ꜄	꜀kɔŋ	꜀dʻə̆u	bʻji̯ɛt꜆
月	落	潮	平	是	去	时。
ŋji̯wɐt꜆	lɑk꜆	꜀ȡʻi̯ɛu	꜀bʻji̯wɐŋ	꜂ʑiĕ	kʻji̯wo꜄	꜀ʑiː

雨霖铃　　张祜

雨	霖	铃	夜	却	归	秦，
꜂ji̯u	꜀lji̯əm	꜀lieŋ	i̯a꜄	kʻji̯ak꜆	꜀kjwĕi	꜀dzʻi̯ĕn
犹	是	张	徽	一	曲	新。
꜀i̯ə̆u	꜂ʑiĕ	꜀ȶi̯aŋ	꜀xjwĕi	ʔi̯ĕt꜆	kʻji̯wok꜆	꜀si̯ĕn
长	说	上	皇	和	泪	教，
꜀ȡʻi̯aŋ	ɕi̯wɛt꜆	ʑi̯aŋ꜄	꜀ɣwɑŋ	꜀ɣuɑ	ljwi꜄	kau꜄
月	明	南	内	更	无	人。
ŋji̯wɐt꜆	꜀mji̯wɐŋ	꜀nạm	nuại꜄	kɐŋ꜄	꜀mji̯u	꜀ȵʑi̯ĕn

过华清宫　　杜牧

长	安	回	望	绣	成	堆，
꜀ȡʻi̯aŋ	꜀ʔɑn	꜀ɣuại	mji̯wɑŋ꜄	si̯ə̆u꜄	꜀ʑiɛŋ	꜀tuại

山　顶　千　门　次　第　开。
꜀ʂạn ꜂tieŋ ꜀tsʻien ꜀muən tsʻi꜄ dʻiei꜄ ꜀kʻại

一　骑　红　尘　妃　子　笑，
ʔi̯ĕt꜆ ꜀gʻjiĕ ꜀ɣuŋ ꜀ȡʻi̯ĕn ꜀pʻjwĕi ꜂tsiː si̯ɛu꜄

无　人　知　是　荔　枝　来。
꜀mji̯u ꜀ȵʑi̯ĕn ꜀ȶiĕ ꜂ʑiĕ ljiĕ꜄ ꜀tɕiĕ ꜀lại

泊秦淮　　杜牧

烟　笼　寒　水　月　笼　沙，
꜀ʔien ꜀luŋ ꜀ɣɑn ꜂ɕwi ŋji̯wɐt꜆ ꜀luŋ ꜀ʂa

夜　泊　秦　淮　近　酒　家。
i̯a꜄ bʻɑk꜆ ꜀dzʻi̯ĕn ꜀ɣwại ꜂gʻji̯ən ꜂tsi̯ə̆u ꜀ka

商　女　不　知　亡　国　恨，
꜀ɕi̯aŋ ꜂nji̯wo pji̯uət꜆ ꜀ȶiĕ ꜀mji̯waŋ kwək꜆ ɣən꜄

隔　江　犹　唱　後　庭　花。
kæk꜆ ꜀kɔŋ ꜀i̯ə̆u tɕʻi̯aŋ꜄ ꜂ɣə̆u ꜀dʻieŋ ꜀xwa

寄扬州韩绰判官　　杜牧

青　山　隐　隐　水　迢　迢，
꜀tsʻieŋ ꜀ʂạn ꜂ʔi̯ən ꜂ʔi̯ən ꜂ɕwi ꜀dʻieu ꜀dʻieu

秋　尽　江　南　草　木　凋。
꜀tsʻi̯ə̆u ꜂dzʻi̯ĕn ꜀kɔŋ ꜀nạm ꜂tsʻɑu muk꜆ ꜀tieu

二　十　四　桥　明　月　夜，
ȵʑi꜄ ʑi̯əp꜆ si꜄ ꜀gʻji̯ɛu ꜀mji̯wɐŋ ŋji̯wɐt꜆ i̯a꜄

玉	人	何	处	教	吹	箫。
ŋji̯wok꜆	꜀ȵʑi̯ĕn	꜀ɣa	tɕʻi̯wo꜄	kau꜄	꜀tɕʻwiĕ	꜀sieu

寄令狐郎中 李商隐

嵩	雲	秦	树	久	离	居，
꜀si̯uŋ	꜀ji̯uən	꜀dzʻi̯ĕn	ʑi̯u꜄	꜂kji̯ə̆u	꜀ljiĕ	꜀kji̯wo
双	鲤	迢	迢	一	纸	书。
꜀ʂɔŋ	꜂ljiː	꜀dʻieu	꜀dʻieu	ʔi̯ĕt꜆	꜂tɕiĕ	꜀ɕi̯wo
休	问	梁	园	旧	宾	客，
꜀xji̯ə̆u	mji̯uən꜄	꜀lji̯aŋ	꜀ji̯wɐn	gʻji̯ə̆u꜄	꜀pji̯ĕn	kʻɐk꜆
茂	陵	秋	雨	病	相	如。
mə̆u꜄	꜀lji̯əŋ	꜀tsʻi̯ə̆u	꜂ji̯u	bʻji̯wɐŋ꜄	꜀si̯aŋ	꜀ȵʑi̯wo

常　娥 李商隐

雲	母	屏	风	烛	影	深，
꜀ji̯uən	꜂mə̆u	꜀bʻieŋ	꜀pji̯uŋ	tɕi̯wok꜆	꜂ʔi̯ɐŋ	꜀ɕi̯əm
长	河	渐	落	晓	星	沉。
꜀ȡʻi̯aŋ	꜀ɣɑ	꜂dzʻi̯ɛm	lɑk꜆	꜂xieu	꜀sieŋ	꜀ȡʻi̯əm
常	娥	应	悔	偷	灵	药，
꜀ʑi̯aŋ	꜀ŋɑ	ʔi̯əŋ꜄	꜂xuɑ̣i	꜀tʻə̆u	꜀lieŋ	i̯ak꜆
碧	海	青	天	夜	夜	心。
pji̯ɛk꜆	꜂xɑ̣i	꜀tsʻieŋ	꜀tʻien	i̯a꜄	i̯a꜄	꜀si̯əm

谢亭送别

许 浑

劳	歌	一	曲	解	行	舟，
꜀lɑu	꜀kɑ	ʔi̯ĕt꜀	k‘ji̯wok꜀	꜂kai	꜀ɣɐŋ	꜀tɕi̯ə̆u
红	叶	青	山	水	急	流。
꜀ɣuŋ	i̯ɛp꜀	꜀ts‘ieŋ	꜀ʂa̦n	꜂ɕwi	kji̯əp꜀	꜀lji̯ə̆u
日	暮	酒	醒	人	已	散，
ȵʑi̯ĕt꜀	muo꜄	꜂tsi̯ə̆u	꜂sieŋ	꜀ȵʑi̯ĕn	꜂iː	꜂sɑn
满	天	风	雨	下	西	楼。
꜂muɑn	꜀t‘ien	꜀pji̯uŋ	꜂ji̯u	꜂ɣa	꜀siei	꜀lə̆u

白 莲

陆龟蒙

素	蘤	多	蒙	别	艳	欺，
suo꜄	꜂jwiĕ	꜀tɑ	꜀muŋ	b‘ji̯ɛt꜀	i̯ɛm꜄	꜀k‘jiː
此	花	端	合	在	瑶	池。
꜂ts‘iĕ	꜀xwa	꜀tuɑn	ɣa̦p꜀	꜂dz‘a̦i	꜀i̯ɛu	꜀ȡ‘iĕ
无	情	有	恨	何	人	觉，
꜀mji̯u	꜀dz‘i̯ɛŋ	꜂ji̯ə̆u	ɣən꜄	꜀ɣɑ	꜀ȵʑi̯ĕn	kɔk꜀
月	晓	风	清	欲	堕	时。
ŋji̯wɐt꜀	꜂xieu	꜀pji̯uŋ	꜀ts‘i̯ɛŋ	i̯wok꜀	꜂d‘uɑ	꜀ʑiː

柒　唐诗百首拟音所收字之声类及调类表

部　位	双唇音（旧名重唇音）					
清　浊	全　清		次　清		全　浊	
字母标音	帮$_{\text{博}}$ p	帮$_{\text{必}}$ pj	滂$_{\text{普}}$ p‘	滂$_{\text{披}}$ p‘j	並$_{\text{蒲}}$ b‘	並$_{\text{皮}}$ b‘j
平声	杯$_{4}$ 边$_{7}$ 奔$_{1}$ 班$_{1}$ 巴$_{1}$ 包$_{1}$ 波$_{1}$	分$_{9}$ 夫$_{5}$ 枫$_{2}$ 风$_{30}$ 扉$_{2}$ 封$_{1}$ 飞$_{10}$ 方$_{2}$ 兵$_{1}$ 鼙$_{1}$ 宾$_{2}$ 肤$_{1}$ 非$_{3}$ 翻$_{1}$ 悲$_{10}$ 芳$_{1}$ 滨$_{1}$ 烽$_{1}$	俜$_{1}$ 坡$_{1}$	飘$_{5}$ 偏$_{5}$ 漂$_{1}$ 妃$_{3}$ 纷$_{2}$	徘$_{2}$ 旁$_{2}$ 蓬$_{4}$ 排$_{1}$ 屏$_{2}$ 葡$_{1}$ 琶$_{1}$ 袍$_{1}$	平$_{9}$ 浮$_{3}$ 肥$_{2}$ 凭$_{2}$ 贫$_{1}$ 逢$_{7}$ 烦$_{1}$ 帆$_{4}$ 皮$_{1}$ 琵$_{1}$ 扶$_{3}$ 繁$_{1}$ 芙$_{4}$ 凫$_{1}$ 房$_{1}$ 缝$_{1}$
上声	补$_{1}$ 扁$_{3}$ 板$_{1}$ 把$_{1}$	府$_{1}$ 父$_{2}$ 甫$_{2}$ 粉$_{1}$ 表$_{1}$ 比$_{1}$	颇$_{1}$ 浦$_{1}$	抚$_{2}$ 缥$_{1}$	伴$_{3}$ 抱$_{1}$ 罢$_{1}$	妇$_{2}$ 辨$_{1}$ 腐$_{3}$ 奉$_{1}$
去声	背$_{1}$拜$_{2}$ 报$_{3}$ 布$_{1}$ 灞$_{2}$ 遍$_{1}$ 半$_{4}$	赋$_{2}$ 富$_{2}$ 柄$_{1}$ 放$_{2}$ 鬓$_{5}$	破$_{4}$ 片$_{1}$	赴$_{1}$	步$_{2}$ 珮$_{1}$	饭$_{2}$便$_{2}$ 翡$_{1}$ 避$_{1}$ 凤$_{4}$ 蔽$_{1}$ 病$_{3}$
入声	伯$_{1}$八$_{1}$ 卜$_{3}$ 百$_{8}$ 壁$_{1}$ 擘$_{1}$ 北$_{8}$	不$_{72}$ 腹$_{1}$ 笔$_{2}$ 必$_{1}$ 發$_{4}$ 髮$_{8}$ 碧$_{5}$	魄$_{2}$ 僻$_{1}$	拂$_{1}$	白$_{20}$ 仆$_{2}$ 拔$_{1}$ 薄$_{2}$ 箔$_{1}$ 泊$_{4}$	复$_{12}$ 别$_{15}$ 蝮$_{1}$ 服$_{2}$

（续表）

双唇音（旧名重唇音）		舌尖音（旧名齿头音）		
次　浊		全　清	次　清	全　浊
明$_{\text{莫}}$ m	明$_{\text{弥}}$ mj	精 ts	清 ts‘	从 dz‘
眠$_3$毛$_1$ 茫$_4$媒$_1$ 门$_8$蒙$_1$ 冥$_1$ 茅$_2$ 梅$_1$ 溟$_1$ 埋$_1$	无$_{38}$ 文$_7$ 明$_{20}$ 眸$_1$ 名$_3$ 眉$_4$ 闻$_{10}$ 嵋$_1$ 苗$_3$ 巫$_1$ 鸣$_4$ 泯$_1$ 微$_3$ 芜$_1$ 绵$_3$ 亡$_1$	将$_8$椒$_1$ 煎$_1$兹$_1$ 纵$_2$憎$_2$ 津$_3$滋$_2$ 精$_3$宗$_1$ 旌$_3$晶$_1$ 嵸$_1$遭$_1$ 姿$_1$	亲$_5$ 鸧$_1$ 餐$_1$ 青$_{22}$ 湫$_1$ 妻$_1$ 踆$_2$ 千$_{10}$ 猜$_1$ 清$_{10}$ 凄$_2$ 侵$_1$ 秋$_{23}$ 催$_4$ 崔$_1$ 狙$_1$ 苍$_1$ 匆$_2$ 皴$_1$ 村$_2$ 鹙$_1$ 粗$_1$	情$_{12}$ 从$_6$ 蚕$_2$ 才$_1$ 前$_{10}$ 曾$_4$ 齐$_5$ 墙$_2$ 泉$_4$ 樯$_2$ 残$_9$ 晴$_2$ 潜$_1$ 钱$_1$ 秦$_7$ 茨$_1$
母$_4$ 马$_{15}$ 满$_{14}$ 每$_2$	舞$_6$晚$_2$ 美$_1$武$_1$ 挽$_1$ 缈$_1$ 渺$_1$ 杪$_1$	酒$_7$ 紫$_4$ 姊$_2$ 总$_1$ 早$_4$ 藻$_1$ 子$_{18}$ 载$_2$ 走$_2$	此$_{20}$ 悄$_2$ 取$_2$ 采$_1$ 请$_1$ 彩$_1$ 浅$_2$ 草$_{10}$ 且$_3$	静$_2$践$_1$ 贱$_1$ 尽$_{20}$ 在$_{18}$ 坐$_4$ 渐$_1$
暮$_{10}$ 貌$_1$ 帽$_1$ 幔$_1$ 梦$_{15}$ 茂$_1$ 妹$_3$ 慢$_1$ 漫$_5$	未$_{13}$ 命$_3$忘$_2$ 汶$_1$ 媚$_1$ 问$_{12}$ 魅$_1$ 望$_{15}$ 雾$_2$ 万$_{19}$ 袂$_1$ 面$_4$ 味$_1$	醉$_3$晋$_1$ 借$_2$际$_1$ 再$_2$最$_2$ 走$_1$载$_1$ 奏$_1$ 纵$_1$	次$_3$ 蹭$_1$ 觑$_1$ 翠$_3$ 粲$_2$ 蔡$_1$	暂$_2$ 字$_5$ 自$_{12}$ 就$_1$ 赠$_1$ 净$_1$
邈$_1$殁$_1$脉$_2$ 莫$_9$觅$_2$ 没$_3$寞$_5$ 漠$_3$末$_2$ 麦$_1$汨$_1$ 木$_7$陌$_2$	牧$_2$ 勿$_1$ 物$_1$ 苜$_1$ 灭$_2$ 袜$_1$	即$_4$匝$_1$ 卒$_1$接$_2$ 足$_1$节$_1$ 雀$_1$ 作$_{11}$ 迹$_2$	窃$_1$ 七$_3$ 妾$_4$ 错$_1$	昨$_4$ 绝$_5$ 贼$_1$ 集$_2$ 寂$_5$ 籍$_1$

（续表）

舌尖音（旧名齿头音）		舌尖中音（旧名舌头音）			
全　清	全　浊	全　清	次　清	全　浊	次　浊
心 s	邪 z	端 t	透 t‘	定 d‘	泥 n
相$_{20}$ 思$_{13}$ 私$_{1}$ 三$_{18}$ 蓑$_{1}$ 潇$_{2}$ 须$_{3}$ 嘶$_{1}$ 湘$_{5}$ 桑$_{3}$ 栖$_{3}$ 襄$_{1}$ 心$_{18}$ 销$_{1}$ 醒$_{1}$ 新$_{7}$ 宵$_{2}$ 苏$_{1}$ 星$_{5}$ 仙$_{5}$ 纤$_{1}$ 萧$_{6}$ 丝$_{1}$ 先$_{1}$ 辛$_{2}$ 搔$_{1}$ 箫$_{1}$ 西$_{14}$ 厢$_{1}$ 嵩$_{1}$	随$_{6}$ 旋$_{2}$ 辞$_{3}$ 驯$_{1}$ 斜$_{4}$ 词$_{4}$ 寻$_{2}$ 涎$_{1}$	东$_{17}$ 添$_{1}$ 丁$_{1}$ 雕$_{1}$ 多$_{18}$ 冬$_{1}$ 登$_{4}$ 堆$_{1}$ 当$_{4}$ 刀$_{1}$ 都$_{3}$ 灯$_{5}$ 端$_{2}$ 凋$_{2}$	天$_{29}$ 听$_{5}$ 通$_{4}$ 挑$_{1}$ 推$_{1}$ 他$_{2}$ 汀$_{1}$ 汤$_{1}$ 偷	徒$_{1}$ 钿$_{5}$ 迢$_{6}$ 同$_{7}$ 桐$_{3}$ 潭$_{1}$ 田$_{5}$ 堂$_{2}$ 驼$_{1}$ 桃$_{7}$ 台$_{7}$ 提$_{1}$ 条$_{4}$ 图$_{2}$ 停$_{1}$ 头$_{10}$ 萄$_{1}$ 弹$_{2}$ 筒$_{1}$ 投$_{2}$ 苔$_{1}$ 童$_{2}$ 题$_{1}$ 亭$_{2}$ 庭$_{9}$ 啼$_{4}$ 塘$_{3}$	南$_{22}$ 年$_{30}$ 男$_{7}$ 难$_{6}$ 能$_{6}$ 农$_{2}$ 依$_{2}$ 泥$_{1}$
醒$_{2}$ 洗$_{2}$ 小$_{11}$ 扫$_{3}$ 写$_{1}$ 想$_{1}$ 选$_{2}$ 锁$_{2}$ 死$_{6}$ 藓$_{1}$ 散$_{2}$ 玺$_{1}$	橡$_{1}$ 似$_{4}$ 象$_{1}$	点$_{2}$ 顶$_{1}$ 短$_{3}$ 鸟$_{1}$ 鼎$_{1}$ 打$_{2}$ 等$_{1}$	土$_{2}$ 倘$_{1}$	堕$_{2}$ 杜$_{3}$ 道$_{14}$ 待$_{1}$ 挺$_{1}$ 荡$_{1}$ 弟$_{4}$ 动$_{4}$	乃$_{1}$ 暖$_{2}$ 袅$_{2}$
散$_{5}$ 信$_{2}$ 素$_{3}$ 塞$_{1}$ 送$_{10}$ 细$_{2}$ 笑$_{6}$ 绣$_{2}$ 线$_{2}$ 宋$_{1}$ 秀$_{1}$ 伺$_{1}$ 岁$_{2}$ 性$_{1}$ 四$_{5}$ 婿$_{1}$ 相$_{1}$ 赐$_{1}$	诵$_{1}$ 袖$_{2}$ 羡$_{2}$ 谢$_{3}$ 遂$_{2}$	对$_{3}$ 到$_{10}$ 帝$_{4}$ 断$_{9}$ 冻$_{1}$ 带$_{3}$ 旦$_{1}$ 店$_{1}$ 吊$_{3}$ 斗$_{1}$	跳$_{1}$ 太$_{2}$ 涕$_{1}$	地$_{18}$ 钿$_{1}$ 第$_{4}$ 睇$_{1}$ 蹬$_{1}$ 洞$_{4}$ 大$_{6}$ 递$_{2}$ 但$_{3}$ 代$_{2}$ 定$_{3}$ 棹$_{1}$ 度$_{3}$ 峒$_{1}$ 黛$_{1}$ 调$_{1}$ 电$_{1}$ 渡$_{1}$ 殿$_{5}$	念$_{2}$ 怒$_{1}$ 奈$_{1}$ 内$_{3}$ 那$_{1}$
昔$_{8}$ 索$_{2}$ 雪$_{3}$ 蓿$_{1}$ 飒$_{2}$ 宿$_{3}$ 速$_{1}$	夕$_{6}$ 俗$_{1}$ 续$_{1}$	得$_{12}$	帖$_{1}$ 托$_{2}$ 铁$_{1}$	独$_{10}$ 蝶$_{1}$ 读$_{1}$ 堞$_{1}$ 敌$_{1}$ 达$_{3}$ 铎$_{1}$	

（续表）

舌尖中音(旧名舌头音)			舌尖后音(旧名正齿音)			
次　浊			全　清	次　清	全　浊	全　清
娘 nj	来$_{卢}$ l	来$_{力}$ lj	照$_{庄}$ tʂ	穿$_{初}$ tʂʻ	床$_{崇}$ dʐ	审$_{生}$ ʂ
咛$_1$ 秾$_1$	零$_2$ 铃$_2$ 辽$_1$ 楼$_5$ 玲$_3$ 笼$_3$ 怜$_8$ 珑$_3$ 莲$_1$ 伶$_1$ 阑$_2$ 寮$_1$ 论$_2$ 来$_{27}$ 罗$_4$ 郎$_5$ 寥$_2$ 灵$_3$ 兰$_3$ 莱$_2$ 劳$_4$ 骊$_1$ 栏$_1$	流$_{21}$ 泷$_1$ 闾$_1$ 粮$_1$ 留$_5$ 庐$_2$ 邻$_2$ 良$_2$ 霖$_1$ 沦$_2$ 龙$_6$ 驴$_1$ 林$_2$ 鳞$_1$ 梁$_2$ 离$_{10}$ 梨$_2$ 陵$_6$ 临$_6$ 连$_6$ 凉$_4$ 鹂$_1$ 帘$_3$	妆$_2$ 争$_1$	参$_2$ 差$_3$ 初$_4$ 钗$_3$ 窗$_2$	锄$_1$ 愁$_{17}$ 馋$_2$ 雏$_1$	双$_6$ 山$_{33}$ 师$_2$ 生$_{28}$ 衫$_1$ 霜$_3$ 沙$_4$ 笙$_1$ 衰$_2$ 梳$_1$
女$_9$	鲁$_1$ 冷$_3$ 老$_4$ 揽$_1$	垒$_2$ 垄$_1$ 岭$_1$ 李$_4$ 裏$_6$ 鲤$_1$ 旅$_3$ 柳$_5$ 里$_{17}$ 两$_8$ 陇$_5$ 逦$_1$ 俚$_1$ 理$_2$	斩$_1$	楚$_8$	士$_5$ 栈$_1$	所$_5$ 使$_4$ 省$_2$ 洒$_1$
	乱$_9$ 缆$_1$ 料$_2$ 赖$_1$ 练$_1$ 烂$_1$ 路$_{12}$ 弄$_1$ 浪$_2$ 丽$_2$ 漏$_1$ 露$_3$ 鹭$_1$	泪$_{14}$ 吏$_4$ 令$_5$ 粝$_1$ 荔$_1$	壮$_2$		事$_9$	瘦$_2$ 数$_2$
	乐$_1$ 落$_{26}$ 洛$_5$ 腊$_1$ 历$_1$	绿$_7$ 力$_1$ 裂$_1$ 列$_1$ 立$_2$ 栗$_1$ 六$_3$	侧$_2$			色$_6$ 瑟$_1$ 朔$_1$

（续表）

舌面塞音（旧名舌上音）			舌面音（旧名正齿音）			
全　清	次　清	全　浊	全　清	次　清	全　浊	全　清
知 ȶ	彻 ȶʻ	澄 ȡʻ	照$_{章}$ tɕ	穿$_{昌}$ tɕʻ	床$_{船}$ dʑʻ	审$_{书}$ ɕ
株$_{1}$ 中$_{20}$ 朝$_{10}$ 徵$_{1}$ 知$_{14}$ 嘲$_{1}$ 沾$_{2}$ 追$_{1}$ 珍$_{1}$ 贞$_{1}$ 张$_{1}$	抽$_{1}$ 惆$_{1}$ 痴$_{1}$ 魑$_{1}$	肠$_{7}$潮$_{3}$ 陈$_{2}$场$_{1}$ 尘$_{8}$传$_{4}$ 长$_{4}$程$_{1}$ 童$_{1}$驰$_{1}$ 重$_{6}$幢$_{2}$ 迟$_{7}$沉$_{1}$ 朝$_{2}$ 池$_{3}$ 踌$_{1}$ 躇$_{1}$ 厨$_{2}$	枝$_{10}$ 珠$_{2}$ 之$_{8}$ 昭$_{1}$ 终$_{6}$ 漳$_{1}$ 州$_{3}$ 征$_{3}$ 真$_{3}$ 支$_{1}$ 章$_{4}$ 洲$_{2}$ 舟$_{10}$ 车$_{2}$ 钟$_{3}$ 占$_{1}$ 诸$_{1}$ 芝$_{1}$ 招$_{1}$ 周$_{1}$ 脂$_{1}$ 鹧$_{1}$ 专$_{1}$	春$_{30}$ 吹$_{6}$ 川$_{1}$ 充$_{1}$ 嗤$_{1}$ 穿$_{2}$	神$_{2}$ 塍$_{1}$ 蛇$_{1}$ 晨$_{1}$ 船$_{3}$	身$_{10}$ 声$_{6}$ 收$_{3}$ 书$_{13}$ 诗$_{7}$ 伸$_{1}$ 伤$_{6}$ 呻$_{1}$ 深$_{8}$ 升$_{1}$ 商$_{2}$ 胜$_{2}$
辗$_{1}$ 转$_{5}$ 长$_{4}$ 冢$_{1}$	宠$_{2}$	丈$_{3}$ 纻$_{1}$ 杖$_{1}$ 雉$_{2}$ 重$_{7}$ 柱$_{1}$	主$_{7}$ 指$_{2}$ 只$_{1}$ 纸$_{2}$ 者$_{3}$ 止$_{1}$ 枕$_{1}$ 枳$_{1}$			守$_{1}$ 暑$_{1}$ 水$_{38}$ 鼠$_{1}$ 首$_{2}$ 手$_{4}$ 始$_{2}$ 少$_{4}$
致$_{4}$ 置$_{1}$ 昼$_{3}$ 帐$_{2}$ 驻$_{1}$	怅$_{3}$ 趁$_{1}$	住$_{4}$ 棹$_{1}$	种$_{2}$瘴$_{1}$ 照$_{1}$ 至$_{1}$ 正$_{6}$ 整$_{2}$ 震$_{1}$	处$_{22}$ 唱$_{4}$ 称$_{1}$	顺$_{1}$ 射$_{1}$ 乘$_{2}$	试$_{1}$圣$_{1}$ 少$_{3}$扇$_{1}$ 舜$_{1}$ 翅$_{1}$ 戍$_{2}$ 世$_{5}$
竹$_{3}$ 啄$_{1}$ 谪$_{3}$		蛰$_{1}$ 泽$_{2}$ 逐$_{3}$ 帙$_{1}$ 宅$_{3}$ 直$_{1}$	酌$_{1}$ 折$_{2}$ 炙$_{1}$ 质$_{1}$ 烛$_{2}$ 织$_{1}$	出$_{4}$ 赤$_{1}$ 绰$_{1}$ 尺$_{1}$	食$_{3}$ 舌$_{1}$	失$_{1}$ 识$_{8}$ 适$_{1}$ 式$_{1}$ 湿$_{2}$ 说$_{3}$

（续表）

舌面音(旧名正齿音)		舌根音(旧名牙音)			
次　浊	次　浊	全　清		次　清	
禅 ʑ	日 ȵʑ	见$_{古}$ k	见$_{居}$ kj	溪$_{苦}$ k‘	溪$_{丘}$ k‘j
成$_{10}$单$_{1}$ 时$_{30}$尝$_{1}$ 谁$_{10}$ 城$_{17}$ 垂$_{7}$ 常$_{5}$ 臣$_{4}$ 淳$_{1}$ 承$_{2}$ 裳$_{4}$ 诚$_{1}$ 蝉$_{1}$	人$_{55}$ 然$_{4}$ 如$_{16}$ 儿$_{7}$ 儒$_{5}$ 仍$_{1}$	间$_{7}$ 甘$_{1}$ 皆$_{6}$ 姑$_{2}$ 歌$_{27}$ 孤$_{10}$ 阶$_{4}$ 机$_{1}$ 交$_{1}$ 冈$_{1}$ 经$_{7}$ 勾$_{1}$ 家$_{15}$ 光$_{5}$ 扃$_{1}$ 鸪$_{1}$ 江$_{29}$ 高$_{9}$ 冠$_{3}$ 菰$_{1}$ 肩$_{1}$ 鸡$_{4}$ 钩$_{2}$ 肝$_{1}$ 耕$_{2}$ 干$_{4}$ 官$_{2}$ 过$_{3}$ 坚$_{1}$ 工$_{1}$ 驾$_{1}$ 关$_{5}$ 观$_{1}$ 闺$_{1}$ 更$_{3}$ 佳$_{4}$ 蛟$_{2}$ 鹃$_{1}$ 公$_{4}$ 官$_{2}$ 羹$_{1}$	龟$_{1}$ 饥$_{1}$ 归$_{26}$ 宫$_{14}$ 今$_{15}$ 金$_{12}$ 娇$_{3}$ 军$_{4}$ 京$_{4}$ 君$_{24}$ 荆$_{2}$ 惊$_{7}$ 居$_{3}$ 俱$_{4}$ 樛$_{1}$	枯$_{3}$ 轲$_{1}$ 溪$_{5}$ 空$_{9}$ 开$_{10}$ 堪$_{1}$ 牵$_{1}$ 箜$_{1}$	轻$_{2}$ 墟$_{3}$ 丘$_{3}$ 卿$_{1}$ 倾$_{1}$ 衾$_{1}$ 欺$_{1}$
甚$_{1}$ 是$_{19}$ 视$_{2}$	汝$_{3}$ 忍$_{3}$ 耳$_{1}$ 绕$_{2}$	解$_{3}$ 股$_{1}$ 感$_{3}$ 广$_{2}$ 古$_{11}$ 裹$_{1}$ 敢$_{5}$ 贾$_{1}$ 鼓$_{3}$ 皎$_{1}$ 耿$_{2}$ 减$_{1}$	举$_{5}$锦$_{4}$ 己$_{1}$卷$_{1}$ 几$_{4}$纪$_{1}$ 九$_{6}$景$_{2}$ 久$_{3}$ 鬼$_{1}$	叩$_{2}$ 犬$_{1}$ 可$_{8}$ 苦$_{3}$ 口$_{1}$ 巧$_{2}$	岂$_{7}$ 顷$_{1}$ 起$_{11}$ 绮$_{2}$ 遣$_{3}$ 恐$_{2}$
树$_{11}$ 侍$_{3}$ 誓$_{1}$ 曙$_{1}$ 尚$_{3}$ 睡$_{2}$ 上$_{8}$ 甚$_{3}$ 盛$_{1}$	二$_{6}$	见$_{27}$ 顾$_{1}$ 蓟$_{1}$ 更$_{6}$ 监$_{1}$ 嫁$_{1}$ 故$_{16}$ 教$_{6}$ 贡$_{1}$ 馆$_{2}$ 计$_{3}$ 过$_{3}$ 怪$_{1}$ 降$_{1}$	既$_{1}$剑$_{4}$厩$_{1}$ 寄$_{4}$记$_{2}$供$_{2}$ 卷$_{1}$贵$_{1}$ 建$_{1}$救$_{1}$ 竟$_{5}$禁$_{1}$ 句$_{1}$镜$_{1}$	袴$_{1}$ 看$_{9}$	愧$_{1}$ 去$_{23}$ 弃$_{1}$ 气$_{3}$
十$_{6}$ 拾$_{1}$ 蜀$_{2}$ 属$_{1}$ 石$_{1}$	日$_{40}$ 入$_{14}$ 肉$_{1}$ 若$_{2}$ 箬$_{1}$	各$_{3}$ 阁$_{3}$ 格$_{1}$ 结$_{1}$ 觉$_{3}$ 隔$_{1}$ 骨$_{3}$ 郭$_{1}$ 国$_{14}$ 夹$_{1}$ 谷$_{2}$ 角$_{1}$	脚$_{1}$ 急$_{2}$ 给$_{1}$ 羯$_{1}$	客$_{20}$ 哭$_{1}$ 阔$_{1}$ 怯$_{1}$	泣$_{1}$ 却$_{5}$ 阙$_{3}$ 曲$_{9}$

（续表）

牙　音			小舌音(旧名浅喉音)		
全　浊	次　浊		全　清		全　浊
群 g‘j	疑$_{\text{五}}$ ŋ	疑$_{\text{牛}}$ ŋj	晓$_{\text{呼}}$ x	晓$_{\text{许}}$ xj	匣 ɣ
期$_{3}$ 旗$_{3}$ 禽$_{3}$ 翘$_{1}$ 其$_{2}$ 邛$_{2}$ 求$_{5}$ 勤$_{2}$ 骑$_{4}$ 桥$_{5}$ 祇$_{2}$ 狂$_{1}$ 裙$_{1}$ 棋$_{1}$ 穷$_{4}$ 瞿$_{1}$ 歧$_{1}$ 群$_{1}$	吴$_{5}$娥$_{3}$ 尧$_{1}$涯$_{2}$ 峨$_{2}$危$_{1}$ 鹅$_{2}$吾$_{2}$ 颜$_{6}$宜$_{2}$ 霓$_{2}$牙$_{1}$ 蛾$_{2}$疑$_{1}$ 嵬$_{1}$岩$_{1}$ 梧$_{1}$	原$_{2}$涯$_{1}$ 言$_{3}$元$_{1}$ 牛$_{1}$ 吟$_{2}$ 虞$_{1}$ 凝$_{3}$ 渔$_{2}$ 银$_{3}$ 鱼$_{1}$	花$_{32}$ 辉$_{1}$ 欢$_{2}$ 呼$_{8}$ 稀$_{2}$ 蒿$_{1}$ 荒$_{2}$ 挥$_{1}$ 晖$_{1}$ 昏$_{1}$	喧$_{1}$香$_{3}$ 兄$_{2}$徽$_{1}$ 乡$_{12}$ 休$_{4}$ 虚$_{2}$	壶$_{1}$ 回$_{15}$ 篌$_{1}$ 萤$_{2}$ 凰$_{3}$ 行$_{27}$ 玄$_{1}$ 兮$_{8}$ 河$_{7}$ 嫌$_{1}$ 徊$_{2}$ 怀$_{4}$ 胡$_{4}$ 鸿$_{2}$ 环$_{1}$ 何$_{21}$ 黄$_{13}$ 淮$_{5}$ 含$_{1}$ 霞$_{1}$ 横$_{3}$ 还$_{10}$ 狐$_{2}$ 寰$_{1}$ 弦$_{1}$ 壕$_{1}$ 荷$_{2}$ 魂$_{6}$ 遑$_{2}$ 蝴$_{1}$ 闲$_{6}$ 皇$_{3}$ 湖$_{5}$ 纨$_{1}$ 酣$_{1}$ 和$_{5}$ 悬$_{1}$ 华$_{7}$ 寒$_{13}$ 红$_{4}$ 侯$_{1}$
近$_{3}$ 妓$_{1}$ 俭$_{1}$	我$_{24}$ 五$_{8}$ 眼$_{6}$ 雅$_{1}$	拟$_{2}$ 语$_{10}$ 仰$_{1}$	海$_{6}$悔$_{1}$ 火$_{4}$ 晓$_{3}$ 好$_{2}$	喜$_{4}$ 响$_{1}$ 许$_{1}$	後$_{5}$ 胫$_{1}$ 下$_{23}$ 户$_{1}$ 厚$_{1}$ 缓$_{1}$ 浩$_{3}$
旧$_{14}$ 忌$_{1}$ 具$_{1}$ 近$_{2}$ 共$_{7}$ 惧$_{1}$ 飓$_{1}$ 郡$_{1}$	饿$_{1}$ 误$_{2}$ 雁$_{7}$ 外$_{9}$ 卧$_{1}$ 岸$_{4}$	愿$_{3}$ 御$_{3}$ 驭$_{2}$	汉$_{5}$	向$_{15}$ 况$_{2}$ 宪$_{1}$ 兴$_{4}$	县$_{1}$会$_{2}$ 翰$_{1}$恨$_{7}$ 效$_{1}$宦$_{1}$ 巷$_{1}$后$_{2}$ 候$_{1}$画$_{2}$ 话$_{1}$ 暇$_{1}$
及$_{2}$ 掘$_{1}$ 极$_{1}$	乐$_{1}$ 萼$_{2}$	月$_{36}$ 玉$_{12}$	血$_{2}$ 壑$_{2}$ 忽$_{2}$	欻$_{1}$	滑$_{1}$阖$_{1}$ 盒$_{3}$或$_{1}$ 槲$_{1}$ 合$_{3}$ 峡$_{1}$ 鹄$_{1}$

（续表）

喉音		
全清	次浊	
影ʔ	喻$_{以}$ o	喻$_{云}$ j
邀$_1$ 鸥$_2$ 埃$_1$ 淹$_1$ 阴$_3$ 衣$_{15}$ 央$_1$ 盐$_1$ 烟$_8$ 嘤$_1$ 阿$_1$ 鸦$_1$ 忧$_3$ 音$_4$ 鸳$_1$ 鹓$_1$ 因$_2$ 乌$_1$ 鸯$_1$ 莺$_1$ 安$_{15}$ 呜$_8$ 殷$_2$ 谙$_1$ 依$_4$ 哀$_2$ 冤$_1$ 湾$_1$ 邕$_1$ 温$_1$ 伊$_1$ 於$_2$ 恩$_5$ 幽$_2$	游$_{12}$ 摇$_5$ 庾$_1$ 阳$_{14}$ 客 容$_4$ 犹$_5$ 余$_1$ 惟$_3$ 瑶$_1$ 萦$_1$ 缘$_1$ 营$_2$ 遗$_1$ 唯$_2$ 移$_1$ 羊$_1$ 蓉$_4$ 悠$_6$ 筵$_1$ 杨$_3$ 沿$_2$	雲$_{22}$ 围$_3$ 王$_{16}$ 圆$_1$ 雄$_2$ 于$_1$ 焉$_1$ 云$_2$ 为$_4$ 猿$_2$ 纡$_1$ 园$_8$
影$_8$猥$_1$委$_1$ 饮$_1$掩$_3$苑$_2$ 倚$_4$杳$_2$稳$_1$ 隐$_3$宛$_1$	已$_{11}$ 野$_3$ 与$_{10}$ 迤$_1$ 以$_5$ 琰$_1$ 养$_2$ 焰$_1$	永$_2$ 雨$_{16}$ 矣$_1$ 远$_9$ 宇$_1$ 藟$_1$ 有$_{24}$ 羽$_3$ 往$_3$ 友$_1$
意$_9$应$_6$ 要$_1$宴$_3$ 怏$_2$爱$_3$ 燕$_1$ 怨$_3$ 幼$_1$ 暗$_4$	夜$_{31}$ 射$_1$ 异$_3$ 艳$_1$	谓$_1$ 渭$_1$ 卫$_1$ 用$_2$ 又$_9$ 为$_8$ 院$_1$
一$_{33}$ 咽$_1$ 屋$_1$ 约$_1$ 忆$_3$ 压$_2$	叶$_{11}$ 翼$_2$ 亦$_4$ 驿$_1$ 役$_1$ 译$_1$ 欲$_{14}$ 液$_1$ 逸$_2$ 药$_2$ 浴$_1$ 弈$_1$	域$_1$ 越$_1$

捌　唐诗百首拟音所收字之韵类表

<table>
<tr><td colspan="4" rowspan="2">声调
韵母</td><td colspan="6">舒</td></tr>
<tr><td colspan="3">平</td><td colspan="3">上</td></tr>
<tr><td>摄</td><td>呼</td><td>等</td><td>韵母标音</td><td colspan="2">韵</td><td></td><td colspan="2">韵</td><td></td></tr>
<tr><td rowspan="4">通</td><td rowspan="4">合</td><td>一</td><td>uŋ</td><td rowspan="2">一东</td><td>红</td><td>东$_{17}$空$_{9}$同$_{7}$通$_{4}$篷$_{4}$公$_{4}$红$_{4}$童$_{3}$笼$_{3}$桐$_{3}$珑$_{3}$鸿$_{2}$匆$_{2}$筒$_{1}$泷$_{1}$炭$_{1}$工$_{1}$箜$_{1}$蒙$_{1}$</td><td colspan="2">一董</td><td>动$_{4}$总$_{1}$</td></tr>
<tr><td>三</td><td>i̯uŋ</td><td>融</td><td>风$_{30}$中$_{20}$宫$_{14}$终$_{6}$穷$_{4}$雄$_{2}$枫$_{2}$充$_{1}$嵩$_{1}$</td><td colspan="2"></td><td></td></tr>
<tr><td>一</td><td>uoŋ</td><td colspan="2">二冬</td><td>农$_{2}$侬$_{2}$冬$_{1}$宗$_{1}$</td><td rowspan="2">二肿</td><td>湩</td><td></td></tr>
<tr><td>三</td><td>i̯woŋ</td><td colspan="2">三钟</td><td>逢$_{7}$重$_{6}$龙$_{6}$从$_{6}$容$_{4}$蓉$_{4}$钟$_{3}$纵$_{2}$邕$_{1}$秾$_{1}$缝$_{1}$烽$_{1}$封$_{1}$邛$_{1}$</td><td>勇</td><td>重$_{7}$陇$_{5}$宠$_{2}$奉$_{1}$冢$_{1}$垄$_{1}$恐$_{1}$</td></tr>
<tr><td>宕(江)</td><td>开</td><td>二</td><td>ɔŋ</td><td colspan="2">四江</td><td>江$_{29}$双$_{6}$幢$_{2}$窗$_{2}$</td><td colspan="2">三讲</td><td></td></tr>
<tr><td rowspan="2"></td><td>开</td><td rowspan="2">三</td><td>iě</td><td rowspan="2">五支</td><td>移</td><td>知$_{14}$枝$_{10}$离$_{10}$儿$_{7}$骑$_{4}$差$_{3}$池$_{3}$祇$_{2}$支$_{2}$宜$_{2}$皮$_{1}$鞶$_{1}$魑$_{1}$驰$_{1}$涯$_{1}$移$_{1}$鹂$_{1}$歧$_{1}$</td><td rowspan="2">四纸</td><td>氏</td><td>此$_{20}$是$_{19}$紫$_{4}$倚$_{4}$纸$_{2}$绮$_{2}$迤$_{1}$枳$_{1}$妓$_{1}$逦$_{1}$玺$_{1}$只$_{1}$</td></tr>
<tr><td>合</td><td>wiě</td><td>为</td><td>垂$_{7}$随$_{6}$吹$_{6}$为$_{4}$苑$_{1}$危$_{1}$</td><td>委</td><td>委$_{1}$</td></tr>
</table>

<table>
<tr><td colspan="3">声</td><td colspan="4">促　声</td></tr>
<tr><td colspan="3">去</td><td colspan="4">入</td></tr>
<tr><td colspan="2">韵</td><td></td><td colspan="2">韵</td><td>韵母
标音</td><td></td></tr>
<tr><td rowspan="2">一送</td><td>贡</td><td>梦$_{15}$送$_{10}$凤$_{4}$洞$_{4}$弄$_{1}$峒$_{1}$冻$_{1}$贡$_{1}$</td><td rowspan="2">一屋</td><td>谷</td><td>uk</td><td>独$_{10}$木$_{7}$卜$_{3}$谷$_{2}$哭$_{1}$读$_{1}$速$_{1}$屋$_{1}$槲$_{1}$</td></tr>
<tr><td>仲</td><td></td><td>六</td><td>i̯uk</td><td>复$_{12}$竹$_{3}$六$_{3}$宿$_{3}$逐$_{3}$服$_{2}$牧$_{2}$肉$_{1}$蝮$_{1}$苜$_{1}$蓿$_{1}$腹$_{1}$</td></tr>
<tr><td colspan="2">二宋</td><td>宋$_{1}$</td><td colspan="2">二沃</td><td>uok</td><td>仆$_{2}$鹄$_{1}$</td></tr>
<tr><td colspan="2">三用</td><td>共$_{7}$种$_{2}$供$_{2}$用$_{2}$纵$_{1}$诵$_{1}$</td><td colspan="2">三烛</td><td>i̯wok</td><td>欲$_{14}$玉$_{12}$曲$_{9}$绿$_{7}$烛$_{2}$蜀$_{2}$俗$_{1}$粟$_{1}$浴$_{1}$属$_{1}$续$_{1}$足$_{1}$</td></tr>
<tr><td colspan="2">四绛</td><td>降$_{1}$巷$_{1}$</td><td colspan="2">四觉</td><td>ɔk</td><td>觉$_{3}$邈$_{1}$乐$_{1}$朔$_{1}$角$_{1}$啄$_{1}$</td></tr>
<tr><td rowspan="2">五寘</td><td>义</td><td>寄$_{4}$翅$_{1}$赐$_{1}$避$_{1}$荔$_{1}$</td><td colspan="2" rowspan="2"></td><td rowspan="2"></td><td rowspan="2"></td></tr>
<tr><td>伪</td><td>为$_{8}$睡$_{2}$</td></tr>
</table>

<table>
<tr><td colspan="4" rowspan="2">声调
韵母</td><td colspan="6">舒</td></tr>
<tr><td colspan="3">平</td><td colspan="3">上</td></tr>
<tr><td>摄</td><td>呼</td><td>等</td><td>韵母音标</td><td colspan="2">韵</td><td></td><td colspan="2">韵</td><td></td></tr>
<tr><td rowspan="5">止</td><td>开</td><td rowspan="5">三</td><td>i</td><td rowspan="2">六脂</td><td>夷</td><td>迟$_{7}$师$_{2}$梨$_{2}$姿$_{1}$脂$_{1}$私$_{1}$伊$_{1}$琵$_{1}$茨$_{1}$</td><td rowspan="2">五旨</td><td>履</td><td>死$_{6}$姊$_{2}$雉$_{2}$指$_{1}$比$_{1}$</td></tr>
<tr><td>合</td><td>wi</td><td>追</td><td>谁$_{10}$悲$_{10}$眉$_{4}$惟$_{3}$唯$_{2}$衰$_{2}$龟$_{1}$嵋$_{1}$追$_{1}$遗$_{1}$</td><td>乾</td><td>水$_{38}$垒$_{2}$美$_{1}$</td></tr>
<tr><td>开</td><td>iː</td><td colspan="2">七之</td><td>时$_{30}$思$_{13}$之$_{8}$诗$_{7}$词$_{4}$期$_{3}$辞$_{3}$旗$_{3}$其$_{2}$滋$_{2}$嗤$_{1}$痴$_{1}$丝$_{1}$兹$_{1}$棋$_{1}$疑$_{1}$芝$_{1}$欺$_{1}$</td><td colspan="2">六止</td><td>子$_{18}$里$_{17}$起$_{11}$已$_{11}$裏$_{6}$士$_{5}$以$_{5}$李$_{4}$喜$_{4}$使$_{4}$似$_{4}$拟$_{2}$始$_{2}$理$_{2}$己$_{1}$耳$_{1}$止$_{1}$纪$_{1}$鲤$_{1}$矣$_{1}$俚$_{1}$</td></tr>
<tr><td>开</td><td>ěi</td><td rowspan="2">八微</td><td>衣</td><td>衣$_{15}$依$_{4}$稀$_{2}$机$_{1}$</td><td rowspan="2">七尾</td><td>岂</td><td>岂$_{7}$几$_{4}$</td></tr>
<tr><td>合</td><td>wěi</td><td>归</td><td>归$_{26}$飞$_{10}$非$_{3}$微$_{3}$围$_{3}$妃$_{3}$扉$_{2}$肥$_{2}$挥$_{1}$晖$_{1}$辉$_{1}$徽$_{1}$</td><td>鬼</td><td>鬼$_{1}$</td></tr>
<tr><td rowspan="2">遇</td><td rowspan="2">合</td><td rowspan="2">三</td><td>i̯wo</td><td colspan="2">九鱼</td><td>如$_{16}$书$_{13}$初$_{4}$墟$_{3}$居$_{3}$於$_{2}$渔$_{2}$虚$_{2}$庐$_{2}$驴$_{1}$锄$_{1}$狙$_{1}$诸$_{1}$馀$_{1}$躇$_{1}$鱼$_{1}$闾$_{1}$梳$_{1}$</td><td colspan="2">八语</td><td>与$_{10}$语$_{10}$女$_{9}$楚$_{8}$所$_{5}$举$_{5}$所$_{5}$汝$_{3}$旅$_{3}$纻$_{1}$暑$_{1}$许$_{1}$鼠$_{1}$父$_{1}$</td></tr>
<tr><td>i̯u</td><td colspan="2">十虞</td><td>无$_{38}$夫$_{5}$芙$_{4}$俱$_{4}$扶$_{3}$须$_{3}$厨$_{2}$珠$_{2}$儒$_{1}$株$_{1}$雏$_{1}$虞$_{1}$纡$_{1}$肤$_{1}$雏$_{1}$凫$_{1}$巫$_{1}$瞿$_{1}$庾$_{1}$殊$_{1}$于$_{1}$</td><td colspan="2">九麌</td><td>雨$_{16}$主$_{7}$舞$_{6}$母$_{4}$腐$_{3}$羽$_{3}$抚$_{2}$甫$_{2}$父$_{2}$府$_{1}$武$_{1}$柱$_{1}$宇$_{1}$</td></tr>
</table>

（续表）

声				促声	
去				入	
	韵			韵	韵母标音
六至	利	地$_{18}$自$_{12}$二$_{6}$四$_{5}$致$_{4}$次$_{3}$弃$_{2}$视$_{2}$至$_{2}$			
	位	泪$_{14}$翠$_{3}$醉$_{3}$遂$_{2}$愧$_{1}$媚$_{1}$魅$_{1}$			
七志		意$_{9}$事$_{9}$字$_{5}$吏$_{4}$侍$_{3}$异$_{3}$记$_{2}$试$_{1}$置$_{1}$伺$_{1}$忌$_{1}$			
八未	既	气$_{3}$既$_{1}$			
	贵	未$_{13}$味$_{1}$谓$_{1}$渭$_{1}$贵$_{1}$翡$_{1}$			
九御		去$_{23}$处$_{22}$御$_{3}$驭$_{2}$觑$_{1}$曙$_{1}$			
十遇		树$_{11}$住$_{4}$赋$_{2}$数$_{2}$雾$_{2}$戍$_{2}$具$_{1}$句$_{1}$惧$_{1}$驻$_{1}$赴$_{1}$飓$_{1}$			

韵母＼声调				舒					
				平			上		
摄	呼	等	韵母标音	韵			韵		
遇	合	一	uo	十一模		孤$_{10}$呜$_{8}$呼$_{8}$湖$_{5}$吴$_{5}$胡$_{4}$都$_{3}$枯$_{3}$狐$_{2}$图$_{2}$吾$_{2}$姑$_{2}$壶$_{1}$乌$_{1}$梧$_{1}$葡$_{1}$粗$_{1}$蝴$_{1}$苏$_{1}$鸪$_{1}$菰$_{1}$徒$_{1}$	十姥		古$_{11}$五$_{8}$苦$_{3}$鼓$_{16}$杜$_{3}$土$_{2}$补$_{1}$股$_{1}$浦$_{1}$户$_{1}$鲁$_{1}$
蟹	开	四	iei	十二齐	鸡	西$_{14}$兮$_{8}$齐$_{5}$溪$_{5}$鸡$_{4}$啼$_{4}$栖$_{3}$霓$_{2}$凄$_{2}$嘶$_{1}$骊$_{1}$泥$_{1}$饥$_{1}$题$_{1}$妻$_{1}$提$_{1}$	十一荠		岂$_{7}$弟$_{4}$洗$_{2}$
	合		iwei		圭	闺$_{1}$			
	开	三	i̯ɛi						
	合		i̯wɛi						
	开	一	ɑi						
	合		uɑi						
	开	二	ai	十三佳	街	佳$_{4}$钗$_{4}$涯$_{2}$	十二蟹	解	解$_{3}$罢$_{1}$
	合		wai		蛙			拐	
	开		ại	十四皆	谐	皆$_{6}$阶$_{4}$排$_{1}$埋$_{1}$	十三骇		
	合		wại		怀	淮$_{5}$怀$_{4}$			

（续表）

声			促　声		
去			入		
韵			韵	韵母标音	
十一暮		故16 路12 暮10 素3 度3 露3 误2 步2 布1 怒1 顾1 鹭1 渡1			
十二霁	计	第4 帝4 计3 细2 丽2 递2 睇1 蓟1 涕1 婿1			
	桂				
十三祭	例	世5 誓1 蔽1 粝1 袂1 际1 厲1			
	岁	岁2 卫1			
十四泰	盖	大6 带3 太2 奈1 赖1 蔡1			
	外	外9 会2 最2			
十五卦	懈				
	卦	画2			
十六怪	介	拜2			
	坏	怪1			

<table>
<tr><th colspan="4" rowspan="2">声调 / 韵母</th><th colspan="6">舒</th></tr>
<tr><th colspan="3">平</th><th colspan="3">上</th></tr>
<tr><th>摄</th><th>呼</th><th>等</th><th>韵母标音</th><th colspan="2">韵</th><th></th><th colspan="2">韵</th><th></th></tr>
<tr><td rowspan="6">蟹</td><td>开</td><td rowspan="2">二</td><td>ai</td><td colspan="2"></td><td></td><td colspan="2"></td><td></td></tr>
<tr><td>合</td><td>uai</td><td colspan="2"></td><td></td><td colspan="2"></td><td></td></tr>
<tr><td>合</td><td rowspan="2">一</td><td>uɑ̣i</td><td colspan="2">十五灰</td><td>回$_{15}$杯$_{4}$催$_{4}$迴$_{3}$徘$_{2}$徊$_{2}$猥$_{1}$嵬$_{1}$推$_{1}$崔$_{1}$堆$_{1}$媒$_{1}$梅$_{1}$</td><td colspan="2">十四贿</td><td>每$_{2}$悔$_{1}$</td></tr>
<tr><td>开</td><td>ɑ̣i</td><td colspan="2">十六咍</td><td>来$_{27}$开$_{10}$台$_{7}$莱$_{2}$哀$_{2}$埃$_{1}$猜$_{1}$苔$_{1}$才$_{1}$</td><td colspan="2">十五海</td><td>在$_{18}$海$_{6}$载$_{2}$乃$_{1}$待$_{1}$采$_{1}$彩$_{1}$</td></tr>
<tr><td>开</td><td rowspan="2">三</td><td>i̯ɐi</td><td colspan="2"></td><td></td><td colspan="2"></td><td></td></tr>
<tr><td>合</td><td>i̯wɐi</td><td colspan="2"></td><td></td><td colspan="2"></td><td></td></tr>
<tr><td rowspan="6">臻</td><td>开</td><td rowspan="3">三</td><td>i̯ěn</td><td rowspan="2">十七真</td><td rowspan="2">邻</td><td>人$_{55}$身$_{10}$新$_{10}$尘$_{8}$秦$_{7}$亲$_{5}$臣$_{4}$津$_{3}$真$_{3}$银$_{3}$陈$_{2}$宾$_{2}$邻$_{2}$神$_{2}$因$_{2}$伸$_{1}$鳞$_{1}$贫$_{1}$滨$_{1}$呻$_{1}$晨$_{1}$泯$_{1}$珍$_{1}$</td><td rowspan="2">十六轸</td><td rowspan="2">忍</td><td>尽$_{20}$忍$_{3}$</td></tr>
<tr><td>合</td><td>i̯wěn</td><td></td><td></td></tr>
<tr><td>合</td><td>i̯uěn</td><td colspan="2">十八谆</td><td>春$_{30}$沦$_{2}$踆$_{2}$淳$_{1}$驯$_{1}$皴$_{1}$</td><td colspan="2">十七准</td><td></td></tr>
<tr><td>开</td><td>二</td><td>i̯ěn</td><td colspan="2">十九臻</td><td>辛$_{2}$</td><td colspan="2"></td><td></td></tr>
<tr><td>合</td><td>三</td><td>i̯uən</td><td colspan="2">二十文</td><td>君$_{24}$雲$_{22}$闻$_{10}$分$_{9}$文$_{7}$军$_{4}$云$_{2}$纷$_{2}$裙$_{1}$群$_{1}$</td><td colspan="2">十八吻</td><td>粉$_{1}$</td></tr>
</table>

（续表）

声			促声			
去			入			
韵			韵		韵母标音	
十七夬	寨					
	快	话$_1$				
十八队		对$_3$妹$_3$内$_3$背$_1$珮$_1$				
十九代		爱$_3$再$_2$代$_2$黛$_1$塞$_1$载$_1$				
二十废	刈					
	秽					
廿一震	刃	鬓$_5$信$_2$晋$_1$震$_1$趁$_1$	五质	质	i̯ět	日$_{40}$一$_{33}$七$_3$笔$_2$逸$_2$失$_1$必$_1$质$_1$帙$_1$栗$_1$
				乙	i̯wět	
二二稕		顺$_1$舜$_1$	六术		i̯uět	出$_4$卒$_1$
			七栉		i̯ět	瑟$_1$
二三问		问$_{12}$郡$_1$汶$_1$	八物		i̯uət	不$_{72}$拂$_1$掘$_1$勿$_1$欻$_1$物$_1$

声调 / 韵母				舒					
				平			上		
摄	呼	等	韵母标音	韵			韵		
臻	开	三	i̯ən	二一欣		殷$_2$勤$_2$	十九隐		近$_3$隐$_3$
山			i̯ɐn	二二元	言	言$_3$	二十阮	偃	
	合		i̯wɐn		袁	园$_8$原$_2$猿$_2$喧$_1$烦$_1$冤$_1$鸳$_1$繁$_1$翻$_1$鹓$_1$元$_1$		远	远$_9$晚$_2$苑$_2$挽$_1$宛$_1$
臻		一	uən	二三魂		门$_8$魂$_6$论$_2$村$_2$温$_1$奔$_1$昏$_1$	二一混		稳$_1$
	开		ən	二四痕		恩$_5$	二二很		
山			ɑn	二五寒		安$_{15}$寒$_{13}$残$_9$难$_6$干$_4$兰$_3$阑$_2$弹$_2$肝$_1$餐$_1$栏$_1$	二三旱		散$_2$
	合		uɑn	二六桓		冠$_4$欢$_2$端$_2$纨$_1$观$_1$官$_1$	二四缓		满$_{14}$伴$_3$短$_3$暖$_2$缓$_1$
	开	二	an	二七删	颜	颜$_6$	二五潸	赧	
	合		wan		关	还$_{10}$关$_5$寰$_1$班$_1$环$_1$湾$_1$		皖	板$_1$
	开		ạn	二八山	艰	山$_{33}$间$_7$闲$_6$	二六产	简	眼$_6$栈$_1$
	合		wạn		鳏			㦃	
	开	四	ien	一先	前	年$_{30}$天$_{29}$前$_{10}$千$_{10}$烟$_8$怜$_8$钿$_5$田$_5$眠$_3$肩$_1$坚$_1$牵$_1$先$_1$弦$_1$莲$_1$	二七铣	典	扁$_3$

（续表）

声			促声			
		去	入			
韵			韵		韵母标音	
二四焮		近$_{2}$	九迄		i̯ət	
二五愿	建	建$_{2}$宪$_{1}$	十月	歇	i̯ɐt	羯$_{1}$
	怨	万$_{19}$愿$_{3}$怨$_{3}$饭$_{2}$		越	i̯wɐt	月$_{36}$髮$_{8}$發$_{4}$阙$_{3}$袜$_{1}$越$_{1}$
二六慁			十一没		uət	骨$_{4}$没$_{3}$忽$_{2}$殁$_{1}$
二七恨		恨$_{7}$				
二八翰		看$_{9}$汉$_{5}$散$_{5}$岸$_{4}$但$_{3}$粲$_{2}$翰$_{1}$旦$_{1}$烂$_{1}$	十二曷		ɑt	达$_{3}$
二九换		乱$_{9}$断$_{9}$漫$_{5}$半$_{4}$馆$_{2}$慢$_{1}$	十三志		uɑt	木$_{2}$阔$_{1}$
三〇谏	晏	雁$_{7}$慢$_{1}$	十四黠	札	at	八$_{1}$
	患	宦$_{1}$		滑	wat	拔$_{1}$滑$_{1}$
三一裥	苋		十五锖	锖	ạt	
	幻			刮	wạt	
三二霰	甸	见$_{27}$殿$_{5}$宴$_{3}$练$_{1}$燕$_{1}$电$_{1}$遍$_{1}$片$_{1}$	十六屑	结	iet	结$_{1}$咽$_{1}$窃$_{1}$铁$_{1}$节$_{1}$

韵母＼声调				舒					
				平			上		
摄	呼	等	韵母标音	韵			韵		
山	合	四	iwen	一先	玄	边$_{7}$悬$_{1}$鹃$_{1}$玄$_{1}$	二七铣	犬	犬$_{1}$
山	开	三	i̯ɛn	二仙	延	连$_{6}$仙$_{5}$偏$_{5}$然$_{4}$绵$_{3}$煎$_{1}$焉$_{1}$蝉$_{1}$筵$_{1}$单$_{1}$钱$_{1}$涎$_{1}$	二八狝	演	遣$_{3}$浅$_{2}$辗$_{1}$辨$_{1}$践$_{1}$藓$_{1}$
山	合	三	i̯wɛn	二仙	缘	泉$_{4}$传$_{4}$船$_{3}$旋$_{2}$穿$_{2}$川$_{1}$专$_{1}$圆$_{1}$沿$_{1}$缘$_{1}$	二八狝	衮	转$_{5}$选$_{2}$卷$_{1}$
效	开	四	ieu	三萧		萧$_{6}$迢$_{6}$条$_{4}$寥$_{2}$凋$_{2}$潇$_{2}$尧$_{1}$寮$_{1}$挑$_{1}$雕$_{1}$辽$_{1}$箫$_{1}$	二九筱		晓$_{3}$杳$_{2}$鸟$_{2}$袅$_{2}$皎$_{1}$
效	开	三	i̯ɛu	四宵		朝$_{10}$摇$_{5}$飘$_{5}$桥$_{5}$苗$_{3}$娇$_{3}$潮$_{3}$宵$_{2}$朝$_{2}$邀$_{1}$销$_{1}$招$_{1}$翘$_{1}$椒$_{1}$昭$_{1}$漂$_{1}$瑶$_{1}$	三〇小		小$_{11}$少$_{4}$渺$_{2}$绕$_{2}$悄$_{2}$缥$_{1}$表$_{1}$杪$_{1}$
效	开	二	au	五肴		蛟$_{2}$茅$_{2}$交$_{1}$棹$_{1}$包$_{1}$嘲$_{1}$	三一巧		巧$_{2}$
效	开	一	ɑu	六豪		高$_{9}$桃$_{7}$劳$_{4}$壕$_{1}$刀$_{1}$蒿$_{1}$搔$_{1}$萄$_{1}$袍$_{1}$毛$_{1}$遭$_{1}$	三二皓		道$_{14}$草$_{10}$早$_{4}$老$_{4}$浩$_{3}$扫$_{3}$好$_{2}$抱$_{1}$藻$_{1}$
果(假)	开	一	ɑ	七歌		歌$_{27}$何$_{21}$多$_{18}$河$_{7}$罗$_{4}$娥$_{3}$峨$_{2}$鹅$_{2}$蛾$_{2}$他$_{2}$荷$_{2}$轲$_{1}$阿$_{1}$驼$_{1}$波$_{1}$	三三哿		我$_{24}$可$_{8}$

（续表）

声			促　声			
去			入			
韵			韵		韵母标音	
三二霰	眩	县$_1$	十六屑	决	iwet	血$_2$
三三线	彦	面$_4$ 线$_2$ 便$_2$ 羡$_2$ 贱$_1$ 扇$_1$	十七薛	列	i̯ɛt	别$_{15}$折$_2$灭$_2$裂$_1$列$_1$舌$_1$
	绢	院$_1$卷$_1$		悦	i̯wɛt	绝$_5$说$_3$雪$_3$
三四啸		吊$_3$料$_2$跳$_1$调$_1$				
三五笑		笑$_6$少$_3$照$_2$要$_1$				
三六效		教$_6$效$_1$貌$_1$				
三七号		到$_{10}$报$_3$帽$_1$				
三八箇		饿$_1$那$_1$				

韵母＼声调				舒					
				平			上		
摄	呼	等	韵母标音	韵			韵		
果(假)	合	一	uɑ	八戈	锅	和$_5$过$_3$蓑$_1$坡$_1$	三四果		火$_4$坐$_4$堕$_2$锁$_2$裹$_1$颇$_1$
		三	i̯uɑ		靴				
	开	二	a	九麻	加	家$_{15}$沙$_4$巴$_1$驾$_1$牙$_1$琶$_1$霞$_1$鸦$_1$	三五马	贾	下$_{23}$马$_{15}$雅$_1$把$_1$洒$_1$贾$_1$
		三	i̯a		耶	斜$_4$车$_2$蛇$_1$鹧$_1$		野	且$_3$野$_3$者$_3$写$_1$
	合	二	wa		瓜	花$_{32}$华$_7$夸$_1$蘤$_1$		寡	瓦$_2$
宕	开	三	i̯aŋ	十阳	良	长$_{24}$相$_{20}$阳$_{14}$乡$_{12}$将$_8$肠$_7$伤$_6$常$_5$湘$_5$章$_4$裳$_4$凉$_4$霜$_3$杨$_3$香$_3$良$_2$梁$_2$妆$_2$墙$_2$樯$_2$商$_2$粮$_1$羊$_1$央$_1$鸯$_1$厢$_1$漳$_1$场$_1$襄$_1$尝$_1$张$_1$	三六养	两	两$_8$长$_4$丈$_3$养$_2$强$_1$响$_1$杖$_1$橡$_1$想$_1$仰$_1$象$_1$
	合		i̯waŋ		方	王$_{16}$方$_2$房$_1$芳$_1$狂$_1$亡$_1$		往	往$_3$
	开	一	ɑŋ	十一唐	冈	郎$_5$茫$_4$当$_4$塘$_3$桑$_3$堂$_2$冈$_1$鸧$_1$苍$_1$汤$_1$	三七荡	朗	荡$_1$傥$_1$
	合		wɑŋ		光	黄$_{13}$光$_5$凰$_5$皇$_3$旁$_2$荒$_2$遑$_2$		广	广$_2$

（续表）

声			促　声			
去			入			
韵			韵		韵母标音	
三九过		破$_4$过$_3$卧$_1$				
四〇祃	驾	灞$_2$暇$_1$嫁$_1$				
	夜	夜$_{31}$谢$_3$借$_2$射$_1$射$_1$				
	化					
四一漾	亮	上$_{28}$ 向$_{15}$ 唱$_4$ 尚$_3$ 怅$_3$ 快$_2$ 帐$_2$壮$_2$相$_1$瘴$_1$	十八药	略	i̯ak	却$_5$若$_2$药$_2$ 酌$_1$脚$_1$雀$_1$绰$_1$约$_1$蒻$_1$
	放	望$_{15}$况$_2$放$_2$忘$_2$		缚	i̯wak	
四二宕	浪	浪$_2$	十九铎	落	ɑk	落$_{26}$作$_{11}$莫$_9$寞$_5$洛$_5$昨$_4$泊$_4$阁$_3$各$_3$漠$_3$托$_2$壑$_2$薄$_2$萼$_2$索$_2$乐$_1$箔$_1$铎$_1$
	矿			郭	wɑk	错$_1$郭$_1$

<table>
<tr><td colspan="4">声调 / 韵母</td><td colspan="6">舒</td></tr>
<tr><td colspan="4"></td><td colspan="3">平</td><td colspan="3">上</td></tr>
<tr><td>摄</td><td>呼</td><td>等</td><td>韵母标音</td><td colspan="2">韵</td><td></td><td colspan="2">韵</td><td></td></tr>
<tr><td rowspan="10">梗(曾)</td><td rowspan="2">开</td><td>二</td><td>ɐŋ</td><td rowspan="4">十二庚</td><td>羹</td><td>生$_{28}$行$_{27}$更$_{3}$笙$_{1}$羹$_{1}$</td><td rowspan="4">三八梗</td><td>哽</td><td>冷$_{3}$打$_{2}$</td></tr>
<tr><td>三</td><td>i̯ɐŋ</td><td>京</td><td>惊$_{7}$京$_{4}$荆$_{2}$零$_{2}$兵$_{1}$卿$_{1}$迎$_{1}$</td><td>景</td><td>影$_{8}$省$_{2}$景$_{2}$</td></tr>
<tr><td rowspan="2">合</td><td>二</td><td>wɐŋ</td><td>横</td><td>横$_{3}$</td><td>矿</td><td></td></tr>
<tr><td>三</td><td>i̯wɐŋ</td><td>荣</td><td>明$_{20}$平$_{9}$鸣$_{4}$兄$_{3}$</td><td>永</td><td>永$_{2}$</td></tr>
<tr><td>开</td><td rowspan="2">二</td><td>æŋ</td><td rowspan="2">十三耕</td><td>争</td><td>耕$_{2}$嘤$_{1}$咛$_{1}$争$_{1}$莺$_{1}$</td><td colspan="2" rowspan="2">三九耿</td><td>耿$_{2}$</td></tr>
<tr><td>合</td><td>wæŋ</td><td>宏</td><td></td><td></td></tr>
<tr><td>开</td><td rowspan="2">三</td><td>i̯ɛŋ</td><td rowspan="2">十四清</td><td>征</td><td>城$_{17}$情$_{12}$清$_{10}$成$_{10}$声$_{6}$名$_{3}$精$_{3}$旌$_{3}$征$_{3}$晴$_{2}$诚$_{1}$程$_{1}$晶$_{1}$轻$_{1}$贞$_{1}$</td><td rowspan="2">四〇静</td><td>整</td><td>静$_{2}$请$_{1}$岭$_{1}$</td></tr>
<tr><td>合</td><td>i̯wɛŋ</td><td>倾</td><td>营$_{2}$萦$_{1}$倾$_{1}$</td><td>顷</td><td>顷$_{1}$</td></tr>
<tr><td>开</td><td rowspan="2">四</td><td>ieŋ</td><td rowspan="2">十五青</td><td>经</td><td>青$_{22}$庭$_{9}$经$_{7}$星$_{5}$听$_{5}$灵$_{3}$玲$_{3}$零$_{2}$亭$_{2}$铃$_{2}$屏$_{2}$醒$_{1}$丁$_{1}$伶$_{1}$俜$_{1}$冥$_{1}$溟$_{1}$汀$_{1}$停$_{1}$</td><td rowspan="2">四一迥</td><td>到</td><td>醒$_{2}$挺$_{1}$胫$_{1}$鼎$_{1}$顶$_{1}$</td></tr>
<tr><td>合</td><td>iweŋ</td><td>萤</td><td>萤$_{2}$扃$_{1}$</td><td>颎</td><td></td></tr>
</table>

（续表）

<table>
<tr><td colspan="3">声</td><td colspan="4">促　　声</td></tr>
<tr><td colspan="3">去</td><td colspan="4">入</td></tr>
<tr><td colspan="2">韵</td><td></td><td colspan="2">韵</td><td>韵母标音</td><td></td></tr>
<tr><td rowspan="4">四三映</td><td>更</td><td>更$_{6}$</td><td rowspan="4">二〇陌</td><td>格</td><td>ɐk</td><td>白$_{20}$客$_{20}$百$_{8}$宅$_{3}$泽$_{2}$魄$_{2}$陌$_{2}$伯$_{1}$格$_{1}$</td></tr>
<tr><td>敬</td><td>竟$_{5}$镜$_{1}$</td><td>戟</td><td>i̯ɐk</td><td></td></tr>
<tr><td>横</td><td></td><td>虢</td><td>wɐk</td><td></td></tr>
<tr><td>病</td><td>命$_{3}$病$_{3}$柄$_{1}$</td><td></td><td></td><td></td></tr>
<tr><td colspan="2" rowspan="2">四四净</td><td></td><td rowspan="2">二一麦</td><td>革</td><td>æk</td><td>谪$_{3}$脉$_{2}$擘$_{1}$隔$_{1}$</td></tr>
<tr><td></td><td>获</td><td>wæk</td><td></td></tr>
<tr><td colspan="2">四五劲</td><td>正$_{6}$令$_{5}$整$_{2}$盛$_{1}$性$_{1}$净$_{1}$圣$_{1}$</td><td colspan="2">二二昔</td><td>i̯ɛk</td><td>昔$_{8}$夕$_{6}$碧$_{5}$亦$_{4}$役$_{1}$炙$_{1}$适$_{1}$赤$_{1}$液$_{1}$迹$_{2}$驿$_{1}$弈$_{1}$译$_{1}$石$_{1}$籍$_{1}$尺$_{1}$</td></tr>
<tr><td colspan="2"></td><td></td><td colspan="2"></td><td></td><td></td></tr>
<tr><td colspan="2">四六径</td><td>定$_{3}$</td><td rowspan="2">二三锡</td><td>历</td><td>iek</td><td>寂$_{5}$觅$_{2}$敌$_{1}$壁$_{1}$汨$_{1}$僻$_{1}$历$_{1}$</td></tr>
<tr><td colspan="2"></td><td></td><td>阒</td><td>i̯wek</td><td></td></tr>
</table>

<table>
<tr><th colspan="4">声调
韵母</th><th colspan="5">舒</th></tr>
<tr><th colspan="4"></th><th colspan="3">平</th><th colspan="2">上</th></tr>
<tr><th>摄</th><th>呼</th><th>等</th><th>韵母标音</th><th colspan="2">韵</th><th></th><th>韵</th><th></th></tr>
<tr><td rowspan="4">梗(曾)</td><td>开</td><td rowspan="2">三</td><td>i̯əŋ</td><td colspan="2">十六蒸</td><td>陵$_{6}$凝$_{3}$凭$_{2}$承$_{2}$胜$_{2}$征$_{1}$塍$_{1}$升$_{1}$仍$_{1}$</td><td>四二拯</td><td></td></tr>
<tr><td>合</td><td></td><td colspan="2"></td><td></td><td></td><td></td></tr>
<tr><td>开</td><td rowspan="2">一</td><td>əŋ</td><td rowspan="2">十七登</td><td>灯</td><td>能$_{6}$灯$_{5}$登$_{4}$曾$_{4}$</td><td>四三等</td><td>等$_{1}$</td></tr>
<tr><td>合</td><td>wəŋ</td><td>肱</td><td></td><td></td><td></td></tr>
<tr><td rowspan="3">流</td><td rowspan="4">开</td><td>三</td><td>i̯ə̆u</td><td colspan="2">十八尤</td><td>秋$_{23}$流$_{21}$愁$_{17}$游$_{12}$舟$_{10}$悠$_{6}$犹$_{5}$求$_{5}$留$_{5}$收$_{4}$休$_{4}$州$_{3}$忧$_{3}$丘$_{3}$浮$_{3}$洲$_{2}$牛$_{1}$抽$_{1}$鹫$_{1}$湫$_{1}$眸$_{1}$周$_{1}$惆$_{1}$踌$_{1}$</td><td>四四有</td><td>有$_{24}$酒$_{7}$九$_{6}$柳$_{5}$手$_{4}$久$_{3}$首$_{2}$妇$_{2}$守$_{1}$友$_{1}$</td></tr>
<tr><td>一</td><td>ə̆u</td><td colspan="2">十九侯</td><td>楼$_{14}$头$_{10}$鸥$_{2}$投$_{2}$钩$_{2}$侯$_{1}$篌$_{1}$偷$_{1}$勾$_{1}$</td><td>四五厚</td><td>後$_{6}$母$_{4}$走$_{2}$叩$_{2}$厚$_{1}$口$_{1}$</td></tr>
<tr><td>四</td><td>iə̆u</td><td colspan="2">二十幽</td><td>幽$_{2}$樛$_{1}$</td><td>四六黝</td><td></td></tr>
<tr><td>深</td><td>三</td><td>i̯əm</td><td colspan="2">二一侵</td><td>心$_{18}$今$_{15}$金$_{12}$深$_{8}$临$_{6}$音$_{4}$阴$_{3}$禽$_{3}$参$_{2}$吟$_{2}$林$_{2}$寻$_{2}$衾$_{1}$侵$_{1}$霖$_{1}$沉$_{1}$</td><td>四七寝</td><td>锦$_{4}$甚$_{1}$饮$_{1}$枕$_{1}$</td></tr>
</table>

（续表）

声		促　声			
去		入			
韵		韵		韵母标音	
四七澄	应$_6$兴$_4$乘$_2$称$_1$	二四职	织	i̯ək	识$_8$色$_6$即$_4$食$_3$忆$_3$侧$_2$翼$_2$式$_1$力$_1$极$_1$直$_1$织$_1$
			域	i̯wək	域$_1$
四八嶝	蹭$_1$蹬$_1$赠$_1$	二五德	得	ək	得$_{12}$北$_8$贼$_1$
			国	wək	国$_{14}$或$_1$
四九宥	旧$_{14}$又$_9$昼$_3$富$_2$袖$_2$瘦$_2$绣$_2$就$_1$秀$_1$救$_1$				
五〇候	候$_1$奏$_1$后$_1$斗$_1$茂$_1$漏$_1$				
五一幼	幼$_1$				
五二沁	甚$_3$禁$_1$	二六缉		i̯əp	入$_{14}$十$_6$立$_2$急$_2$湿$_2$集$_2$及$_2$泣$_1$拾$_1$蛰$_1$给$_1$

韵母＼声调				舒			
				平		上	
摄	呼	等	韵母标音	韵		韵	
咸	开	一	ɑ̣m	二二覃	南$_{22}$男$_{7}$含$_{1}$堪$_{1}$潭$_{1}$谙$_{1}$	四八感	感$_{3}$
咸	开	一	ɑm	二三谈	三$_{18}$甘$_{1}$酣$_{1}$	四九敢	敢$_{5}$揽$_{1}$
咸	开	三	i̯ɛm	二四盐	帘$_{3}$沾$_{2}$潜$_{1}$淹$_{1}$盐$_{1}$占$_{1}$纤$_{1}$	五〇琰	掩$_{3}$琰$_{1}$俭$_{1}$焰$_{1}$渐$_{1}$
咸	开	四	iem	二五添	嫌$_{1}$添$_{1}$	五一忝	点$_{2}$
咸	开	二	ạm	二六咸		五三豏	斩$_{1}$减$_{1}$
咸	合	二	am	二七衔	镵$_{2}$衫$_{1}$岩$_{1}$	五四槛	
咸	合	三	i̯ɐm	二八严		五二俨	
咸	合	三	i̯wɐm	二九凡	帆$_{4}$	五五范	

（续表）

声		促声		
去		入		
韵		韵	韵母标音	
五三勘	暗$_4$	二七合	ɑ̣p	合$_3$ 盒$_3$ 飒$_2$ 匝$_1$
五四阚	暂$_2$ 缆$_1$	二八盍	ɑp	阖$_1$ 腊$_1$
五五艳	艳$_1$	二九叶	i̯ɛp	叶$_{11}$ 妾$_4$ 接$_2$
五六㮇	念$_2$ 店$_1$	三〇帖	iep	帖$_1$ 蝶$_1$ 堞$_1$
五八陷		三一洽	ạp	峡$_5$ 夹$_1$
五九鉴	监$_1$	三二狎	ap	压$_2$
五七酽		三三业	i̯ɐp	怯$_1$
六十梵	剑$_4$	三四乏	i̯wɐp	

图书在版编目(CIP)数据

罗常培文集　第3卷/《罗常培文集》编委会编．-济南：山东教育出版社,1999
ISBN 978-7-5328-2882-1

Ⅰ.罗…　Ⅱ.罗…　Ⅲ.①罗常培-文集②汉语-语言学-文集　Ⅳ.H1-53

中国版本图书馆CIP数据核字(1999)第04914号

罗常培文集　第三卷

LUO CHANGPEI WENJI　Di-san Juan

主　　管：山东出版集团
出 版 者：山东教育出版社
　　　　　(济南市纬一路321号　邮编：250001)
电　　话：(0531)82092663　传真：(0531)82092661
网　　址：http://www.sjs.com.cn
发 行 者：山东教育出版社
印　　刷：山东新华印刷厂
版　　次：2008年11月第1版
　　　　　2008年11月第1次印刷
规　　格：880mm×1230mm　32开本
印　　张：12印张
插　　页：7插页
字　　数：276千字
书　　号：ISBN 978-7-5328-2882-1
定　　价：59.00元